The descendants of Khan and the chaotic era of Wei and Jin

可汗的子孙与
魏晋乱世

陈琳国　陈群　著

新华出版社

图书在版编目（CIP）数据

可汗的子孙与魏晋乱世 / 陈琳国，陈群著．
北京：新华出版社，2024.7
ISBN 978-7-5166-7494-9
Ⅰ．K235.09
中国国家版本馆 CIP 数据核字第 202406B0K3 号

可汗的子孙与魏晋乱世

作　者：陈琳国　陈　群
出版发行：新华出版社有限责任公司
　　　　　（北京市石景山区京原路 8 号　邮编：100040）
印　刷：三河市君旺印务有限公司

成品尺寸：165mm×230mm　1/16　　印张：17.25　　字数：222 千字
版　次：2024 年 9 月第 1 版　　　　印次：2024 年 9 月第 1 次印刷
书　号：ISBN 978-7-5166-7494-9　　定价：58.00 元

版权所有·侵权必究
如有印刷、装订问题，本公司负责调换。

微店

视频号小店

抖店

京东旗舰店

扫码添加专属客服

微信公众号

喜马拉雅

小红书

淘宝旗舰店

卷首

大厦将倾

一个经历半个多世纪的对峙与征战才统一起来的皇朝,一个"赋役平均,人咸安其业而乐其事"的初步繁荣的社会,竟然如沙上之塔,顷刻间崩溃了,瓦解了,重新陷入了割据混战的状态。于是,人们惊诧,人们扼腕,人们悲叹!但难道真是所谓的"五胡乱华"吗?乱世的罪魁祸首究竟是谁?

病入膏肓

西晋太康元年(280年),是晋武帝司马炎代魏称帝以来最得意的一年。这一年,他亲自决策的灭吴战争取得辉煌胜利,天下复归一统,从而结束了自东汉末年以来八九十年的割据局面。各路将领从前线凯旋后,朝廷举行盛大的庆功大会,晋武帝临轩会见群臣,接受献俘,褒奖有功之臣。首都洛阳城喜气洋洋,很是热闹了一阵子。

当君臣大多还沉浸于灭吴胜利的喜悦时,御史台小官侍御史郭钦却呈上一个大煞风景的奏疏说:

> 戎、狄强悍粗犷,自古为患,魏初人口减少,西北诸郡,皆为戎、狄所居。内及于京兆、魏郡、弘农,也往往有戎、狄居住。今日他们虽然服从,但如果百年之后有风尘之虞,则胡人的骑兵从平阳、上党出发,不到三日就可抵达孟津,而北地、西河、太原、冯翊、安定、上郡将全部成为戎、狄地盘了。今日应

该凭借平定孙吴之威，及谋臣猛将之略，出兵北地、西河、安定，收复上郡，充实冯翊，把平阳以北诸县的死罪囚犯和三河、三魏兵士四万家迁过去。"裔不乱华"，然后逐渐把平阳、弘农、魏郡、京兆、上党的杂胡迁徙出去，严格限制四夷出入，申明先王荒服之制，这才是万世之长策。

这个奏疏不仅与当时的气氛很不协调，而且大概还被认为是一个小官僚的故作惊人之语，以博取名誉罢了。晋武帝把它搁到一边，朝廷上也没有丝毫反响。由于后来出现了所谓"五胡乱华"，史家觉得郭钦有先见之明，这个奏疏才得以保存在《晋书·北狄·匈奴传》中。

平心而论，郭钦的主张是不可取、也是行不通的，不过这份奏疏还是比较真实地反映出西晋太康初年中原地区民族分布的状况。自西汉中叶以来，我国北方边境游牧的匈奴族、鲜卑族不断南下，而西北边境或农或牧的氐族、羌族也逐渐东迁。留居边境的少数民族为中原皇朝戍边，内迁的少数民族则给中原地区带来了勃勃生机，既输入了大批劳动力，也补充了兵源的不足。东汉末年以后，中原大乱，人口锐减，北方少数民族更是大量内迁。晋武帝即位后，他对少数民族"抚旧怀新，岁时无怠，凡四夷入贡者，有十三国"。如晋初，塞外发生水灾，塞泥、黑难部等两万余落内附，被安置在河西故宜阳城下，逐渐与晋人杂居。咸宁三年（277年），又有西北的胡人、鲜卑、匈奴、五溪蛮夷及东夷等，前后十余批内附。我国黄河以北广阔的土地上，已经分布着许多语言不同、服饰各异的少数民族。在今天的陕西及陕西以西地区，主要有氐人、羌人、匈奴人和鲜卑人。在今天的山西和河北北部地区，主要有匈奴人、鲜卑人和羯人。他们和当地的汉人错居杂处，又保留自己的部落，呈现出一种"大错居、小聚居"的局面。这时的西晋皇朝已经离不开少数民族，而少数民族人民也离不开中原了，岂能强迫少数民族迁出中原？

晋武帝的民族政策基本上应该肯定①，这一政策有利于提高内徙少数民族落后的经济文化，有利于民族融合。虽然西晋皇朝加强了对少数民族的控制，汉族豪强地主加重了对他们的剥削和压迫，但如果不是腐朽的西晋统治者相互杀夺，酿成"八王之乱"，也就不会有所谓的"五胡乱华"。

灭吴之后，晋武帝一下子暴露出其骄奢淫逸的真面目。他下令从孙吴宫女中选五千人进宫，使西晋后宫达到一万人。之后他日日宴乐、夜夜风流，怠于朝政。每天晚上，他都不知该上何处，便乘坐轻便的鹿车，随鹿所之，鹿车停在哪儿，他就在哪儿宴寝。

晋武帝不仅荒淫，而且贪婪。太康三年（282年）一月，他率领群臣到南郊祭天。礼毕，他问司隶校尉刘毅："朕可以比作汉代的哪一位皇帝？"这时天下一统，社会安定，晋武帝很是扬扬得意，心里把自己和汉高帝、光武帝联系起来，以历史上的明君自许，就等着刘毅歌功颂德一番。岂料刘毅却说："陛下可以比为汉桓帝、汉灵帝。"晋武帝一听，立刻露出愠色说："我的德行虽然不及古人，可还是克己为政的，又平定江东，统一天下。你把我比成桓、灵，不是太过分了吗？"在场的臣子们都吓得说不出话来。刘毅面不改色，又说："桓帝、灵帝卖官，收入归国库，而陛下卖官的钱归于自己，由此说来，还不如桓、灵二帝呢！"晋武帝心里虽然大为光火，也只得用一阵哈哈大笑来掩饰自己的窘态。

实际上，西晋初年上层社会普遍腐败奢侈。虽然晋武帝颇摆出一副励精图治、勤俭建国的姿态，诏令大弘俭约，把御府的珠玉珍玩颁赐给王公贵族。但是，王公贵族却大刮奢侈之风。太尉何曾一天吃饭要花一万钱，桌上摆满山珍海味，还引不起他的食欲，举着筷子，凝视良久，说没有下筷子的地方。他的儿子何劭更加奢侈，一天要花两万钱。晋武帝对这种奢侈之风却充耳不闻。

---

① 参祝总斌：《评晋武帝的民族政策》，载《魏晋南北朝史研究》，四川社会科学院出版社1986年版。

灭吴之后，权贵中的奢侈像流行病一样，到处传染蔓延。外戚、中护军羊琇花钱如流水，毫无节制。他经常不分昼夜地大宴宾客。有一回宴客，他在每张桌上都摆上一尊别致的兽形雕塑，客人们赞美之声未落，只见仆人上来点燃兽形雕塑，把酒温在上面。大家才恍然大悟，原来这尊雕塑是匠人以碎炭和泥精心塑成，专门用来温酒的，不禁齐声喝彩。于是，洛下豪富之家竞相效仿。

后将军王恺和散骑常侍石崇夸奢斗富，更在上层社会引起轰动。王恺是世族兼外戚，其父王肃是曹魏中领军，姐姐是武帝生母文明皇后。而石崇是西晋司徒石苞之子，担任荆州刺史时，派人劫掠远方使者和过路客商，因此发了横财。他"财产丰积，室宇宏丽。后房百数，皆曳纨绣、珥金翠。丝竹尽当时之选，庖膳穷水陆之珍"。王恺用麦芽糖刷锅，石崇就把蜡当柴烧；王恺用紫丝布遮着道路两旁，做成四十里的"步障"，石崇就用织锦做五十里"步障"；后来，石崇用性温而有香气的花椒和泥涂抹墙壁，王恺则用珍贵的赤石脂装修房屋。

晋武帝不但不制止他们的荒唐举动，而且兴趣盎然，推波助澜。他看王恺落在下风，便把宫中高两尺、色彩艳丽的珊瑚树赏赐给王恺，王恺扬扬得意地拿出来向石崇炫耀。石崇不言不语，举起铁如意猛地一敲，好端端的一株珊瑚树一下子被打得粉碎。王恺以为石崇妒忌自己拥有这稀世珍宝，故意毁了它，气得浑身颤抖，说不出话来。石崇哈哈一笑说："不值得生气嘛！我这就还你。"说着，他让下人把家中的珊瑚树全都搬了出来。仆人们抱的抱、抬的抬，一会儿，大大小小、五颜六色的珊瑚树摆满了整个客厅。其中，高三四尺的就有六七株，而像王恺那样的比比皆是。王恺一见，悻悻然，怅怅然，更说不出话来。

石崇家熬豆粥快得出奇，客人刚刚入座，豆粥转眼间就端上来了。冬天里，他家中还能用韭花酱招待客人。他曾经与王恺一同出游，两人都骑着牛。石崇说他的牛跑得快，王恺不服气，回来时两人就打赌看谁先进入洛阳城。一声令下，石崇的牛快得像飞一样，王恺远远落在后面。王恺对这三件事耿耿于怀，便想办法买通石崇的下人，打听其中到底有什么奥妙。这个下人说："豆子难熬，预先把豆子煮烂，等客人一来放进熬好的白粥里就可以了。韭花酱是把韭菜根捣碎，再掺些麦苗而已。牛本来跑得不慢，是因为驾车的人拽得太紧限制了它的速度，只要放松些它就快了。"王恺照着做，果然可以与石崇一争高低。后来，石崇查出那个泄露秘密的下人，立刻将他杀掉。

嗣位风波

太康三年（282年），西晋朝廷上掀起了一场轩然大波。这场风波起因于继承人问题。

晋武帝司马炎总也忘不了当年父亲司马昭挑选继承人的一幕。自从司马懿成为把持魏政的权臣以后，司马氏便取得了世袭宰辅的特权。司马懿死后，长子司马师继位。司马师无子，过继其弟司马昭的次子司马攸为嗣。司马师暴疾而亡，由司马昭继位。司马昭封晋王后，追尊司马师为景王。司马昭以弟继兄，常常表白说："天下是景王的天下，我只是权摄相位。"司马攸从小聪明可爱，很得司马昭的欢心。每当司马攸跑过来，司马昭便喜不自禁地将他揽在怀里，叫着他的小名"桃符"，指着身下的座位说："这是桃符坐的地方。"司马昭准备立太子时，有舍长立幼之意，使当时官为中抚军的司马炎心急如焚，寝食难安。这时，外戚羊琇悄悄为司马炎出主意，他揣摩司马昭的心思，拟好应对方略，让司马炎背熟。后来司马昭果然提及这些问题，而司马炎讲得头头是道，使司马昭十分满意。司马炎还加紧活动，他找尚书仆射裴秀，展示自己身上的所谓"异相"，然后问道："人有没有异相？"裴秀心领神会。当司马昭召集讨论立太子的会议时，裴秀首先表态说："中抚军声望既高，形貌又非同一般，不是人臣之相。"司徒何曾立刻附和说："中抚军聪明神武，有超世之才，而且长发委地，双手过膝，的确不是人臣之相。"中护军贾充也说："中抚军宽厚仁爱，且是长子，具备人君应有的道德，理当继承大统。"于是，司马炎的太子地位才确定下来。

司马炎代魏称帝后，仍然时时感觉到来自司马攸的威胁。他封司马攸为齐王，但仍对他满腹狐疑。而司马攸心里也明白，不得不事事小心谨慎，以免引起武帝猜忌。武帝下诏诸王自选封国长吏时，司马攸诚惶诚恐，请求由朝廷任命。然而，"时朝廷草创，而攸总统军事，抚宁内外，莫不景（即影）附焉。"这种情形，晋武帝当然看在眼里，他担心"景附"司马攸的势力可能会把司马攸再推出来。解决的办法就是早立太子。泰始三年（267年），晋武帝诏立司马衷为太子。晋武帝的嫡子司马衷是一个浑浑噩噩的白痴。有一次他去游华林园，时值春天，园中蛙声响成一片。痴太子以为青蛙饿了，问左右说："这青蛙是官家的，还是私家的？"左右一听，搪塞他说："在官家地里的就是官家的，在私家地里就是私家的。"想不到他竟认真得很，下令说："如果是官家的，可赐给谷物。"左右面面相觑，哭笑不得。晋武帝明知司马衷不慧，却不顾大臣们反对，以"立嫡以长不以贤"为借口，强行立司马衷为太子。太子立后，为了巩固太子的地位，晋武帝又开始重用外戚，太子的舅父杨骏、杨济、杨珧等都得到升迁。

咸宁二年（276年），晋武帝得了重病，朝野见皇帝似有一病不起之虞，而太子愚钝不堪继承大统，便都把继位的希望寄托在齐王司马攸的身上。不久，武帝的病竟奇迹般地好了，他听说有人在他病中大肆活动，不禁又气又恨。当大臣们争先恐后地来为他祝寿时，他一概不见，并下诏说："每当想到因疫病而死亡的人，心里十分感伤。朕岂能只想自己休息，而忘记百姓的艰难！"中书监荀勖便让侍中冯统对武帝说："陛下的病要是有个三长两短，齐王就被人推上台了。届时太子即使表示让位，也恐怕活不成！依臣愚见，必须把齐王遣还封地，国家才能安定。"武帝没说什么，心里非常赞成，只不过时机尚未成熟，暂且按兵不动。

晋武帝的担心不是没有道理，司马攸的威望越来越高。荀勖、冯𬘭和杨珧等人见武帝健康情况欠佳，如果司马攸真的继位，自己恐怕死无葬身之地了，于是轮番到武帝跟前挑唆。冯𬘭堂而皇之地说："陛下诏令诸王回封国，本应从最亲近的人开始，好给别人做个榜样。最亲的是齐王，至今却独留京师，这怎么可以呢？"荀勖则露骨地说："如今朝廷上下，内外百僚都归心于齐王，这样下去太危险了！一旦陛下千秋万岁之后，太子岂能继位？陛下如若不信，可诏命齐王回封国，举朝一定以为不可，那么臣所说的话就应验了。"武帝觉得是彻底解决司马攸问题的时候了。

太康三年（282年），天寒地冻，而洛阳朝廷的政治气候更加寒冷。晋武帝发布齐王司马攸回封国的诏命："自古以来，九命作伯，或入毗朝政，或出御方岳，其准则是一样的。侍中、司空齐王攸佐命立勋，辛劳王室，今以其为大司马、都督青州诸军事。"诏命一出，果然如荀勖所料，朝野为之震动，引起了强烈的反响。征东大将军王浑当即上书，尖锐指出："今齐王出镇，假以都督虚号，而无典兵之实，亏缺兄弟手足之情，亦非先帝、先太后对待齐王的本意。历观古今，唯当任正道以求忠良；若以智计猜忌，虽亲见疑，至于疏者，岂能保身！愚臣以为太子太保之职尚缺，宜留齐王居位，与汝南王亮、杨珧共同主持朝政。"接着，扶风王司马骏、光禄大夫李憙、中护军羊琇、侍中王济及甄德等都纷纷上疏极言切谏。谏诤的人越多，武帝越是反感，越觉得司马攸不可留。王济让他的妻子常山公主和甄德的妻子长广公主一起入宫，向武帝求情。两个女人在武帝面前哭哭啼啼，武帝大怒，对侍中王戎说："兄弟至亲，派齐王出镇，是朕的家事，而甄德、王济的妇人来哭叫闹事，这是哭活人呢！"于是把王济贬为国子祭酒，把甄德贬为大鸿胪。当时，羊琇和禁卫军长官成粲图谋亲手杀死杨珧，杨珧吓得不敢出门，指使同党奏劾羊琇，晋武帝左迁他为太仆。羊琇忧愤成疾,终于病死了。

次年一月,武帝命太常寺议定赏赐齐王的物品,太常博士们联名上表挽留齐王。表章报给太常郑默、博士祭酒曹志。曹志怆然长叹,说:"哪有如此之才,如此之亲,不得在内辅政,而远出海隅!晋室的兴旺,是不是到头了呀?"乃写下奏章,表示赞同博士们的意见。武帝见表气得咬牙切齿,说:"曹志尚且不能明白朕的心,何况天下之人!"言外之意是,你曹志是曹植之子,当时曹丕那样迫害自己的兄弟,而我对兄弟这般好,你竟不能理解。便在表章上批道:"博士不答所问而答所不问,竟敢横造异论。"结果,郑默、曹志被罢官,博士们差点被处死。

齐王司马攸心情郁闷愤懑,终于病倒了,上书乞求为先太后守陵。武帝不许,派御医上门,名为治病,实为察看虚实。诸御医都知道武帝怀疑齐王装病,回去便说齐王没有病。不久,齐王病情越来越重,而武帝还连连催促他上路。齐王强撑病体,入宫辞行,武帝见他举止如常,更觉得他是装病。过了几天,齐王吐血而亡。

"叔世"现象

晋武帝执政不过才十多年,西晋的统治似乎已经到了末世了。如后来淮南相刘颂给晋武帝的上疏所说:"陛下是泰始初年才登基的,但是朝中官吏却都是前代功臣的后裔,不是他们的子孙,就是他们的曾孙、玄孙。古人说过,纨绔子弟的本性难移。所以,当今虽是新朝,遭逢的却是'叔世'。"这里的"叔世",就是末世的意思。接着,刘颂忧心忡忡地说:"这样传之后世,不能不使人深感忧虑啊!"

西晋出现"叔世"景象的原因,表面上是西晋统治集团乃纨绔子弟构成,而深层次的原因则是推行士族门阀制度所造成的严重后果。

西晋官僚中的少数有识之士,曾经严厉批评时政,强烈要求改革。其中，九品官人法遭到猛烈的抨击。九品官人法，亦即九品中正制，是延康元年（220年）曹丕登基建政之初吏部尚书陈群制定的考察士人、选拔官吏的制度。九品中正制设置郡中正，选择"贤有识鉴"的中央官员兼任，负责评定所在郡士人（包括已出仕者）的等第，分上上、上中、上下、中上、中中、中下、下上、下中、下下九品。中正把评定结果汇总到大司徒，大司徒审核后转交给吏部作为官吏选拔和黜陟的依据。曹魏立中正，"盖以论人才优劣，非谓世族高卑"。但是，中正官往往被大族所垄断，他们把门第作为品评的首要甚至是唯一的条件，于是九品中正制变成培植魏晋士族的温床。西晋继续实行九品中正制。中正评定的品第是官吏升降、士人入仕的前提。由于门第高则品高，所授的官也高；门第低则品低，所授的官也低，因此，高级官吏都被大族高门所垄断。魏晋士族正是这些在九品中正制中蝉联高位的高门大族，而出身寒微的士人，虽才智过人也难有出头之日，士、庶的界限越来越分明。九品中正制既是士族形成的条件，又成为士族的政治特权。

太康五年（284年），尚书左仆射刘毅上疏列出八条批判九品中正制，他说："第一，中正高下任意，荣辱在手。操人主之威福，夺朝廷之权势，致使上品无寒门，下品无势族。第二，置中正，本为听取乡里清议的正确意见，以统一认识，而如今重其任轻其人，乡里意见纷纭，大臣相互结怨。第三，设立九品，是为分别才德，差等资格，而今才德优劣易位，资格高低颠倒。第四，中正品第一郡士人，而对中正无赏罚规定，又不允许士人申诉，是杜塞一郡之口，培植一人的权势。第五，一郡之士，多者千数人，且流徙异地。而中正或认识或不认识，只道听途说而已。第六，凡求人才，是为了治民，今当官有政绩者或附卑品、无政绩者反倒升官，是助长浮华而废弃考绩。第七，九品不能反映实际才能，只是一些空话和虚假的赞誉。第八，列为下品不知有何过失，而列为上品亦不知有何优点。由此而言，职名中正，实为奸府；事名九品，而有八损，是古今最大的失误。"因此，他坚决主张罢中正，除九品，弃魏氏之弊法，而更立一代之美制。这是一篇气贯长虹的宏文，"言议切直，无所曲挠"，显示了刘毅的战斗风格。接着，太尉、汝南王司马亮和司空卫瓘也把九品中正制斥为"末法"，认为应在荡除之列。一些中下级官吏，如始平王文学李重和淮南相刘颂亦先后上表支持。晋武帝虽然对他们的意见表示欣赏，但事实上无所作为。当然，从历史上看，废除九品中正制确非晋武帝个人所能办到的，这是时势使然。

九品官人法外，又有所谓品官占田荫客制。太康元年（280年），晋武帝实行占田制，规定官吏按官品高低占田：一品占田50顷，二品45顷，三品40顷，四品35顷，五品30顷，六品25顷，七品20顷，八品15顷，九品10顷。即使是九品官，其占田也是老百姓一夫一妇的10倍。同时，晋武帝还实施贵族官僚荫客制：一、二品荫佃客15户，三品10户，四品7户，五品5户，六品3户，七、八品2户，九品1户；六品以上尚可荫衣食客3人，七、八品2人，九品1人；又可荫庇亲属，多者及9族，少者3世。宗室、国宾、先贤和士人子孙也享受同样的特权。所谓荫，就是荫庇。这些受荫庇的人口可以免除国家的徭役，却要对荫庇者及贵族官僚承担义务，实际上他们就是荫庇者的依附民。正如唐长孺先生所指出：西晋规定按官品荫族、荫客和占田，"基本精神是保证当代各级官僚贵族的特权，荫族部分对于'士人子孙'的条文只是补充，然而却从此确定了士人的荫族特权"①。

优容宽纵高门士族，是晋武帝的一贯政策。尚书胡威曾经认为时政太宽，执法不严，面谏晋武帝，晋武帝说："对尚书郎以下的官吏，我不曾宽容呀！"胡威说："臣所说的，并不是指丞、郎、令史，恰恰是指像臣等这样级别的官吏。对高级官吏执法不严，就没有严明的法律。"武帝并

---

① 唐长孺：《魏晋南北朝史论拾遗》第67页，中华书局1983年版。

不以为然。当石、王夸奢斗富之时，车骑司马傅咸上书说："奢侈浪费，比天灾还严重。古代耕地少而人口多，之所以能有积蓄，是由于节约；如今耕地多而人口少，却有不足之患，是因为奢侈。提倡节俭，就应当制止奢侈；奢侈不制止，还得到鼓励，祸患无穷呵！"武帝还是无动于衷，对于石崇这样的汰侈淫奢者，却因其"功臣子、有干局，深器重之"，拔擢他为侍中。

祸起萧墙

太熙元年（290年）四月，晋武帝司马炎因耽于声色，病情日益加重，终于撒手而去，留下了一个烂摊子。呆呆傻傻的太子司马衷继位后，觊觎皇权的人们一个个都蠢蠢欲动。

皇太后、皇后及其亲属——外戚们，是最接近皇帝因而也是最有条件控制和操纵皇权的人。武帝病重时，唯有杨骏以侍中的身份守在病榻前。杨骏趁武帝不省人事，私自调动心腹担任要近之职。有一天，武帝清醒了些，发现身边尽是新面孔，问杨骏是怎么回事，生气地说："朕还有一口气，你岂能这样自作主张！"随即令中书省草拟遗诏：以汝南王司马亮与杨骏共同辅政。诏书发布前，杨骏利用职权从中书省借出诏书，扣住不发。中书监华廙发觉事情不妙，便亲自去讨，杨骏就是不给。这时候，武帝已神志不清，杨皇后却上前奏请由杨骏辅政，只见武帝微微地点了点头。于是，杨皇后召来华廙和中书令何劭，传达武帝旨意，任命杨骏为太尉、太子太傅、都督中外诸军事、侍中、录尚书事。诏书写成后，杨后当着华廙与何劭面呈武帝，武帝眼睛呆呆地直视，什么也没有说。

杨骏辅政后，排抑宗室诸王，集大权于一己。宗室诸王都很不满，还有一个人最是不能容忍，她就是刚刚即位的晋惠帝的皇后贾南风。贾南风是佞臣贾充的小女儿，一个权欲极盛的女人。泰始七年（271年）时，武帝将要拜将领兵出征河西鲜卑秃发树机能。侍中任恺厌恶尚书令、车骑将军贾充和中书监荀勖等人朋比为奸，对武帝说："应该挑选一个有威望的大臣出镇雍、凉。"武帝问："那派谁去合适呢？"任恺说："大臣贾充是最合适的人选。"于是，武帝任命贾充为雍、凉二州都督领兵出征。贾充本无将略，实在不愿出征，但又没有不奉诏的理由。到十一月，眼看不能再拖下去了，贾充只得准备上路。出发之前，公卿们在夕阳亭为贾充饯行。贾充私下问荀勖还有什么办法可想？荀勖说："公身为宰相，而被一个任恺所制，不是太无能了吗？但是诏命又不能违背，目前只有与太子联姻一途，可以既不抗命又能留下不走。"贾充点头微笑。这时，武帝正在筹备太子纳妃，初选的对象是大臣卫瓘之女。贾充的妻子郭槐贿赂杨皇后的左右，通过杨后求武帝聘她的女儿做太子妃。武帝说："贾公女要不得！卫公之女有五个优点，而贾公之女却有五个缺点。卫氏的子女贤良、多子、美丽、个高、体白；贾氏却是嫉妒、少子、丑陋、个矮、体黑。"然而，杨后却坚持非纳贾氏女不可，贾充同党荀勖和冯紞等人也都说贾充女儿是一个绝色的美人，又有才德。武帝见他们众口一词，也就同意了，把贾充留了下来。次年，纳贾充女贾南风为太子妃。

贾后心狠手辣，决定对杨家下手了。她利用宗室的不满情绪，暗中勾结楚王司马玮，诬陷杨骏谋反，诛杀杨骏及其亲党数千人，废皇太后杨氏为庶人，又将她关进金墉城，活活饿死。政变后，汝南王司马亮与太保卫瓘共同辅政。司马亮大肆收买人心，以论功行赏为名封督将1811人为侯。他自以为大权在握，颇专权势，府门外如同闹市，冠盖车马常常堵塞街道。楚王司马玮在政变后被任命为卫将军和宿卫军长官北军中候，司马亮嫌他刚愎好杀，罢免其北军中候之职，又下令让他和诸王都回封国去。司马玮又气又急，找贾后诉苦。贾后虽然并不喜欢这个人，但觉得他头脑简单，还有利用价值，便留他暂领太子少傅的闲差。其实，贾后对司马亮和卫瓘的专权早已不满，只是在等待时机。这时，她让惠帝作手诏给司马玮,让他宣诏罢免司马亮和卫瓘的职务。司马玮趁机报复,竟以"谋逆"的罪名杀司马亮、卫瓘。然后,贾后又以矫诏的罪名杀了司马玮,最终攫取了朝政大权。司马玮被押赴刑场时,才终于明白自己不过是贾后手中的玩偶而已。他痛哭流涕地掏出怀里的青纸诏书,大呼冤枉道:"我这个皇子竟然被人如此冤屈!"从此,西晋一天天地烂下去,"八王之乱"由此开场。

贾后当权时,"朝政宽弛,权豪放恣"。官居公辅的门阀士族们有的贪婪,有的奢侈,有的终日清谈,有的颓废放诞。外戚贾谧、郭彰势力很大,贾谧附庸风雅,身边聚集了一批文士,有石崇、陆机、陆云、潘岳、左思、刘舆、刘琨等,号称"二十四友"。司徒王戎大量兼并土地,园田遍于天下。他经常攥一把牙筹,日夜不停地算计,总觉得土地、钱财还不够多。他家有好李,恐怕别人得了种子,出卖之前先把李核钻破。更有一批游手好闲、放荡不羁的官僚,如王澄、阮咸、阮修、胡毋辅之、谢鲲、王尼、毕卓等,整日在一起鬼混,喝醉了酒就赤身裸体,不知人间有羞耻事,他们却自命为清高、放达。有一回,胡毋辅之喝得醉醺醺,被其子谦之发现了。谦之厉声直呼他的字说:"彦国!年岁大了,不能这样!"胡毋辅之也不以为忤,叫儿子过来一起喝。毕卓任吏部郎的时候,比邻的郎官酿熟了酒,一天夜里,他醉酒中竟爬到人家的酒瓮旁偷偷地喝起来,被管事的人抓住,天亮才看出是堂堂的毕吏部郎。

王戎从弟、尚书令王衍是一个著名的清谈家,举朝景仰的大名士。他"神情明秀,风姿详雅",口不论世事,惟雅咏玄虚而已,常常手捉尘尾,侃侃而谈。他以正始玄学的继承人自居,推崇"天地万物,皆以无为本"的贵无论,酒足饭饱之余,就邀集一些同好如河南尹乐广等,手摇麈尾,大谈老庄,把政事置之度外。许多人被他的才貌风神所迷惑,竞相效仿。其实这些人不过拾何晏、王弼牙慧,鹦鹉学舌罢了,他们在理论上并无建树。

在王衍等人贵无论甚嚣尘上的气氛中，尚书左仆射、侍中裴颜撰写了《崇有论》一文加以驳斥。文中说："空无之论难以检验，而诡辩的文字使人愉悦，似是而非的言论使人迷惑，众人听得迷迷糊糊，遂沉溺于其中。虽然颇有人怀疑，但说不出多少道理，感情上又有些喜欢，因而把空无之论看作不可超越的。空无之论，有唱有和，一味宣扬，不加批判，导致轻视实际事务、轻视建功立业，以浮华游荡为清高，以做实际事务为卑贱，人情所向，唯有名利。于是会写文章的人，都夸大其词；不会讲话的人，就表示赞同，去影响大众。做文章只要说虚无，就认为是玄妙；当官不处理事务，就认为是高雅；讲吃穿不讲廉洁的，就认为是旷达。所以，严格要求、积极上进的风气衰微了。很多人都去模仿，有的违背吉凶之礼，有的忽视进止之仪，有的亵渎长幼之序，有的混乱贵贱之级。更严重的是，有的人竟然赤身裸体，忘情言笑，完全不像是个士人了。"《崇有论》一出，王衍之徒群起而攻之，却并未能使裴颜屈服。

当时，裴颜任侍中、尚书，与司空张华、侍中贾模共同辅政。裴颜出身世家大族，父亲裴秀是晋初的司空。他从小很有才气，学识过人，被称为一时之杰，后来袭爵钜鹿郡公。他的姨母是贾充之妇、贾后之母，晋惠帝即位后，他又成为显赫的外戚，声望更隆。裴颜为人正直，历任要职虽然与其身为外戚不无关系，但并不以此傲人。他非常担心贾后乱政，冒着杀头之祸，与张华、贾模密谋废掉贾后。张华、贾模两人踌躇再三说："皇上自己没有废皇后的意思，我等自作主张，皇上要是不同意怎么办？况且宗室诸王都虎视眈眈，朝中朋党也各有主意。稍有差错，不但招来杀身之祸，还会使国家陷入危机。"裴颜说："你们说得也有道理，只是贾后昏虐，无所忌惮，眼看就要出乱子，如何是好呢？"张华说："卿二人是贾后信得过的人，你们经常做些劝导，但愿她做事不要太出格。这样，天下就能安定了。"裴颜只得作罢。

废黜太子

元康九年（299年），太子洗马江统给晋惠帝上疏说：

关中土地肥沃，物产丰富，乃是历代帝王所居，没有听说戎、狄也可以居住在此地。"非我族类，其心必异。"往昔因为他们衰敝，才让他们迁到京畿之地。但有一些蛮横的官吏和百姓，却因他们软弱而加以欺侮，使他们怨恨之气入于骨髓。他们繁衍生息，人口兴盛，更助长了野心。他们以贪婪强悍的本性，带着愤怒之情，一旦有机可乘，便会发动叛乱。而且，他们居住在内地，没有关塞屏障之隔，方便袭击毫无准备的人、抢掠野外的粮食，所以祸患不断蔓延，危害越来越大。这是必然的趋势、已经应验的事实了。当今的办法，就是应该乘我兵威正盛，众事未罢，迁徙冯翊、北地、新平、安定等郡界内的诸种羌人，让他们回到原来先零、罕开、析支居住的地方，迁徙扶风、始平、京兆等郡的氐人，让他们回到陇西，居住于阴平、武都等郡。发给他们迁徙道路上所需的粮食，使他们足以返回旧土，与各自部落的人住在一起。然后由属国、抚夷都尉去安抚他们。这样，戎、晋不杂，各得其所。纵然他们有骚扰华夏之心，出现风尘之警，也远离中原、山河阻隔，即使贼寇侵暴，危害也就不大了。……如今关中的人口，有一百余万，而统计起来，其中戎、狄占有一半。不论迁与不迁，都必须有口粮。倘若他们发生饥馑，粮食不继，朝廷当然要倾尽关中的米谷以拯救他们的生命，因为他们不会转死沟壑而不侵掠百姓。今日我们把他们迁徙出去，发给他们粮食，使他们归附其种族，自相赡养，而三秦地区的百姓还能够得到一半粮食。这样使走的人获得救济粮，也使留下的人有了剩余的粮食；使关中的形势松弛了，也消除了盗贼的根源；既避免随时可能发生的灾祸，也得到了长远的利益。

并州的胡人，其实本是匈奴桀恶的贼寇。……现在的五部匈奴，户数达到数万，人口的兴盛超过了氐、羌。他们天性骁勇，善于弓马，也比氐、羌强得多。如若发生不测，有风尘之虞，那么，并州地区的形势实在让人寒心。

这篇奏疏收在《晋书·江统传》中，后来被称为《徙戎论》，文字较长，这里只摘录其中的一部分。

江统奏疏与郭钦奏疏的观点基本一致，都主张把少数民族迁出中原。自郭钦上疏以后，又有许多少数民族内迁：太康五年（284年），有匈奴酋长太阿厚率领部落2.9万余人内附；太康七年（286年），有匈奴酋长都大博和萎莎等10万余人内附；次年，又有酋长大豆得一育鞠等所率1.5万余口内附。至于东夷归化则更多，前后数十批。总之，内迁中原的少数民族越来越多，引起了统治阶级中一些人的恐慌。江统的上疏就是在这种背景下出现的。与郭钦上疏时的形势相比，少数民族的问题日趋突出，但江统处理内迁少数民族的方案不过重复郭钦的论调而已，完全没有可操作性，因而也没有价值。因为当时关中的氐、羌等少数民族已占有一半人口，并州的匈奴、羯等少数民族的人口甚至超过关中，也就是说，当地汉族的人口少于少数民族的人口。试想，在这种形势下，如果朝廷采用江统的建议，强行把已经在内地扎下根来的各少数民族迁徙到边境上去，唯一的可能是立即激起各少数民族的强烈反抗，加速西晋的灭亡。

这时，司空张华"尽忠匡辅，弥缝补阙"，使西晋社会保持相对稳定局面，这实在是不幸中的万幸。然而，既有一个如此权欲熏心的皇后，又有一帮出拥旄节、手握强兵的宗室诸王，还有一批贪图享乐、不务正业的士族官僚，西晋的安定是不会长久的。

惠帝太子司马遹不是贾后所生，一天天大了，成为贾后的一块心病。贾后一是担心自己的地位会受到威胁，二则担心有一天太子登基会像她当年对待杨太后一样，将贾家人斩尽杀绝，遂定下谋害太子之计。永康元年（300年）初的一天，贾后诈称惠帝有病，骗太子进宫探视。太子入宫，贾后避而不见，让他在偏房里等着。过了许久，才有一名宫女翩翩而来。宫女以父皇之命赐酒三升，太子酒量不大，连连推却，宫女沉下脸来，斥道："太子不从父皇之命，也太不应该了吧！君父赐酒，你竟然不喝，难道这酒里有毒不成？"太子无奈，只得硬着头皮端起来喝，喝得酩酊大醉，神志不清。此时，贾后又派人送来纸笔和一篇文字，矫诏令太子照抄。太子也不知文中写些什么，昏昏然地描画一遍，很多字缺胳膊少腿，也浑然不觉。贾后拿到这篇文字，如获至宝，她把残缺部分悄悄补上，然后送给惠帝。

翌日，惠帝驾御式乾殿召见公卿，黄门令出示太子所书文字，只见上面写着："陛下必须自尽，否则我当入内解决；皇后也必须自尽，否则我也当亲自解决。"接着，惠帝又出示诏书曰："如此写，今赐死。"当然，这场戏完全是由贾后导演的。公卿见事态如此严重，无不大惊失色，噤若寒蝉。过了片刻，才见张华出列奏道："这件事太意外了，真是国家的大祸。不过，自古以来常常因为废黜正嫡而引起骚乱。况且我朝立国日浅，此事陛下还须三思！"裴頠接着建议，应该先审查传递手书的人，再仔细对比太子的笔迹，以免有诈。贾后就在后面听着，让人把太子平日所上的启事拿到殿上。大臣们看来看去，也说不出个所以然。就这样僵持着。贾后见朝廷上议决不下，便指使人威胁公卿说："此事必须尽快解决，而公卿之议竟各不相同。如果有不从诏命者，应该以军法论处！"张华等人仍然坚持己见，直到太阳偏西，也没有议出结果。贾后虽然生气，又不能把公卿们都杀了，只得暂时让步，改废太子为庶人。

赵王篡位

除去太子后，贾后的对立面就是盘踞在中央和方镇的宗室诸王了。

晋初大封宗室，同时封王的有 27 人。其中，大国两万户，次国万户，小国 5000 户，分别可建立 1500～5000 人的王国军队。后来诸王又增封，最小的王国也有万户，受封者多达 57 人。其实，在晋武帝诏令诸王就国前，宗室诸王大多没有到封地去，仍在京城居住而享受封国的衣租食税。即使回到封国后，数千人的军队也兴不起大浪。诸王真正的势力在于他们出将入相，"或出拥旄节，莅岳牧之荣"，即被委派到各军事重镇去担任都督；或"入践台阶，居端揆之重"，即进入中央担任宰辅。这些出将入相的诸王实力之强、权力之大，绝非一个万户国王所可比拟的。咸宁三年（277 年），晋武帝实行"移封就镇"，派担任都督的亲王去都督封国所在地区。当时的亲王都督有：

镇南大将军、都督豫州诸军事、汝南王司马亮；

平北将军、督邺城守事、赵王司马伦；

监并州诸军事、太原王司马辅；

镇东大将军、都督徐州诸军事、东莞王司马伷；

镇西大将军、都督雍凉诸军事、扶风王司马骏。

西晋灭吴之后，晋武帝以为天下太平，决心偃武修文。太康三年（282 年），他宣布取消州郡武装，实行刺史治民、都督治军、军民分治的政策。因此，在削弱以致剥夺州郡武装力量的同时，却扩大了诸王都督的兵力。

当贾后玩弄皇权于股掌之时，宗室诸王无不虎视眈眈。太子被废，群下不满之情溢于言表。宿卫军官中有人谋划废贾后、复太子，他们策动当时担任右卫将军的赵王司马伦参与其事，对司马伦的亲信孙秀说："中宫凶恶无道，诬害太子。如今陛下没有嫡嗣，国家危机四伏。不久，朝中大臣或许有非常之举，而大家都知道赵王奉事中宫，与贾党亲善，太子被废，他是参与谋划的。所以一旦事起，赵王岂能免祸，还不如抢先举事！"孙秀立刻表示赞同，心怦怦地一阵狂跳，这是司马伦也是他一次千载难逢的机会！

孙秀回去转告司马伦，并献策说："太子是一个聪明而又有主意的人，如果他回到东宫，必然很难对付。明公过去党附贾后，人人皆知，即便扶太子复位，他只会说明公是迫于百姓的压力，自求免罪而已。他再宽宏大量，也不会对明公感恩戴德，要是让他找到毛病，还可能被杀。所以，我们得故意拖一拖，等贾后杀害了太子，然后再废贾后，为太子报仇。这样，不仅可以免祸，还能够得志。"司马伦依计而行，一面故意放出有人要废贾后、立太子的风声，一面劝贾党早除太子，以绝众望。

贾后果然中计，矫诏派黄门宦者至许昌杀害废太子。等废太子一死，司马伦则以"共匡社稷，为天下除害"为名举兵入宫废除贾后。当时，齐王司马冏带领宿卫兵百余人直闯后宫，贾后惊问："卿来干什么？"答："奉诏命收捕皇后。"贾后强作镇静斥道："诏书理应从我这儿发出，你哪能有什么诏书！"但一看来势不对，她回头就跑，跌跌撞撞地爬上楼阁，大声呼喊惠帝说："陛下有妇人，却让别人废了，那你这个皇帝也就完了。"可是白痴皇帝又怎么救得了她！

人的野心随着权力的增大而膨胀。司马伦原以谄媚贾后为事，一心一意巴结贾党。太子被废前，他任太子太傅，对太子的被废负有不可推卸的责任。司马伦支持和参与废贾后、复太子的密谋，最初只是为了洗刷自己，后来，他借贾后杀太子已有不轨之心。而在这场宫廷政变之中，他不仅杀了贾后和贾氏亲党，而且杀了张华、裴𬱟等政敌，完全控制了惠帝，自命为都督中外诸军事、相国、侍中，专制朝政。他的亲信孙秀也平步青云，一跃而为中书令，其余文武官吏封侯者数千人。但是，政治暴发户的欲壑难填，野心无所底止。在孙秀的策划下，永宁元年（301年）一月，司马伦篡夺政权，坐到象征最高权力的帝位上。不料司马伦此举激起其他宗室诸王的强烈反对，酿成长达六年多的全国性军阀混战。为了争夺最高权力，什么骨肉亲情，什么长幼之序之类的遮羞布都被撕得粉碎，暴露出一伙野心家的狰狞面目。

诸王混战

第一次内战就在这年三月发生。镇东大将军司马冏首先在许昌发难，移檄各方镇州郡，一起讨伐司马伦。成都王司马颖立刻从邺城（今河北省临漳县）起兵响应，组成二十多万的大军，浩浩荡荡向洛阳进发。常山王司马乂、新野王司马歆也相继起兵。镇守关中的河间王司马颙本来依附司马伦，把司马冏派来的使者押送洛阳，又派兵援助司马伦。后听说司马冏、司马颖兵力强盛，他又转而反司马伦。三王联军与司马伦军激战六十余日，战死者近十万人，司马伦军终于败北。这时洛阳城内宿卫军又一次发动政变，斩杀司马伦、孙秀及其党羽，拥惠帝复位，迎三王入京。

齐、成都、河间三王以诛讨之功，瓜分了大司马、大将军和太尉的官职。大司马、大将军和太尉同为一品武官，难分高下，这说明三王彼此抗衡、三足鼎立的关系。但是，平衡是暂时的、相对的，平衡中潜伏着互相吞噬的企图。在一次谒陵时，司马歆向司马冏献策说："成都王同皇上是兄弟至亲，如今共立功勋，理应留他一起辅政，否则必须剥夺他的兵权。"而在另一次谒陵时，司马乂则向司马颖献策说："天下是先帝留下来的大业，大王有责任维护和匡正。"他们的弦外之音，已经充满杀气了。以当时的情势而论，司马颖尚不敌司马冏，因而他采纳左长史卢志的建议，归功于司马冏，自称母病，要求还邺，在拜辞惠帝之后，便跃马扬鞭出东门而去。

这时，惠帝的子孙俱已不存，司马颖身为帝弟，本有继位的可能。而司马冏欲久专大政，故意选择年方八岁的司马覃为太子。司马覃，惠帝弟司马遐之子。这件事给司马颖、司马冏的关系蒙上了浓郁的阴影。司马冏得志之后，耽于宴乐，极其骄奢。他大兴土木，为修筑私第拆毁了数以百计的私家房屋，府第的规格可与皇宫媲美，由此大失人心，授政敌以柄。主簿王豹提醒他说："从元康（291～299年）以来，在位的宰相没有善始善终的，这是时势使然，并非他们都是坏人。现在河间王树立根本于关右，成都王盘桓枝叶于魏地，新野王有广大的封土分布在江汉。三王血气方刚，年轻力强，又都手握兵马，处要害之地。而明公建无上功业，挟震主权威，独据京都，专执大权，如此进则难以长久，退则道路维艰，想要相安无事，我以为都很困难啊！"于是，他建议以黄河为界，与司马颖分南北而治，夹辅天子。司马颖的党羽司马乂向司马冏挑唆说："这小子离间我们骨肉至亲，该杀！"司马冏不分青红皂白，下令杀王豹。王豹临死，悲愤地说："把我的头颅悬挂在大司马府的门上，让我看着兵众来进攻齐王吧！"

王豹诚然有眼力、有胆识，但假若其谋得用，其道得行，也未免太晚了。几乎在王豹被杀的同时，第二次争夺最高权力的内战又开始了。司马颙举兵传檄洛阳，宣布："我勒兵十万，将要与成都王、新野王、范阳王共会洛阳。"司马颖接到檄文即发兵响应，司马乂也在洛阳城内动手，城内连战三天，大火冲天，飞矢如雨，死伤无数。司马冏终于大败被杀，同党受诛连而死者两千余人。

司马冏死后，司马乂辅政，虽然事无巨细都派使者到邺城请示司马颖，但司马颖的野心仍然得不到满足。司马颙居于西藩，更加愤愤不已。惠帝太安二年（303年）八月，第三次内战又起。司马颙借口司马乂专擅朝政，杀害忠良，与司马颖联兵讨伐。司马颙部将张方领精兵七万，司马颖部将陆机率大军二十余万进攻洛阳。司马颙军一度获胜，张方攻入洛阳，纵兵大掠，死者数以万计，无辜百姓受尽蹂躏。司马颖军队内部矛盾重重，陆机指挥不灵，大败于七里涧，死者填塞涧中，涧水为之断流。后来，由于洛阳内部发生政变，东海王司马越勾结宿卫军将领，拘禁司马乂，派人密告张方，张方劫而杀之。

第三次内战后，司马颖由丞相而皇太弟，成为名正言顺的继承人。但司马颖仍居住在邺城，御用车辆服物都从洛阳运去。司马颖亲信卢志担任中书监，也不离邺。中书监是当时专管诏命的中书省长官，可见洛阳朝廷是虚设，遮人耳目而已。不过为防止有人利用洛阳的傀儡皇帝生事，司马颖还是撤换了全部宿卫军。

权力的争夺越来越激烈，战争的周期也越来越短。司马颖执政才三个月，守尚书令司马越就迫不及待地发兵讨伐司马颖，这是第四次内战。司马越四方招兵，聚众十万，带着惠帝出征。但讨伐军在荡阴（今河南省汤阴县）一败涂地，司马越扔下惠帝，一溜烟地跑回东海国封地去了，傀儡皇帝落到司马颖手中。一波未平，一波又起。司马越弟、东赢公司马腾与幽州刺史王浚南下攻破邺城，所部鲜卑、乌桓兵入邺后大肆残杀士民，掠夺财物、妇女，使邺城遭受一次空前的浩劫。司马颖带着惠帝仓皇出逃，十分狼狈。惠帝无食，竟向黄门宦官借钱买食物，鞋子也跑丢了。

司马颖带着惠帝逃到洛阳，洛阳已被张方占领了。司马颖名为皇太弟，实际上寄人篱下，惶惶然若丧家之犬。张方在洗劫洛阳后，胁迫惠帝迁都长安。他们满载宝物、宫人西还，魏晋以来近一个世纪时间积累下来的财富扫地以尽了。张方原想放一把火，将宫殿、太庙都烧光，卢志劝说："董卓无道，焚烧洛阳城，至今百年了还遭人唾骂，为什么要走他的老路呢！"张方这才作罢。

永兴元年（304年）底，司马颙废司马颖皇太弟，更立司马炽为皇太弟。当时，司马越虽败归封地，但他在宗室中颇有虚名，而且其弟并据重镇：司马腾据并州、司马略据青州、司马模据邺，足以与司马颙对抗。司马颙表示要和司马越和解，乃征司马越入朝为太傅，同辅帝室。又表司马略为镇南将军、领司隶校尉，镇洛阳；司马模为宁北将军、都督冀州，镇邺城。但司马越不肯讲和，挑起第五次内战。这年八月，司马越以"奉迎天子，还复旧都"为号召，与东平王司马楙、范阳王司马虓及王浚结盟，并被推为盟主。他自称秉承皇帝的意旨，任意选置州郡官吏，以司马虓领豫州刺史，迁原豫州刺史刘乔为冀州刺史。刘乔举兵抗拒，与司马越属下在河南混战一场。司马颙遣司马颖、石超等援救刘乔，并州刺史刘琨借王浚突骑援救司马越。其后，王浚又派部将祁弘率领鲜卑、乌桓突骑为司马越前驱。司马越军声势大振，连败刘乔与司马颙援军。张方屯军灞上，盘桓多时不敢东进。当刘乔兵败的消息传到长安，司马颙大惧，遂杀张方，送张方的首级向司马越请和，但再次遭到拒绝。永兴三年（306年）四月，祁弘大破司马颙军，长驱入关，司马颙单骑逃进荒山。祁弘众兵大掠长安，杀死两万余人，然后用一乘牛车把惠帝带回洛阳。这次战争以司马越的全胜而结束，司马颙、司马颖先后被处死。

至此，西晋八王之乱总算降下了帷幕。

如果从永平元年（291年）贾后杀杨骏算起，则八王之乱前后长达16年。其中，永康二年（301年）至光熙元年（306年），大规模的军阀混战就有5次。八王之乱的危害极大，我国北方地区广被战火，历史名城洛阳、长安夷为丘墟。广大农村生产凋敝，生灵涂炭，死者不可胜数。八王之乱还引起一系列的连锁反应，直接导致十六国的出现及270余年的南北分裂。所谓"五胡乱华"，其实真正乱华的首先不是"胡"，而是西晋的统治者！

流民起义

　　太熙元年（290年）晋武帝死后，秦、雍一带连年发生旱灾，赤地千里，颗粒无收。西晋统治者正忙于争夺中央权力，对于如此严重的自然灾害竟然置若罔闻，没有丝毫的赈济措施。至元康六年（296年），关中的北地、冯翊终于发生郝度元联结马兰羌、卢水胡的起义，接着，秦、雍的氐、羌也纷纷起义，拥戴氐人齐万年称帝。灾荒饥馑和社会动乱，使老百姓已经活不下去了，他们不得不抛弃家园，四处逃荒。

　　中国农民历来是安土重迁的。但是，当那块"土"已经不足以使他们"安"居时，为了生存，他们只得背井离乡去寻找活路。不仅成千上万的贫苦农民变成流民，而且殷实的大姓豪家也举家举族迁徙。元康八年（298年），天水（今甘肃省天水市）、略阳（今甘肃省天水市东北）六郡数以万计的农民走上艰难的逃荒道路。他们翻过高耸入云的秦岭，流亡到汉中，又从汉中入川。在流民中，有六郡大姓李氏、任氏、阎氏、赵氏、何氏、杨氏、上官氏、费氏。略阳李氏的李特兄弟成为六郡流民的首领。

　　李氏是原来聚居于汉中的賨人，汉魏之际被曹操迁徙到略阳，北方人称他们为巴氏。李特祖上被曹操任命为将军，李特"少仕州郡，见异当时，身长八尺，雄武善骑射，沈毅有大度"。一路上，李特兄弟扶老携幼，救护贫困有病的流民，受到广大流民的爱戴。在入川的剑阁道（今属四川省）上，李特和大家坐在地上歇息，眺望周围险峻的山势，他喟叹说："刘禅据有如此险要之地，却做了人家的俘虏，岂不是十足的庸才嘛！"

　　流民入川的时候，益州地区正在酝酿着一场动乱。永康元年（300年），赵王司马伦发动废黜贾后的宫廷政变，控制了朝政。这时，朝廷征召益州刺史赵廞进京任大长秋，由成都内史耿滕接任益州刺史之职。赵廞是贾后的姻亲，接到诏书后心中惶惶不安，他见政局动荡，便企图像刘备一样割据巴蜀。他想到流民人多势众，如果能够加以控制，就是一支不可小觑的军队，于是大发"慈悲"，开仓赈济流民，收买人心。六郡流民们当然对赵廞心存感激，他们大多数人的原籍是益州巴西郡，听说赵廞也是巴西人，对他更加倍感亲切。于是，流民们聚集在李氏兄弟的周围，一起拥戴赵廞。耿滕见赵廞依仗流民，扩张势力，没有上京赴任的意思，便秘密上表朝廷，说流民彪悍，蜀人懦弱，主客不能相制，必然会出现变乱，因此应该遣送流民还乡。否则，一旦他们占据险地，秦、雍之祸将会在梁、益重演。赵廞知道后，心想这是冲着我来的，恨得咬牙切齿。耿滕上任那天，益州文武官吏千余人都去迎接耿滕。当时，益州州府在成都太城，成都内史府在成都少城。耿滕兴高采烈而来，队伍刚刚到达太城西门，赵廞预先埋伏下的军队突然杀了过来，耿滕毫无准备，转瞬之间就成了刀下之鬼。

　　赵廞虽然有割据之志，可是无割据之术。他谋杀耿滕后自称大都督、大将军、益州牧，朝廷当然不会听之任之。而他在自己远未站稳脚跟的情况下，就对部下疑神疑鬼。当时，李氏兄弟和流民首领们带领四千骑归附赵廞。李特之弟李庠被任命为威寇将军，他招集六郡壮勇万余人，领兵切断北道。李庠颇晓军事，带兵有方，部伍齐整。这本应得到赵廞的奖赏，却受到猜疑。赵廞的长史杜淑、司马张粲又进谗言，说什么"非我族类，其心必异，倒戈授人，窃以为不可"之类的昏话，这无异于火上浇油。恰巧李庠求见，赵廞传他进来。李庠哪里知道赵廞已经动了杀机，他建议说："如今中原大乱，晋朝不可复兴。明公应该应天时，顺民心，拯救万民于水火，使百姓知有所归。如此，则全国都可以平定，何止巴蜀之地而已。"赵廞图谋割据，是人所共知之事；李庠这番话，本是劝进效忠之言。不料赵廞一下子翻了脸，喝道："这岂是人臣所应该说的话嘛！"于是以谋逆的罪名杀掉李庠及其子侄三十余人。不久，赵廞的亲信们也因为争权夺利而互相残杀，杜淑、张粲等都死于非命。

赵廞杀李庠后，恐怕引起李特兄弟的报复，便把李庠的尸首还给李特，说李庠罪有应得，但与你们兄弟无关，又任命李特兄弟为督将，表示安抚。李特已经看透赵廞，当即把军队带回绵竹（今四川省德阳市北）。这时，赵廞另派长史费远等人在北道防御，驻军绵竹石亭。李特暗中聚众七千多人，夜袭费远石亭驻军。费远没有准备，一时大溃，李特放火烧营，费远的军队死者十之八九。李特又一鼓作气，乘夜奔袭成都。赵廞听说李特已兵临城下，吓得魂飞魄散。属下文武如树倒猢狲散，纷纷斩关逃命，顾不上主公赵廞了。赵廞独自和妻小乘着一条小船逃到广都，最终被部下所杀。

第二年，朝廷任命原梁州刺史罗尚为平西将军、益州刺史，与新任蜀郡太守徐俭、广汉太守辛冉等率领七千人入蜀。李特为了流民的利益，以珍宝贿赂对方，以牛酒加以慰劳。罗尚很高兴，还任用李特弟李骧为骑督。当初朝廷下令，凡是从秦、雍州流入梁、益州的流民，当地官府都要把他们遣送还乡，并派御史监督执行。但由于中原"八王之乱"方炽，流民即使有家也归不得。李特派阎式贿赂罗尚，请求暂缓到秋天再走，得到罗尚的应允。事情本来有了转机，朝廷以平定赵廞之功，拜李特为宣威将军、封长乐亭侯；拜李特弟李流为奋威将军、武阳侯。又令益州把与李特一起参加平定赵廞的六郡流民报告中央，将论功行赏。然而，贪婪的辛冉为独吞平定赵廞之功，竟然不执行封赏李特、李流的命令，也不如实向朝廷报告流民的功劳，流民因之怨声载道。更使流民气愤的是，罗尚言而无信，限流民必须在七月上路返乡。分散在梁、益各地的流民，依靠给地主佣工维持生计，听到这个消息，人人又气又愁，不知怎么办才好。加上阴雨连绵，地里的庄稼尚未成熟，想走也没有路费。李特又派阎式见罗尚，请求放宽到冬天，但遭到辛冉的坚决反对。辛冉还和罗尚商量，准备设置关卡，以检查为名，杀流民首领，抢夺他们的财物。

官府的倒行逆施，把流民逼上了绝路，一场大规模的流民起义已经不可避免了。李特因多次为流民请命，赢得了广大流民的信任。他们都仰慕李特的大名，一伙一伙地来投奔他，一个月就超过了两万人。李特乃将其分成二营，亲自统领北营，派李流统领东营。李特再派阎式去找罗尚交涉，阎式看见路上竖起栅栏，设立关卡，料想事情无可挽回了。在向罗尚辞行时，罗尚假惺惺地对阎式说："你就把我的意思转告流民们，我同意放宽期限。"阎式当场揭穿他的谎言，警告说："明公迷惑于奸人邪说，大概无有宽恕之理。老百姓虽弱，但不可轻视。如今催促他们上路，而不讲道理。所谓众怒难犯，恐怕为祸不浅啊。"阎式回到绵竹，向李特报告："罗尚的话并不可信，必须做好准备。"果然，辛冉背着罗尚派步骑兵三万偷袭李特兵营，罗尚得知后也派兵助战。李特佯装不知，暗中设下伏兵，等官军的一半进入了伏击圈，突然发动攻击。官军大败，将佐、士卒死者甚众。于是，六郡流民共同推举李特为首领。李特为了取得形式上的合法名义，让六郡人中曾经担任过将佐、县令的李含、任臧、阎式等人上书朝廷，推荐自己代行镇北大将军，承制封拜，任命官吏。然后，李特以其弟李流为镇东将军，发兵攻克广汉，又乘胜进攻成都。这时，李特自称使持节、大都督、镇北大将军，以其兄李辅为骠骑将军、弟李骧为骁骑将军，其他也都授予将帅、僚佐之职。史称"时罗尚贪残，为百姓患。而（李）特与蜀人约法三章，施舍赈贷，礼贤拔滞，军政肃然，百姓为之谣曰：'李特尚可，罗尚杀我'"。罗尚频频战败，一面派人去搬救兵，一面沿着郫水安营扎寨，绵延七百里，与李特相对峙。

太安元年（302年），朝廷派将援救罗尚，被李特和李特之子李荡等一一击溃。李特布置一部分兵力盯着成都，预防罗尚突围逃逸；而以大部分兵力进攻益州各郡。在流民起义军的打击下，益州的有些郡守望风逃窜，有些郡守举郡投降，成都已成了汪洋大海中的孤岛。起义军在各地抚慰百姓，受到百姓的拥护，势力大盛。次年一月，李特攻占成都少城。入城后，只征用百姓马匹，其他一无所取；对他们原来的态度，也一无所问，以安定人心。这时，李特正式建立年号，称建初元年（303年）。这标志着一个新政权的诞生，它是十六国时期的第一个少数民族政权。虽然暂时还没有国号，但这不影响它作为一个新政权而存在。这个新政权出现的意义还在于，它是由少数民族建立的，展现了少数民族杰出人物的风采。

益州流民抗暴波及荆州。也是在太安元年，西晋朝廷严令征发百姓去镇压益州流民，郡县官吏亲自抓兵。官逼民反，被抓的百姓、躲避兵役的民众和流民联合起来，拥戴张昌起义，江沔间纷纷响应，不久即聚众三万，据江夏（治今湖北省云梦县），克樊城（今湖北省襄樊市），占有荆、江、徐、扬、豫五州的许多郡县。这支流民军因纪律不好，在次年遭到镇压，张昌兵败身死。

这股徙民风潮仍在继续，雍、秦人民流亡豫州，益州人民流亡荆、湘、宁州，并州人民流亡冀、豫州，冀州人民流亡兖州，黄河上下、大江南北已经处处燃起反抗斗争的烈火。

风雨飘摇

光熙元年（306年）初冬的一个傍晚，在西晋皇朝风雨飘摇的时刻，晋惠帝司马衷突然因进食中毒身亡。顿时，洛阳宫城内的气氛变得格外紧张。皇位合法的继承人是皇太弟司马炽，而皇后羊氏为了当皇太后，便密召惠帝侄、清河王司马覃入继大统。侍中华混是执政的司空、东海王司马越的亲信，极力加以劝阻无效后，急忙派人报告司马越。少顷，司马覃兴冲冲地赶来，可是刚刚踏进尚书阁门，他就发现情况不妙。只见昏黄的宫灯下，处处人影憧憧，闪烁着刀光剑影。这时，一股冷风拂过，他不觉浑身颤抖起来，于是推说身体不适，悄悄地溜出宫去。过一会儿，司马越和司马炽火速赶到，当他们被簇拥着入宫之后，宫城内才渐渐地恢复了那死一般的沉寂。

三天后，司马炽登上了皇帝的宝座，他就是晋怀帝，永嘉（307～312年）是他在位时所用的年号。

《晋书·惠帝纪》说惠帝"因食饼中毒而崩，或云司马越之鸩"。不管晋惠帝是不是司马越所害，实际情况是当时西晋政权掌握在司马越的手里。不过，这是一个残破的政权，是颠簸在波峰浪谷中的一叶扁舟，才能平庸的司马越只能作无希望的挣扎。

司马越"专擅威权，图为霸业。朝贤素望，选为佐吏；名将劲卒，充于己府，不臣之迹，四海所知"。所谓朝贤素望，不过是一些徒有虚名的高门后裔、纨绔子弟而已。如被司马越罗致入司空府的有军咨祭酒庾怪、从事中郎胡毋辅之、行参军阮修、府掾谢鲲等，而这些人"皆尚玄虚，不以世务婴心，纵酒放诞"。司马越所选任的司徒王衍，是当时朝中最大的名士。王衍是西晋原司徒王戎的从弟，所谓"神清明秀，风姿详雅"，以善清谈著名。他在元城县当县令时终日清谈，回朝中任黄门侍郎后更是惟清谈是务。他相貌秀美，口若悬河，"声名藉甚，倾动当世。妙善玄言，唯谈老庄为事。每捉玉柄麈尾，与手同色。义理有所不安，随即改更，世号'口中雌黄'。朝野翕然，谓之'一世龙门'矣。累居显职，后进之士，莫不景慕仿效。选举登朝，皆以为称首。矜高浮诞，遂成风俗焉"。然而，这个名高位重的司徒在西晋面临危亡的时刻，只知趋利避害，毫无志节。他堂而皇之地向司马越提议说："当今朝廷危急，应当依靠方镇，而方镇之任要选用文武全才的人。"结果，其弟王澄被任命为荆州刺史，其族弟王敦被任命为青州刺史。任命发表后，他私下里对王澄、王敦说："荆州凭借长江、汉水，是很坚固的；青州背靠大海，是很险要的。你们二人在外而我居中，这就足以为'三窟'了。"司马越所网罗的就是这样一些人，如果西晋不亡，那才是大怪事呢！

西晋历史上曾经有过自己的繁荣时代，史称"是时天下无事，赋税平均，人咸安其业而乐其事"。又有记载曰："掩唐虞之旧城，班正朔于八荒，天下书同文，车同轨，牛马被野，余粮委亩，故于时有'天下无穷人'之谚。虽太平未洽，亦足以明吏奉其法，民乐其生矣"。这些描述虽不免有溢美之嫌，但当时社会相对安定，经济有所恢复和发展还是可信的。也只有在这个基础上，才有可能出现西晋统治阶级普遍的奢侈之风。不过，物极必反，盛极则衰。由贾后政变而"八王之乱"，由"八王之乱"又演化为"永嘉之乱"，西晋皇朝已经气息奄奄了。

《晋书·食货志》云：

> 及惠帝之后，政教陵夷，至于永嘉，丧乱弥甚。雍州以东，人多饥乏，更相鬻卖，奔迸流移，不可胜数。幽、并、司、冀、秦、雍六州大蝗，草木及牛马毛皆尽。又大疾疫，兼以饥馑，百姓又为寇贼所杀，流尸满河，白骨蔽野。……人多相食，饥疫总至，百官流亡者十八九。

寥寥数语，活画出永嘉年间一幅惨不忍睹的凄凉景象。

关于永嘉之乱和西晋的灭亡，当时和后代人都作过不少评论。早在永嘉末年，镇东将军、琅邪王司马睿的属下陈頵就写信给后来成为东晋丞相的王导说："中华所以倾弊，四海所以土崩者，正以取才失所，先白望而后实事，浮兢驱驰，互相贡荐，言重者先显，言轻者后叙，遂相波扇，乃至陵迟。加有庄老之俗倾惑朝廷，养望者为弘雅，政事者为俗人，王职不恤，法物坠丧。"他建议改弦更张，明赏信罚，任用贤才，"然后大业可举，中兴可冀"。陈頵出身寒素，对西晋重虚名、轻才干的选举制度，对权贵交相请托、任用私人、以贵袭贵、以贱袭贱的龌龊风气，对上层统治者醉心玄谈、不以政事萦怀的社会习俗深恶痛绝。他的评论虽只触及永嘉西晋乱亡一部分的原因，但敢于直接指向当权者，勇气可嘉。当然，当权的门阀士族王导等不会采纳他的建议，反而把他排挤出建康（今江苏省南京市）。著名的北伐将领祖逖从另一角度思考历史教训，他说："晋室之乱，非上无道而下怨叛也。由藩王争权，自相诛灭，遂使戎狄乘隙，毒流中原。"其实，藩王争权的根本原因就是"上无道"耳！

晋人干宝著《晋纪》，其"总论"是探讨西晋短命原因的长篇论文。他说："李辰、石冰倾之于荆扬，元海（刘渊）、王弥挠之于青冀，二十余年。而河洛为墟，戎羯称制，二帝失尊。何哉？树立失权，托付非才，四维不张，而苟且之政多也。夫作法于治，其弊犹乱；作法于乱，谁能救之！"他又说："故贾后肆虐于六宫，贾午（贾后妹）助乱于外内，其所由来者渐矣，岂特系一妇人之恶乎！"他强调西晋覆亡非一朝一夕，不能完全归罪于个人，而是长期积累的结果，这个看法是比较客观的。

唐太宗李世民为《晋书·武帝纪》作史论，他说：

……虽登封之礼，让而不为，骄泰之心，因斯而起。见土地之广，谓万叶而无虞；睹天下之安，谓千年而永治。不知处广以思狭，则广可长广；居治而忘危，则治无常治。加之建立非所，委寄失才，志欲就于升平，行先迎于祸乱。是犹将适越者指沙漠以遵途，欲登山者涉舟航而觅路，所趣逾远，所尚转难，南北倍殊，高下相反，求其至也，不亦难乎！……而世祖（晋武帝）惑荀勖之奸谋，迷王浑之伪策，心屡移于众口，事不定于己图。元海当除而不除，卒令扰乱区夏；惠帝可废而不废，终使倾覆洪基。

唐太宗指出统治者应该处广思狭，居治不可忘危，这在今日仍然具有借鉴意义。但是，他认为晋武帝不除刘渊也是西晋乱亡的一个重要原因，则显然是一种民族偏见。

西汉以来少数民族的内迁是一种不可遏止的历史趋势，中原并非汉族的禁脔，正如边境地区也并非少数民族所专有一样。问题首先是统治者的政策是否正确，社会是否稳定；其次是能不能处理好民族之间的关系。在中国古代史上，有些时期、有些统治者（包括在中原建立皇朝的少数民族统治者）做得好一些，有些统治者则做得不好，甚至很不好。西晋统治者，就是属于很不好的一类，那么，少数民族起而反抗就是势所必然的了。

目 录

卷首 大厦将倾 / 1

病入膏肓 / 1

嗣位风波 / 5

"叔世"现象 / 8

祸起萧墙 / 11

废黜太子 / 15

赵王篡位 / 18

诸王混战 / 20

流民起义 / 24

风雨飘摇 / 28

01 "五胡"先锋——刘渊 刘曜：从离石到长安 / 001

并州匈奴 / 003

冒顿单于 / 006

附塞和亲 / 009

南北分裂 / 012

刘渊入洛 / 015

以"汉"为号 / 018

刘聪上台 / 021

攻占洛阳 / 024

奢侈昏暴 / 027

明争暗斗 / 030

刘曜夺权 / 033

羊后传奇 / 036

由盛而衰 / 039

前赵败亡 / 041

02 中原驰骋——石勒　石虎：从附庸到自立 / 045

十八骑士 / 047

逐鹿中原 / 051

经营冀州 / 054

兼并王、刘 / 057

乱世明君 / 060

祖逖北伐 / 063

虎视眈眈 / 066

跋扈丞相 / 069

黑暗岁月 / 072

肘腋之变 / 075

内乱迭起 / 079

03 辽东之剑——慕容廆　慕容儁：从边裔到内地 / 085

东部鲜卑 / 087

创业辽东 / 090

志在天下 / 093

玉玺之梦 / 097

前燕贤相 / 101

为渊驱鱼 / 104

潞川惨败 / 107

04 英雄蒲家——蒲洪　苻坚：从全盛到覆没 / 111

挺进中原 / 113

"艹付应王" / 115

苻坚政变 / 119

关陇清晏 / 122

安定内外 / 125

统一中原 / 127

骄态初露 / 132

一意孤行 / 135

东晋备战 / 138

淝水惨败 / 141

千古遗恨 / 144

05 河西风云——凉州人物争霸录 / 147

西域归师 / 149

艰难时世 / 152

兄弟阋墙 / 157

拒受封爵 / 159

文治武功 / 163

穷兵黩武 / 167

誓师卢水 / 170

君臣权术 / 173

小国明主 / 175

归于统一 / 179

06 北国雄鹰——拓跋珪、元宏：从统一到融合 / 183

英雄年少 / 185

入主中原 / 189

远见卓识 / 193

赫赫武功 / 196

统一北方 / 199

国史冤狱 / 203

太后临朝 / 207

改革伟业 / 210

迁都洛阳 / 215

功垂青史 / 219

结卷　六镇烽火 / 222

六镇起义 / 222

帝后争权 / 225

昙花一现 / 227

高欢崛起 / 230

北魏分裂 / 233

后记 / 236

01

「五胡」先锋

刘渊 刘曜:从离石到长安

大漠之子从历史的深处走来,从大漠南北、浩瀚戈壁和如茵的绿洲走向中原。他们松开缰索,扶起犁杖;放下弓箭,进入课堂。他们在中原与汉族和其他兄弟民族错居杂处,在历史的风云际会之中称王称帝。虽然有人提出"徙戎",有人惊呼"妖孽",但我们看到的却是历史的必然,历史的进步。

并州匈奴

东汉中平五年(188年)三月,正是北国天气转暖、冰雪消融的季节。然而,南匈奴单于庭所在地的西河郡离石县左国城(今山西省离石区)却是田园荒芜,满目凄凉①。

为镇压如火如荼的黄巾起义,去年朝廷征发并州南匈奴族众开赴前线。南匈奴单于羌渠派左贤王率部赴幽州,许多青壮年都被征兵征走了,幸免者躲的躲、藏的藏,家家户户大多剩下老弱妇幼。人们唯恐朝廷无休止的征兵,无心生计,一股反抗的激流在暗中涌动。这时,南匈奴中的屠各种人率先起来造反,聚众进攻西河郡,攻杀郡太守邢纪;接着又攻杀并州刺史张懿。他们与南匈奴的左部胡联合起来,造反的队伍进一步发展壮大,参加者多达十多万人。

在南匈奴中,屠各种是具有高贵的血统和显赫的身份,拥有世代相袭的特权。其虚连题氏是世袭单于位的家族。屠各种人的造反,既是利用群情激愤,反抗东汉朝廷的统治;更主要是,他们把矛头对准羌渠单于,认为单于派左贤王出征,包藏着不让合法的继承人左贤王继承单于位的企图。所以,他们和左部部众联合起来,攻入南匈奴单于庭,杀死了单于羌渠。

---

① 关于东汉西河郡治与南匈奴单于庭南迁离石的时间,我在《中古北方民族史探》一书中曾推测为东汉中平五年(188年)以后,但因仅是一种推测,并非定论,所以这里一仍其旧,未加改动。

羌渠死后，左贤王在外，果然是羌渠之子、右贤王於扶罗宣布继承单于位。屠各、左部岂能接受父死子继之制，岂能接受仇人之子上台，于是，屠各、左部再叛，赶走了於扶罗，匆忙中推举须卜骨都侯为单于。须卜虽为屠各族，可并无担任单于的资格，为什么被立为单于？或者是因当时虚连题氏没有成年的继承人，不得已而采取的权宜措施。可以相信的是，须卜氏虽为单于，似乎没有威信。於扶罗出走后，声称到洛阳告状，请求朝廷主持公道，讨伐屠各与左部的叛逆行径。然而，他命运多舛，尚未到达洛阳，适逢东汉皇朝因灵帝驾崩而陷入混乱，无人过问南匈奴的事了。

於扶罗带领骑兵数千，漂泊在外。他与黄巾余党合兵骚扰河内诸郡，"时民皆保聚，钞掠无利"，企图回到并州，曾经打到太原，迫近西河。当时须卜骨都侯已死，南匈奴也没有再立新单于，但南匈奴屠各和左部就是不承认不接受於扶罗这个单于，他的兵力又攻不进去，无奈之下，他又回到河东。建安元年（196年），汉献帝从长安东逃，一路上险象环生，凉州兵在后面紧追不舍。於扶罗也曾派其右贤王去卑领兵数千骑护卫，但劳而无功，汉献帝终于被曹操迎走了。

兴平二年（195年），於扶罗死，其弟呼厨泉继立。於扶罗终于没有再继续推行父死子继，而又回到兄终弟及的老路了。但呼厨泉"以兄被逐，不得归国，数为鲜卑所钞"。可见仍得不到离石的南匈奴左部"国人"们的谅解。史称，"中平以来，天下乱离，民弃农业，诸军并起，率乏粮谷，无终岁之计，饥则寇掠，饱则弃余，瓦解流离，无敌自破者，不可胜数。袁绍在河北，军人仰食桑葚，袁术在江淮，取给蒲蠃，民多相食，州里萧条"。呼厨泉的这支弱旅，过着惶惶不可终日的流寇日子。建安元年（196年），右贤王去卑与白波帅韩暹侍卫献帝从长安返回洛阳，但劳而无功。建安七年（202年），呼厨泉与袁尚部下高干等攻取平阳，曹操派钟繇包围平阳，呼厨泉最终投降了曹操。

当曹操和袁绍逐鹿中原的时候，并州成了匈奴的大本营，各地匈奴人大量涌入，连避难的汉族吏民也逃到他们的部落中寻求保护，匈奴的实力猛增。曹操消灭袁绍，占领并州，任命梁习为并州刺史。梁习上任后，强制把大批胡汉人口迁往邺城，以削弱并州的胡汉割据势力。此后，匈奴的势力受到抑制，他们和汉族编户一样，种地服役①。建安二十一年（216年），呼厨泉朝觐汉献帝时，被曹操留在邺城当作人质②。随后，曹操把并州的匈奴分成左、右、前、后、中五部，各部以"贵者"即屠各种人为部帅，选任汉人担任各部司马，加以监督。於扶罗之子刘豹就是在这时出任左部帅的。按照匈奴的习俗，各部众以部帅名号为名号，所以五部匈奴又常被称为"五部屠各"。曹操还派右贤王去卑回平阳（今山西省临汾市）监护五部匈奴，但实际上，平阳和并州匈奴各部相距甚远，所以，去卑"监国"只是一个名义上的职务而已。曹魏末年，又改部帅为都尉：其左部都尉所统可万余落，居于太原故兹氏县（今山西省汾阳市南）；右部都尉可六千余落，居祁县（今山西省祁县）；南部都尉可三千余落，居蒲子县（今山西省蒲县）；北部都尉可四千余落，居新兴县（今山西省忻州市）；中部都尉可六千余落，居大陵县（今山西省文水县东北）。在曹魏统治的四十多年间，刘豹的势力不断扩大，五部实际上并成一部，破坏了原来五部的格局③。曹魏末年，朝廷又分其为三部，并让刘豹送其子刘渊到京城洛阳为质子。刘渊从此走向历史的舞台。

---

① 《三国志·魏书·梁习传》："单于恭顺，名王稽颡，部曲服事供职，同于编户。"
② 《晋书·江统传》：江统在所著《徙戎论》中说："建安中，又使右贤王去卑诱质呼厨泉，听其部落散居六郡。"
③ 江统《徙戎论》："咸熙之际，以一部太强．分为三率。泰始之初，又增为四。"

冒顿单于

我们既然说匈奴是"五胡"先锋,那么下面我们就从匈奴说起。

匈奴是我国北方一个历史悠久的民族,几乎和华夏族一样古老。匈奴曾经以"荤粥""猃狁"及戎、狄等泛称出现在先秦的文献中。司马迁在《史记·匈奴列传》中写道:"匈奴,其先祖夏后氏之苗裔也,曰淳维。唐虞以上,有山戎、猃狁、獯鬻,居于北蛮,随畜牧而转移。……自淳维以至头曼,千有余岁,时大时小,别散分离。"

淳维,是已知的匈奴的始祖名。匈奴自认为是夏后氏的后裔,这并非无稽之谈。根据王国维先生在《鬼方·昆夷·严狁考》中的论证,匈奴原来被称为"严狁""昆夷",是居住在中原地区的部落,后来才离开中原,游牧于河套、阴山一带。所以,匈奴以夏后氏为先祖是有一定根据的。

在匈奴历史上,头曼单于是第一个有血有肉的英雄人物,而更受匈奴后人崇敬的英雄则是他的儿子冒顿。大约在公元前3世纪时,匈奴部落联盟日益强大起来,他们活跃于"河南地",即黄河河套以南的广大地区。然而,作为匈奴部落联盟酋长的头曼,却把这一大片肥沃富饶的土地丢给强盛的秦国了。头曼丧失了"河南地"之后,只得带领他的游牧部落北迁。冒顿就是在匈奴发展史的这个紧要关头脱颖而出的。

冒顿是头曼单于的长子。头曼后娶的小阏氏(匈奴称妻、妾为阏氏)年轻貌美,很得头曼的宠爱。小阏氏生子后,头曼有意以小阏氏之子取代冒顿作为继承人,便把冒顿作为人质送往河西走廊一带的月氏。冒顿到了月氏,头曼企图借刀杀人,突然发兵急攻月氏。冒顿在万分危急之时,偷了一匹快马,千辛万苦地逃回匈奴。

冒顿逃回来以后,头曼单于称赞他临危不惧、勇敢果断,令他统领一万骑兵。冒顿发明一种射出时能够发出响声的箭头,叫"鸣镝"。他用鸣镝来指挥他的骑兵，严令部下说："凡是鸣镝所射而不射者，一律斩首。"他带领他们去猎取鸟兽，有的骑兵没有跟着鸣镝射箭，立即被斩首示众。稍后，冒顿又用鸣镝射自己骑乘的一匹良马，有的骑兵不敢射，同样被斩首。过了一些日子，冒顿竟然用鸣镝向自己的爱妻射去，有些骑兵很害怕，弓都拉不开。冒顿大怒，下令将他们杀掉，不稍宽待。经过这样特殊的训练之后，冒顿再一次带着他们出猎。他以鸣镝射单于的良马，这些骑兵们再也不犹豫了，随着鸣镝的响声，都一齐朝那匹良马射去。这时，冒顿觉得他的训练已经大功告成了，十分满意。于是他耐心地等待着时机，机会终于来了。那一天，冒顿率领骑兵随从父亲头曼单于出猎，他突然发出鸣镝，朝着单于射去，他的骑兵跟着放箭，单于还没有明白过来，就一命呜呼了。然后，冒顿拨转马头，疾驰回单于庭，下令把他的后母、弟弟和单于左右中不服从他的人统统抓起来杀了，自立为单于。

这个故事把冒顿夺取单于位的成功，完全归于冒顿个人的权术谋略。故事讲得绘声绘色，生动形象，活灵活现。不过，我以为除了冒顿个人的智慧外，还有一个重要原因，就是头曼丧失"河南地"的同时，也丧失了他的威信。冒顿夺位，一方面是要夺回本属于他的权力，另一方面则是他对其父无能的不满。这从下面另一个故事中可以体会出来。

冒顿自立为单于后，当时东胡听说冒顿杀父夺位，便派使者来要头曼的千里马。东胡的使者嘴上说得很委婉，实际上透露出不给不行的意思，因为东胡与匈奴强弱悬殊。冒顿征求属下的意见，左右都说："千里马是匈奴的宝马，不能给。"冒顿说："我们与东胡为邻，何必为一匹马和人家伤了和气呢？"遂把千里马送给东胡。东胡王认为冒顿害怕自己，不久又派使者来，向冒顿讨一位阏氏。冒顿再与左右商量，左右都气得跳起来，说："东胡也太无礼了，竟然来要阏氏！我们不能一再示弱，请派兵出击。"大家没有想到，冒顿却一点也不生气，他平静地对左右说："何必为了一个女人得罪他们呢？"于是便将自己所宠爱的阏氏让东胡的使者带走。东胡王觉得匈奴软弱可欺，态度更加骄横，派兵向西扩张。在匈奴和东胡之间，有一大片千余里的"弃地"，无人居住。双方在各自的边境上设立边防岗哨，称"瓯脱"。东胡王派使者对冒顿说："你们与我们瓯脱以外的'弃地'，不是你们所能到达的，我就要占有它了。"冒顿问大家怎么样？大家说："既然是一块弃地，给他们也行，不给也行。"冒顿勃然大怒，气愤地说："土地是国家的根本，怎么能随便送给人家呢！"凡是说给的，一概杀头。他立刻上马，命令全体跟上东进，去袭击东胡，后到的都杀无赦。在冒顿的统率下，匈奴浩浩荡荡地走上征途，向东胡发动猛烈的攻击。东胡自以为强盛，骄傲轻敌，事先没有防备。面临匈奴大军强大的攻势，东胡当即溃不成军，东胡王被杀，许多部人当了俘虏，牛马畜产尽数被匈奴掠走。接着，冒顿挥师东灭东胡，西逐月氏，南吞楼烦、白羊，收复秦将蒙恬所侵占的匈奴地与汉关故河南塞，一直攻到朝那、肤施，又进而侵扰燕、代等地。当时中原正当刘邦和项羽两军对垒的时候，无暇北顾，匈奴趁机坐大，有"控弦之士三十余万"。

这两个故事非常精致，层层推进，很有意趣，但也留下了刀削斧凿的痕迹，显然是经过史家的加工，而这正表现出人们对这位成功的匈奴英雄的爱戴之情。

后来，冒顿又征服了北面的浑庾、屈射、丁零、鬲昆、薪黎等部落，臣服了西域的楼兰、乌孙、呼揭及其周围的26个小国。他曾经得意扬扬地说："所有使用弓箭的人都成为一家，北方从此安定了。"冒顿的话说得过了。他的功绩在于扩大了匈奴部落联盟，促进了匈奴的发展壮大。然而，由于时机尚未成熟，还不具备再向前走一步建立国家的条件，所以，所谓使用弓箭的人都成为一家是暂时的，并非真正形成统一的匈奴民族，如后世元朝的建立和蒙古族的统一。因而，匈奴始终摆脱不了"时大时小，别散分离"的历史命运。

关于这时匈奴所处的社会阶段，这里有必要说明一下。学术界比较普遍的意见是，这时匈奴已经进入奴隶社会，建立了奴隶制国家。这种见解未必准确。其实，匈奴社会还处于原始社会的后期，匈奴的社会组织仍然是由许多部落组成的部落联盟。部落联盟酋长称为单于。"单于，广大之貌也。"当时，部落联盟的酋长由选举逐渐变为世袭，部落联盟的公共权力逐渐集中到单于的手中，单于庭取代了原来部落联盟会议的职权。单于庭设左、右骨都侯辅助单于处理联盟的事务，由氏族贵族呼衍（延）氏、兰氏和卜须氏担任。"呼衍氏为左，兰氏、卜须氏为右，主断狱听讼，当决轻重，口白单于，无文书簿领焉"。

匈奴部落联盟分中、左、右三部，单于自辖中部，设左、右贤王分辖左、右二部。在左、右贤王之下，有左、右谷蠡王，左、右大将，左、右大都尉，左、右大当户及千长、百长、什长、裨小王、相、都尉、当户、且渠等，而"士力能弯弓，尽为甲骑"。这就是说，每个部落同时也是一支军队，说明匈奴正处于军事民主制时期。

附塞和亲

西汉中期，匈奴从极盛走上了下坡路。冒顿时，匈奴的单于庭在漠南的阴山（今内蒙古自治区大青山）之中。匈奴主体游牧于阴山和河套地区，东西千余里[①]。这里林木丰茂，绿草如茵。无论是地形地貌、植被，还是气候，对游牧的匈奴族人来说，都是非常优越的。有的学者把这个地区称为匈奴人的发祥地、匈奴族的民族摇篮，是有道理的[②]。冒顿带领匈奴人在这里繁衍生息，狩猎练兵，积聚力量，然后从这里出发去征服其他部落，侵扰汉朝边郡。

[①]《汉书·匈奴传》：郎中侯应曰："北边塞至辽东外有阴山，东西千余里，草木茂盛，多禽兽，本冒顿单于依阻其中，治作弓矢，来去为寇，是其苑囿也"。

[②] 林干：《匈奴史》，第54页，人民出版社1986年版。

经历长期战争之后建立起来的汉朝，国弱民穷，亟须休养生息，无力抗击匈奴。所以，汉初朝廷对匈奴的侵扰一直采取忍让的态度，运用和亲政策与匈奴结盟，每年都送给匈奴大批的絮缯酒食，以换取和平。但是，匈奴"背约离兄弟之亲"，每一次和亲，都维持不了几年，匈奴就撕毁盟约，仍然扰边不已，每每入塞劫掠人畜，边郡的人民不遑宁居。汉武帝时，汉朝的国力大为增强，决心对匈奴进行大规模的反击，接连派卫青、霍去病等大将出兵北伐。

在西汉出击匈奴的战争中，匈奴的浑邪王率领浑邪和休屠两个部落归附了汉朝。这是匈奴内迁的开始。这两个部落本在河西走廊一带游牧。元狩二年（前121年），汉朝在取得河南之战的胜利后，又发动了对河西走廊的攻击。汉骠骑将军霍去病统兵万余骑，从陇西出发，"历五王国（即匈奴的五个部落）"，转战六日，西过焉支山千余里，"杀折兰王"，"斩卢胡王，诛全甲，执浑邪王子及相国、都尉，首虏八千余级，收休屠祭天金人"。浑邪、休屠二王战败，折损数万人，使当时的匈奴伊稚邪单于十分恼火，扬言要杀他们。浑邪、休屠二人当然不能坐以待毙，便商议降附汉朝，派出使者与汉朝联络。汉朝唯恐有诈，命令霍去病将兵迎降。少顷，休屠王反悔了，浑邪王乃杀休屠王，吞并其部落。浑邪王遂以四万众降汉，汉武帝在长安接见了浑邪王，赏赐丰厚，封为漯阴侯，邑万户，其属下不少人也得到封赏。随后，汉朝廷把浑邪、休屠二部的降众安置在边境陇西、北地、上郡、朔方、云中五郡塞外河南地。其中休屠部，大致安置在凉州的安定、天水一带。

汉朝廷把降附的少数民族安置在边塞居住，不失为一种好办法。因为他们是游牧民族，边塞地区的自然条件符合他们原有的生产方式和生活方式；而且，他们平时为汉朝戍边，战时随同汉军出征；他们居住的地带也自然成为一个缓冲区。不过，随着中原形势的变化，边塞少数民族逐渐内迁是不可避免的。少数民族的内迁，必然要突破所谓"内华夏而外夷狄"的传统格局，也给汉族统治者提出一个新的统治课题，这是汉统治者始料未及的。后来，匈奴人的后裔刘渊不仅内迁到并州，而且建立了刘汉皇朝。

继冒顿单于之后，匈奴民族又一个英雄人物是呼韩邪单于。

在西汉皇朝的打击下，匈奴损失惨重，实力极大削弱，陷入了重重困难。他们被迫离开适于畜牧的祁连山、燕支山、阴山和河套地区，远遁到漠北苦寒之地。有一支匈奴歌谣唱道：

亡我祁连山，使我六畜不蕃息；
失我燕支山，使我嫁妇无颜色！

匈奴人失去阴山河套这片宝地，也就意味着失去他们健康发展的摇篮，所以，当他们从阴山脚下经过的时候，无不痛哭流涕。阴山以北的"瀚海"，千里戈壁，遍地沙石，雨量稀少。唐朝诗人岑参在诗中写道："十日过沙碛，终朝风不休。马走碎石中，四蹄皆血流。"在如此艰难的条件下，匈奴生产日益萎缩，人口和牲畜大量死亡。雨雪灾害又频繁降临，匈奴中出现了空前的大饥馑，人口及牲畜死去了十分之六七，匈奴社会已经到了崩溃的边缘。

在这个时候，匈奴贵族不是团结一致、共渡难关，而是为争夺单于位大打出手，形成了"五单于争立"的局面。呼韩邪单于，名稽侯珊，在五单于争立中获得胜利，但随即被以左贤王自立的郅支单于击败。甘露元年（前53年），为挽救败局，左伊秩訾王向呼韩邪提出归附汉朝的建议。匈奴贵族激烈反对，大多数都不同意归附汉朝。他们认为，如果臣服汉朝，就辱没了先辈单于，即使因而平安，也没有资格统领各个部落了。左伊秩訾王说："如今奉事汉朝就安全，否则就危亡，还有比这个更重要的吗？"双方进行了激烈的辩论，呼韩邪单于权衡利害关系，最终采纳了左伊秩訾王的意见，派遣他的儿子、右贤王铢娄渠堂先行入侍汉朝。甘露三年（前

51年)正月,呼韩邪单于进入五原塞,赴长安甘泉宫朝见汉宣帝。汉宣帝接见时举行了隆重的仪式,"宠以殊礼,位在诸侯王上,赞谒称臣而不名",并颁给匈奴单于金玺,承认他作为匈奴单于的合法资格。另外,汉宣帝还赏赐他黄金二十斤、钱二十万及许多锦绣绮帛絮等。呼韩邪在长安住了一个多月,宣帝遣他回去。他恐怕遭到郅支单于的攻击,请求所统领的匈奴部众在光禄塞下游牧。汉宣帝命董忠等将领统率一万多骑兵送他出塞,并留下来护卫单于,又先后给匈奴调去304万斛粮食。从此,汉、匈之间五十余年友好相处,边郡一派和平景象,"边城晏闭,牛马布野"①。

呼韩邪单于经常到长安朝觐汉皇帝,竟宁元年(前33年),他向在位的汉元帝提出"愿婿汉氏以自亲"的请求。汉、匈有和亲的传统,元帝答允了。当时,有一位由南郡入选的宫女王嫱(字昭君),自愿远嫁匈奴。王昭君天姿国色,仪态万方。当她出现在人们面前时,在场的人眼前不觉为之一亮,元帝也很吃惊。呼韩邪十分高兴,连忙拜倒谢恩。王昭君出塞和亲,是当时一件大事,朝廷还专门制作了印有"单于和亲千秋万岁长乐未央"字样的和亲砖,以资纪念。王昭君后来生有二子,被呼韩邪称为"宁胡阏氏",意即安定匈奴的王后。这件事不仅在当时,而且对后代的历史产生了深远的影响。至今内蒙古的昭君"青冢",仍然在传颂着这个民族友好的美丽故事②。

南北分裂

东汉初年,匈奴彻底分裂为南北二部。这是匈奴史上的一个转折点。

建武二十二年(46年),匈奴单于舆死,匈奴贵族为争夺单于之位又

---

① 《汉书·匈奴传下》赞语,郅支所部匈奴后为汉朝消灭。
② 参林干主编:《昭君与昭君墓》,内蒙古人民出版社1979年版。

闹了起来。单于弟、左贤王蒲奴继位,而一直在觊觎单于位的右奥键日逐王比,因不得立,愤恨不已。比是呼韩邪单于之孙、乌珠留单于之子,驻牧在匈奴的南部。这时,匈奴中连年发生严重的旱、蝗灾害,赤地千里,草木枯槁,人、畜疫病流行,死亡过半。蒲奴派遣使者向东汉请求和亲,希望得到东汉朝廷的援助。同年,比秘密地派汉人郭衡奉献匈奴地图给朝廷;次年,又向东汉请求内附。二十四年(48年)春天,匈奴南边八位部落大人商议,准备拥戴右奥键日逐王比为单于,并且到五原塞向守卫边塞的汉军将官表示,愿意永远做朝廷的藩屏,抗御北方的敌人。汉光武帝得报后,欣然同意。这年冬天,比便自立为单于,并袭用其祖父的称号,也叫呼韩邪单于。这部分由呼韩邪单于比率领内附的匈奴有四五万人,是为南匈奴。

东汉帮助南匈奴在五原西部塞八十里处建立了单于庭,在经济上给予南匈奴大力支持,赐给他们的粮食、衣料、牛羊数以万计,后来,南单于徙居西河郡美稷县,而南匈奴各部落分布到五原、云中、定襄、雁门、代郡等地(今陇东、内蒙古河套、沿旧长城以北及晋北、冀北一带)游牧。

南匈奴和东汉长期保持着友好关系,南单于每年正月都要派遣他的儿子到洛阳祝贺,拜谒陵庙。朝廷照例要赠送大批的物品,所谓"岁时赏赐,动辄亿万"。边境的安定既有利于东汉,也同样有利于南匈奴。南匈奴在和平的环境中,部落繁盛,人口增长很快,生产力迅速发展。

当南匈奴内附的时候,北匈奴在漠南已经很难立足。为了缓和与东汉的关系,北单于一再表示愿意与汉和亲通使,汉廷态度冷淡。司徒班彪上奏说:"臣以为北单于贡献越重,实际上越虚弱;要求和亲的次数越多,说明他越恐惧。"班彪主张坚持羁縻的方针,并为朝廷草拟诏答之文,其中说:"单于连连发生兵乱,国内虚耗,贡物只要符合礼节就行,何必献上珍贵的马裘?"文中不无讥刺之意。北匈奴没有达到目的,便又侵扰河西。于是,东汉联合南匈奴、鲜卑、乌桓出兵讨伐,北匈奴左支右绌,众叛亲离。这时，丁零和西域诸国也对北匈奴发起攻击。建初八年（83年），北匈奴所属三木楼訾部落大人率众近四万人至五原塞内附；元和二年（85年），又有北匈奴部落大人车利、涿兵等纷纷逃亡入塞，先后有73批之多。北单于只得退出漠南，引兵北去。章和元年（87年），鲜卑进入匈奴左地攻击北匈奴，杀北单于优留，大获全胜。屈兰、储卑、胡都须等58部、二十万人，到云中、五原、朔方、北地投降东汉。漠北大乱，加上连年遭受饥馑和蝗灾，北匈奴犹如雪上加霜，南下附汉者接踵而至。永元元年（89年），东汉派将领与南单于联兵分三路征伐北匈奴，在稽落山（今漠北西北部额布根山）大败北单于，北单于遁走，北匈奴81部、20多万人归附东汉。此后东汉连续出兵讨伐北匈奴，直到永元三年（91年），北匈奴单于狼狈西遁。从此以后，除了零散留在漠北、后来融合到鲜卑中的十多万匈奴人以外，大漠南北再也不存在独立的匈奴族体了。

　　内附的匈奴人的进一步南迁，是在东汉永和五年（140年）的时候。是年，南匈奴发生动乱，左部句龙王吾斯和右贤王互相勾结，联兵围攻西河美稷；又唆使乌桓、羌人，一起骚扰并、凉、幽、冀四州，边境一时不得安宁。东汉朝廷不得不把原治平定（今内蒙古自治区东胜区东南）的西河郡治迁到离石（今山西省离石区），于是南匈奴单于庭也随着迁到离石左国城（今山西省离石区北）。同时，原治肤施（今陕西省榆林市东南）的上郡郡治迁到夏阳（今陕西省韩城市南），原治临戎（今内蒙古自治区磴口县北）的朔方郡治迁到五原（今内蒙古自治区包头市北）。这样，居住在这些郡的少数民族也都一股脑儿地迁进内地了。其中，尤以迁进并州的为多，汾水流域各地到处有匈奴人的部落，也有羯人、鲜卑人聚居的村落，从而极大地改变了这一地区汉族与少数民族人口的比例。

刘渊入洛

从西汉中叶匈奴浑邪部、休屠部内附，至刘豹担任并州五部匈奴首领之一的左部帅，时间已经过去了三个多世纪。在这三个多世纪中，一批批匈奴族人骑着马，赶着牛羊，挈妇将雏进入塞内。他们起初活跃在缘边郡县，以后逐渐向内地迁徙，人口繁衍越来越多，分布地区越来越广泛。虽然他们基本上聚族而居，保持着原来的氏族部落组织，但与当地汉族人民朝夕相处，久而久之，双方在语言、生产方式、生活方式、文化和风俗习惯上发生着潜移默化的影响。而在双向影响中，比较先进的一方总是居于主导地位，相对落后的一方必然要被改造、被同化。所以，匈奴民族由游牧走向定居的农耕生活就是这样开始的。而由农耕走向汉化是内迁少数民族的历史必由之路，虽然这条道路很曲折，最终目标也很遥远。

我们看到，经过三个多世纪之后，南匈奴人在许多方面已经汉化或正在汉化。如他们大多从事农业生产，生活方式也和汉族没有什么两样，他们的贵族子弟也开始接受汉族传统文化的教育。尤其值得注意的是他们已采用汉姓，如南匈奴后裔刘豹、刘宣等之所以以"刘"为姓，大概因为他们认为"先人与汉约为兄弟"的缘故。

作为贵族子弟，刘渊小时候被父亲送到上党（今山西省长治市北）儒者崔游的门下，课读儒家经典《毛诗》《京氏易》和《马氏尚书》。这几乎和当时的汉族地方大姓子弟毫无二致。他熟读《孙吴兵法》和《春秋左氏传》，读《史记》和《汉书》也颇有心得，曾经感慨地对同学朱纪、范隆说："我读列传的时候，常常鄙薄随、陆没有武艺和绛、灌没有文化。道义必须由人们去发扬光大，有一个道理不懂，都是君子的耻辱呀！"

到洛阳当质子的时候，刘渊还只是一个十四五岁的少年。不久，司马氏代魏，洛阳宫城内举行了隆重、热烈的改朝换代的庆典，司马炎以不流血的方式把曹魏的最后一个皇帝曹奂赶出宫去，自己端坐在御座上接受转换了角色的文武大臣们的顶礼膜拜。昔为魏臣，今为晋臣的刘渊也俯伏在这一群诚惶诚恐的大臣之中。这是刘渊人生的第一次政治洗礼。

洛阳巍峨的宫阙，繁华的街市，开阔了刘渊的人生视野；魏晋的禅代，官场的倾轧，则启迪了他的政治智慧，他变得雄心勃勃，强烈渴望着建功立业的机会。在洛阳度过了弱龄孤旅的寂寞之后，他积极地开展社交活动，特别是与并州乡里王浑等人过从甚密。王浑对他格外器重，让其子王济出来拜见。其时刘渊曾有过两次机会，但这两次机会都因为他是屠各匈奴人而被断送了。泰始年间，身为扬烈将军王浑多次向晋武帝司马炎提及刘渊的文武才艺，武帝果然传令召见刘渊。晋武帝见他形貌非常，姿仪魁伟，"身长八尺四寸，须长三尺余"，就有些喜欢。及与他交谈，他气定神闲，从容答对，更给晋武帝留下了深刻的印象。晋武帝心里不觉赞叹道："匈奴中竟有这般人才！"召见之后，武帝兴奋地对身边的诸位侍中说："刘渊仪容不凡，机智敏锐，即使是秦汉的由余、金日䃅也不过如此罢了。"这时，侍立在一旁的王浑之子、侍中王济接着说："刘渊的仪貌机警，确实如陛下所说。而他的文武才干，则比由余和金日䃅强得多。如果陛下委以东南的军事重任，那么平定三吴、会稽就不在话下了。"正在筹划平吴大计的武帝听了，连连点头说好。可是，站在一边的侍中孔恂、杨珧却说："陛下，微臣以为这件事还应该从长计议。刘渊的才干，当今恐难有人能够与他相比，陛下如果配给的兵少，不足以成事；如果配给的兵多，那么平吴后就回不来了。古人云：'非我族类，其心必异。'任命他统领本部人马，微臣尚且为陛下担心，何况把整个长江天险也交给他，这实在万万使不得！"武帝以为孔、杨说得也有道理，便默不作声了。

稍后，河西鲜卑族秃发树机能起兵反晋，晋军连吃败仗，秦州刺史胡烈、凉州刺史牵弘和杨欣先后兵败被杀。晋武帝司马炎召开御前会议，征询可以担任讨伐树机能的将领人选。尚书仆射李憙又推荐刘渊，他说：

"陛下如果能够征发五部匈奴，给刘渊加一个将军号，让他领兵西征，秦、凉二州可指日而定。"又是侍中孔恂坚决反对，他说："李公之言，不是根除祸患的办法。"李憙勃然变色说："凭着匈奴人的勇猛强悍，加上刘渊懂得用兵，去宣扬圣威，有什么祸患不能根除的呢！"孔恂冷笑道："如果刘渊能够平定秦、凉，斩下树机能的首级，恐怕秦、凉的祸患才真正开始。这正所谓蛟龙得云雨，非复池中物也！"武帝经孔恂这么一说，又只得作罢。

世上没有不透风的墙，朝廷上的议论很快传到刘渊的耳朵里。刘渊本有怀才不遇之怨，听说还有人一再在背后施放暗箭，心中愤愤难平。他从人们的目光中读出对他的不屑和猜忌来，心底不免泛出一股股凉气！有一天，他在九曲之滨设宴为东莱的王弥饯行。席间，想起自己多次无端受诬，心中极感委屈，不禁悲从中起，眼泪止不住流了下来。他情绪激动地对王弥说："王浑、李憙因为同乡相知，每每鼓励和提携我，而谗言也随之而来。他们是一番好意，虽然并非我的本心，但我却因此受到伤害。我本来不想做官，唯有足下理解。也许我会客死洛阳，这一别就是永诀了。"席间，他唏嘘不已，又纵酒长啸，声调高昂悠长，在座的人无不动容，为之流涕。刘渊所谓不想做官，当然是言不由衷，但他确实打不进洛阳上层社会的圈子。门阀士族不仅不接纳他，而且织成一张无形的网，紧紧地包裹着他，使他几乎透不过气来。

当时，齐王司马攸就在附近，循着啸声过来，得知是刘渊所发，远远地打量了半天。他觉得这是一个危险人物，不可不防，便上奏晋武帝说："陛下如果不除掉刘渊，臣恐怕并州将不得安宁。"幸好王浑在场，上前陈情说："臣以为刘渊是一个长者，愿在陛下面前为他作保。况且，我大晋正当向其他族类示以信义，抚以道德；如何能够仅仅因为疑心就杀人家的质子呢！这岂不是显得我们晋朝不守信义吗？"晋武帝点头说："王浑说得对。"在王浑的保护下，刘渊才幸免于一死。不久，刘豹去世，晋武帝以刘渊继任为匈奴左部帅,让他回到并州。

离开洛阳回到并州,刘渊有一种逃脱重围的感觉。

以"汉"为号

刘渊自咸宁五年(279年)以后,历任匈奴左部帅、北部都尉、离石将兵都尉等职。在近二十年间,他"明刑法,禁奸邪,轻财好施,推诚接物,五部俊杰无不至者。幽冀名儒,后门秀士,不远千里,亦皆游焉"。他完成了两件大事:一是基本实现并州地区匈奴族的统一,刘渊成为并州匈奴无可争议的领袖;二是加强了与并州汉族大族的团结,其影响远达幽、冀,赢得了不少名儒、秀士的拥护。

晋惠帝元康九年(299年),成都王司马颖因被贾后所忌,出为平北将军,镇邺城。这一年,西晋一些有识之士见惠帝痴呆、贾后专政、诸王争权夺利、大臣骄奢淫逸,预感到大乱就要来临,对西晋的前途充满了忧虑。关内侯索靖指着洛阳宫门前头高九尺的铜驼说:"不久将见你埋没在荆棘之中!"果然,第二年就发生了贾后谋害太子和赵王司马伦政变,"八王之乱"由宫廷斗争转变为大规模的内战。司马颖为了扩大自己的势力,推举刘渊为行宁朔将军、监五部军事,正式授予刘渊统领并州五部匈奴的权力。

在诸王起兵讨伐司马伦时,刘渊被司马颖征至邺城效力。司马伦垮台后,成都王司马颖、河间王司马颙、齐王司马冏及长沙王司马乂又相互残杀。有一天,刘渊府中来了一个神秘人物,他就是刘渊的姻亲呼延攸。当天晚上,刘渊紧闭门户,屏退从人。呼延攸拜倒在地,说:"我奉左贤王之命来见将军,将军已被推举为大单于了,请大单于回去主持兴邦复业大计。"原来,并州匈奴贵族见司马氏骨肉相残,四海鼎沸,西晋皇朝的统治摇摇欲坠,在左贤王、北部都尉刘宣的主持下,秘密召开会议,推举刘渊为大单于,企图建立匈奴政权,刘渊听后大喜。第二天,他便声称要回并州参加会议,向司马颖告假。但司马颖因战争吃紧,没有批准。刘渊只得让呼延攸先回去,告诉刘宣以助司马颖为名,招集五部及杂胡,做好准备。

永兴元年(304年),司马颖取得胜利,拜丞相,继而被立为皇太弟、都督中外诸军事,仍镇邺城。刘渊被任命为太弟屯骑校尉。皇太弟,即皇位的继承人。司马颖想过一过皇帝瘾,竟迫不及待地把天子的乘舆、冠服及御用器物都运到邺城。对此,尚书令、东海王司马越十分不满,檄召四方兵马,奉惠帝御驾讨伐司马颖。司马颖派五万大军迎战,以刘渊假辅国将军、督邺城守事。在荡阴(今河南省汤阴县)一役中,司马颖大败司马越,把惠帝俘至邺城,刘渊进为冠军将军,封卢奴伯。

不久,支持司马越的并州刺史、东嬴公司马腾与安北将军、幽州都督王浚督率鲜卑、乌丸兵攻击邺城,邺城形势危殆。刘渊对司马颖说:"殿下,如今司马腾和王浚两支军队甚为跋扈,拥众数十万,恐怕不是宿卫军和京城附近的百姓所能抗御的。请让下官回并州去动员五部匈奴,共赴国难。"司马颖忧心忡忡地说:"五部之众是否保证能征发得来?即使能征发得来,鲜卑、乌丸兵快如风,也不是那么容易对付的。我决定奉车驾返回洛阳,暂避兵锋,然后传檄天下,制服这些逆贼。不知君意下如何?"刘渊又说:"殿下是武皇帝之子,又为皇室建立特殊功勋,恩威并洽,使四海钦敬,谁不想为殿下效力捐躯?只要一声令下,五部当召之即来!王浚无名小辈,东嬴宗室疏属,他们有何资格与殿下较量?可是,殿下一旦离开邺宫,就是示弱于人,想到洛阳也难,即使到了洛阳,威权也不在殿下的手中了。只凭一纸檄文,谁肯服从?而且东胡人虽雄悍,不如五部。但愿殿下抚慰士众,镇之以静,下官必以匈奴的二部摧毁东嬴公,以三部消灭王浚,把二贼的首级悬于城门之上的日子指日可待。"刘渊这一番话,说得司马颖连连点头，眉开眼笑，批准刘渊回并州招集五部，并拜他为北单于、参丞相军事之职。次日，刘渊一行人匆匆上路，快马加鞭，直奔离石而去。

十月，刘渊回到离石左国城，立刻举行了大单于即位仪式，宣告匈奴政权的诞生，定都离石，封其子刘聪为谷蠡王。并州匈奴族人听说刘渊在离石登大单于位，都纷纷前来投奔，不到二十天工夫，就聚集了五万部众。

这时，邺城方面传来了司马颖战败南奔洛阳的消息，刘渊准备派兵援救，刘宣说："晋朝无道，以奴隶对待我们。如今司马氏父子兄弟自相残杀，这是上天厌弃他们，而要授予我们！当此之时，单于应当振兴我邦族，恢复呼韩邪单于之业。天命不可违，违天不祥；天与不取，反受其咎。愿单于不要有所疑虑。"刘渊说："你说得有理。不过，我们的目标不能只是恢复呼韩邪单于之业，我们应当成为崇山峻岭，不能成为小土堆！帝王难道只能由晋人来当吗？大禹出于西戎，周文王生于东夷，上天所授的是有德之人。现今我们已有十余万众，一人可以当晋人十人，进攻大乱中的晋朝，岂不是像摧枯拉朽一般。我们甚至可能成就汉高祖那样的大业，最差也能够与曹魏一样。"这一番话，可以看作刘渊的建国纲领，表达了他的远大志向和战略思想，非刘宣等人所能及。他的目标是当一个能号令天下的皇帝，而不只是号令匈奴的大单于！所谓大禹出于西戎、文王生于东夷之说，源于司马迁《史记》的记载，刘渊通晓史传可见一斑。

几天后，刘渊迁都左国城，到左国城归附刘渊的胡人、晋人络绎不绝。刘渊对部属说："晋人不一定支持我们，这是我们不能不考虑的问题。汉朝立国久长，有恩于民，至今人们还念念不忘。刘备之所以能以一州之地抗衡天下，原因就在这里。说起来，我是汉室外甥，先祖与汉室约为兄弟，兄亡弟继，是名正言顺的，我看可定国号为'汉'，追尊后主（刘禅），这样有利于团结晋人。你们觉得怎样？"刘宣等人请他称帝，他说："现在四方尚未安定，可以依照高祖称汉王。"于是，刘渊在左国城设坛祭天，即汉王位，建年号元熙，追尊刘禅为孝怀皇帝，祭祀汉高祖之下三祖五宗。又立其妻呼延氏为皇后，任命刘宣为丞相，崔游为御史大夫，刘宏为太尉，其他机构的建制和官吏的设置都沿袭汉制。

刘聪上台

刘渊起事之时，西晋诸王还在埋头火并，刘渊利用这个大好时机，攻占太原、泫氏（今山西省高平市）、屯留（今山西省屯留县南）、长子（今山西省长子县）、中都（今山西省平遥县）等地，侍中刘殷、王育提出"枭刘琨，定河东，建帝号，鼓行而南，先克长安而都之，以关中之众席卷洛阳"的战略计划，刘渊表示赞成，高兴地说："这也是我的想法！"但是，刘渊并没有完全按照这个战略计划行事，他舍北而南，直接进军平阳（今山西省临汾市）、河东（今山西省永济市），迁都蒲子（今山西省隰县），又派兵南下太行，前锋直抵河内（今河南省沁阳市）。随着刘渊势力的扩张，鲜卑、氐族部帅降附者相继，特别是羯族首领石勒和汉人王弥的归附，更使刘渊如虎添翼，他令抚军将军刘聪率领十位将领南据太行，辅汉将军石勒率领十位将领东下赵、魏，而王弥则攻掠青、徐、兖、豫四州。

永凤元年（308年）十月，在刘宣等臣子的劝进下，刘渊在蒲子登上帝位。十二月，大封宗室，以刘和为大司马，封梁王；刘欢乐为大司徒，封陈留王；呼延翼为大司空，封雁门郡公。此外，"宗室以亲疏为等，悉封郡县王；异姓以勋谋为差，皆封郡县公侯"。次年初，太史令宣于修之进奏说："臣观天象，不出三年，必定攻克洛阳。蒲子崎岖之地，难于久安。平阳紫气方盛，且是陶唐旧都，请迁都平阳。"刘渊遂迁都至平阳。这时，有人从汾水中拾到王莽时使用的玉玺，上面镌刻着"有新保之"的铭文，又续刻"泉海光"三字，呈献给刘渊。刘渊以为是上天所降祥瑞，喜不自胜，令改元"河瑞"，大赦境内。

自宣于修之作了不出三年必克洛阳的预言，刘渊的目光便盯住洛阳。打下洛阳，就意味着推翻西晋，他这个皇帝才是货真价实的。如果能够直接攻占西晋首都洛阳，又何必先打长安，再兜一个圈子打洛阳呢？说来也巧，次年三月，晋左积弩将军朱诞来降，把洛阳的虚实一五一十讲得清清楚楚，劝刘渊千万不可错失良机。刘渊大喜，任命刘景为大都督，加灭晋大将军之号；任命朱诞为前锋都督，在前面开路。汉军攻下黎阳（今河南省浚县东北），接着败晋王堪军，攻下延津（古津渡口，今河南省延津县西北）。由于遭到顽强的抵抗，刘景非常恼火，残酷地把俘虏和百姓男女三万余人都沉入黄河中。刘渊闻报，大发雷霆道："刘景这个畜生，他还有什么脸面来见朕？天道也不能容他。朕所要消除的，只是司马氏而已，小民有何罪过！"下诏令贬刘景为平虏将军。八月，刘渊别派刘聪等进攻洛阳，半路上打败西晋平北将军曹武，长驱直至宜阳（今河南省宜阳县东）。西晋弘农太守垣延诈称投降，刘聪自恃打了胜仗，不加防备，垣延趁机派兵夜袭，刘聪大败而逃。

十月，刘渊再次派遣刘聪、王弥、始安王刘曜、汝阴王刘景等率领五万精锐骑兵进攻洛阳，大司空呼延翼率领步兵为后继。西晋朝廷未料到汉军新败后卷土重来，抵御不住，退守洛阳，洛阳城内惶恐不安。刘聪进兵迅疾，屯兵于洛阳西明门外。晋将北宫纯在夜里领勇士千余人袭击汉军壁垒，汉军溃败，其征虏将军呼延颢被杀，刘聪急忙引军南移，然后回军屯宣阳门。刘曜屯上东门，王弥屯广阳门，刘景攻大夏门。大司空呼延翼被部下所杀，部队从大阳（茅津渡，南岸在今河南省陕县西北）逃回。刘渊见战事不利，下令刘聪撤兵，刘聪上表说："胜负乃兵家常事。晋兵微弱，不可因死了呼延翼、呼延颢二人就撤兵。"刘渊遂令继续进攻洛阳。刘聪上嵩山祷告，祈求神灵保佑，留平晋将军刘厉、冠军将军呼延朗督军。西晋太傅、东海王司马越亲自指挥守城，太傅参军孙询建议乘虚出击汉军。晋军自宣阳门出，击斩呼延朗。汉军失利，刘厉惧刘聪追究责任，赴水而死。王弥对刘聪说："如今大军失利，而洛阳守备坚固。我方运送军粮的车辆被阻在陕，粮食已支持不了几日。殿下不如与始安王等暂且返回平阳，再图后举；下官也可招兵买马，积聚粮草，在兖、豫待命。"刘聪唯恐受责罚，不敢撤兵。这时，宣于修之上奏说："晋气还很盛，攻取洛阳的时候未到，如不退兵必败。"刘渊这才召还刘聪等军。

刘渊年岁渐老，晚年宠爱氐族酋长单征之女单氏。河瑞二年（310年）一月，遂立单氏为皇后，立梁王刘和为太子，封单氏所生子乂为北海王。同年七月，刘渊在病重之际，对后事作了安排。一是设置"三师"：以陈留王刘欢乐为太宰，长乐王刘洋为太傅，江都王刘延年为太保，准备作为皇太子继位后的顾命辅政大臣。二是设立单于台，以楚王刘聪为大司马、大单于。刘渊在即汉王位之前是大单于，之后是汉王、汉皇帝兼大单于。之所以另立单于台，或许是为了安抚功劳卓著的刘聪。单于台设在平阳西，职责是管理匈奴、羯、鲜卑、氐、羌及巴蛮等所谓"六夷"，刘曜任单于左辅、乔智明任单于右辅。单于台的设立，标志着十六国时期胡汉分治体制的确立。三是以护军将军马景领左卫将军、永安王刘安国领右卫将军，安昌王刘盛、安邑王刘钦、西阳王刘璿俱领武卫将军，掌握宿卫禁军的大权。看来，刘渊对太子能不能顺利继位和对汉国的前途充满忧虑。

刘渊并非多虑。刘渊死后，最高权力的争夺仍不可避免。刘和以嫡子的身份继皇帝位，但他既无帷幄之谋，亦乏野战之功，宗室诸王心中不服，他自己心里也不踏实，不免疑神疑鬼，内多猜忌。原刘和王府卫尉刘锐未能参与顾命，宗正呼延攸因无才无德始终不得升官，侍中刘乘对刘聪不满，他们便互相勾结，进谗言道："先帝不分轻重之势，使三位王爷在内总领禁兵，让大司马手拥十万大军驻屯近郊，如此一来，陛下简直是寄寓于人，务必及早加以解决。"刘和是呼延攸的外甥，对舅舅说的话果然深信不疑。

一天夜里，刘和把安昌王刘盛、安邑王刘钦及马景等人召进宫来。刘和疾言厉色指责他们擅权，罪不可赦。刘盛等人闻言大吃一惊，既而见呼延攸、刘锐在一旁冷笑，心里明白了。刘盛说："先帝任臣等典掌禁兵，是为了国家的安全。如今先帝尸骨未寒，我等四王并无过失，而陛下却自相鱼肉，天下会怎么样议论陛下呢？但愿陛下不要听信谗夫之言，怀疑自己的兄弟。兄弟尚且不能相信，还有谁能相信……"呼延攸、刘锐粗暴地打断他的话，叱道："今日不管你怎么说，都没有用！"一面令左右动手。一瞬间，一把利刃刺向刘盛，鲜血四溅，刘盛倒地而死。刘钦吓得跪倒在地，不住叩头说："臣唯陛下之命是听。"于是，诸人在东堂盟誓，商议方略，部署兵力。第二天，刘锐带领马景攻击单于台的刘聪，呼延攸率永安王刘安国攻击司徒府的齐王刘裕，刘乘率安邑王刘钦攻击鲁王刘隆，尚书田密、武卫将军刘睿攻击北海王刘乂。然而，田密和刘睿在攻下刘乂后，趁机挟持刘乂斩关西出，去投奔刘聪。刘聪知道有变，下令全军严阵以待。刘锐听说刘聪已做好准备，掉转马头，与呼延攸、刘乘合兵攻杀刘隆、刘裕，又怀疑刘安国、刘钦有异心，杀死二人。刘聪随即率领大军进攻西阳门，冲入城内。刘锐等逃进南宫，刘聪的前锋追入宫中，如瓮中捉鳖，将刘锐等一网打尽。至此，刘聪完全控制了平阳的局面。次日，刘聪在光极殿西室杀刘和，又斩刘锐、刘乘和呼延攸，把他们的首级悬挂在通衢大道上示众。

攻占洛阳

平阳的这场诸王相争或迟或早总是要发生的。刘聪本来只掌握中央的外军，其对手应该是掌握中央内军即宿卫禁军的诸王，刘和的猜忌为刘聪消灭了政敌，使刘聪竟轻而易举地控制了全部中外军，并控制了汉国政权,从而顺理成章地登上皇位。

诸王相争结束后,群臣请刘聪即帝位。刘聪因刘乂是单皇后之子,谦让了一下。刘乂深知自己根本不可能与刘聪抗衡,对他的谦让岂敢当真而存非分之想。在刘乂的涕泣固请下,刘聪才假惺惺地表示勉为其难,说:"孤弟乂及群臣以当前内外祸难未已,因孤年长,故而推孤。此乃家国大事,孤不得不从命。待弟乂稍长,自当把大业归还给他。"刘聪即位后,尊单氏为皇太后,刘乂为皇太弟,领大单于、大司徒,立其妻呼延氏为皇后,以其子刘粲都督中外诸军事,封为河内王。

刘聪,字玄明。据说他从小聪明好学,博士朱奇对他大为赞赏。"年十四,究通经史,兼综百家之言,《孙吴兵法》靡不通之。工草隶,善属文,著述怀诗百余篇、赋颂五十余篇。十五习击刺,猿臂善射,弯弓三百斤,膂力骁捷,冠绝一时。"文献在述及帝王将相时,总是夸大其词,难免有所溢美,不过刘聪有相当的文才武艺,应该是可信的。

刘聪上台时,西晋政权已经处于风雨飘摇之中。京城洛阳破败不堪,饥困日甚,朝廷诏令出洛阳城就没有人理睬了。并州北部的刘琨、幽州的王浚和陇右都督张轨,都远在边裔,自顾不暇,对西晋朝廷爱莫能助。其他地区大多已非西晋所有。流落在南阳的雍州流民虽被驱逼,都不愿还乡。在王如的领导下,流民发动起义,攻陷城镇,多次击败晋军,人数发展到四五万。王如自称大将军、领司雍二州牧,向汉国称藩。氐族酋长蒲洪割据略阳(今甘肃省天水市东北),不受刘聪封拜,自称护氐校尉、秦州刺史。太傅司马越派遣使者以羽檄征召天下兵马,令带兵援救京师,但望穿秋水,也不见有一兵一卒到来。朝廷廷议时,许多人都提出迁都避难的主张。司马越嘴上虽不同意迁都,心里却日夜在盘算着出路。一天,他戎服整齐地入见怀帝,奏请出镇兖、豫,以讨伐石勒。怀帝对司马越这时出兵的动机很有些怀疑,他说:"今日胡虏已侵逼到近畿,洛阳人心不稳,朝廷社稷都倚赖您,怎能远出使京师更加孤弱呢?"司马越说:"臣亲自出兵，如果能够破贼，则国威可振，总比坐以待毙好。"其实，怀帝同意与否已经不能约束司马越的行动了。司马越布置好宫省防卫，便带领着"朝贤素望"及甲兵四万，向许昌而去。

自此，洛阳唱起了空城计，宫省无人守卫，府寺营署周围都挖掘壕堑，殿内死人交横。城中人烟稀少，而乌鸦越来越多，每天日落时盘旋在宫省的上空，黑压压的一片，"呱呱"的叫声使冬天洛阳的气氛更加凄凉。汉光兴二年（311年）三月，司马越病死在外。青州刺史苟晞上表请迁都仓垣（今河南省开封市东北），派来了数十艘船只，运载谷千斛迎接晋怀帝。怀帝想走，可是公卿们舍不得资财，拖了下来。待到洛阳大闹饥荒，百官跑掉了十之八九，出现人吃人的现象。怀帝再次提出迁都，公卿也想走了，但警卫不备。怀帝悲伤地叹道："怎么连一辆车子也找不到呢？"便派人去河边准备船只。怀帝在朝臣的拥簇下，徒步走出西掖门，到了铜驼街，突然遇见了一伙打劫的强人，君臣诸人吓得往回跑，逃离洛阳成了泡影。

刘聪发动对洛阳的大规模进攻，派卫尉呼延晏为前锋大都督、前军大将军，领兵2.7万人，自宜阳入洛川，前后打了十二次仗，晋军战死三万人。刘聪又命刘曜、石勒、王弥引兵与呼延晏军会攻。刘曜等军未到，呼延晏把辎重留在张方故垒（洛阳西七里），抢先攻打洛阳。洛阳不堪一击，呼延晏军攻入洛阳南面的平昌门，放火焚烧东阳门及诸府寺，俘掠王公以下子女二百余人，还军张方故垒。怀帝准备东逃的停在洛水上的船只也叫呼延晏一把火烧了。过了几天，刘曜、王弥的军队先后来到，呼延晏军也再次入城。王弥、呼延晏进南宫，登太极前殿，纵兵大肆掠抢，宫中的珍宝、宫人均被洗劫一空。刘曜杀太子司马诠及王公尚书，又纵火烧毁宫庙、官府，挖凿帝室陵墓，洛阳士民死者三万多人。怀帝想逃往长安，刚刚出了华林园门不远，就被汉兵抓走。刘曜娶原晋惠帝皇后羊氏为妻，然后把晋怀帝和象征皇权的六玺送往平阳。晋怀帝被俘后，虽然以后还有司马邺在长安称帝（愍帝）以苟延残喘，但西晋政权已经名存实亡了。

王弥在洛阳纵容军队大掠时，刘曜比汉族大族出身的王弥更有见识，刘曜斩杀王弥的牙门将以制止他们的野蛮行径。王弥大怒，引兵与刘曜相攻，双方死伤千余人。刘曜纵火烧洛阳前，王弥曾建议说："洛阳是天下的中心，四面有山河之固，城池、宫室也是现成的，应该奏明陛下，把都城迁到这儿。"刘曜不听，王弥在背后骂说："屠各小子，哪里是当帝王的材料！"其实，洛阳自东汉末年以来，一再遭受兵火之灾，恰恰是无山河屏障之固，而有四面受敌之弊。刘曜烧毁洛阳宫庙府寺，固然是残暴的，但王弥迁都洛阳之议，可能也有其个人目的，因为洛阳毕竟在他的势力范围以内。

奢侈昏暴

攻占洛阳后，刘聪继而攻占长安。当时，驻守长安的南阳王司马模派牙门将赵染戍守关中的要冲蒲坂。赵染在国家危难之时，因求当冯翊太守一职未遂，竟率领部众降汉，为刘聪进攻长安扫清了道路。八月，刘聪命新任平西将军赵染与安西将军刘雅领兵两万向长安进军，河内王刘粲与始安王刘曜作为后继。赵染攻下潼关，长驱直至下邽（今陕西省渭南市临渭区）。长安府库空虚，人无斗志，凉州张轨派来的将领北宫纯率众出降，司马模的部将淳于定战败，长安很快陷落，司马模被俘。刘聪任命刘曜为车骑大将军、雍州牧，镇守长安。战后，关中发生大饥馑，白骨蔽野，人口锐减，一百个人中活下来的只有一二人。

关中经济凋敝，粮草的筹集非常困难，刘曜数万军队的衣食器用供应捉襟见肘。更加使这位新任雍州牧头痛的是，司马模虽然已被刘粲处死，但西晋的残余势力活动频繁，关中百姓仍不肯归附。司马模所委任的原官吏索綝、鞠允、鞠特、竺恢等人在安定、新平等地组织武装，索綝、鞠允共推贾疋为平南将军，率五万人围攻长安，鞠特、竺恢率十万人会攻。刘曜派赵染等迎战不敌，他亲自率城中精锐与贾疋在黄丘（今陕西省云阳县）大战，亦败北，身中流矢。贾疋又迎晋秦王司马邺入居雍城（今陕西省凤翔区），"关中戎、晋，莫不响应。"刘曜之处长安，有如坐拥愁城。汉嘉平二年（312年），长安的局面更为恶化，刘曜支持不住，终于驱掠八万余口退回平阳。

东面战场的石勒，这时名义上虽隶属于刘聪，实际上与汉国的关系越来越疏。石勒吞并王弥时，刘聪怒不可遏，接到报告后大骂石勒"专害公辅，有无君之心"，然而对他鞭长莫及，无可奈何，只得加以镇东大将军、督并幽二州诸军事抚慰之，只是石勒并不领情。

刘聪统治之初，是汉国比较强盛的时期。然而从刘曜退出长安，石勒自立以后，其实际控制范围仅有相当于西汉时的河东、西河两郡。因而，汉国不过是割据林立的政权中一个稍稍强大的政权而已。在外部割据政权环伺、内部统治势力矛盾错综复杂的情况下，刘聪却日益腐化荒淫起来。

刘聪后母、皇太后单氏姿色艳丽，刘聪与她私通。虽说"父死，妻其后母；兄弟死，皆取其妻妻之"本是匈奴的旧俗，但这时他们毕竟已经接受了汉族的伦常观念，"妻后母"就蒙上秽乱后宫的恶名。身为皇太弟、领大单于的刘乂，因为母亲行为不端感到耻辱，屡次规劝她，单氏因此羞愧生气而死。单氏死后，刘聪悲伤不已。此后，刘聪后宫的妃嫔夫人越来越多。听说太保刘殷的两个女儿容颜秀丽，他想都纳为妃嫔，只因与自己一样姓"刘"有些犹豫。他问太宰刘延年、太傅马景行不行，他们都说："太保自称是西周卿士刘康公的后裔，与陛下的渊源不同，有什么不可以呢！"这就是说，刘聪与刘殷虽然都姓"刘"，但一个是匈奴，一个是汉族。于是，刘聪同时纳刘殷的两个女儿为左右贵嫔，接着又纳刘殷的四个孙女为贵人。一时"六刘"宠倾后宫，刘聪竟整日与妃嫔们嬉戏，足不出后宫门。尚书奏事由中黄门宦官奏上，由左贵嫔刘英处置。

腐败荒淫，必定奢侈；奢侈之君，必定昏暴。刘聪因鱼蟹供应不及时，一怒之下把都水使者、襄陵王刘虔杀了，又因建温明、徽光二殿不成把将作大匠、望都公靳陵杀了。他不理政事，游猎无度，早出晚归；日夜观鱼，流连忘返。中军大将军王彰上书劝谏说："今日大难未已，天下未定。陛下当思先帝创业艰难，亦思继业不易。大业既经开创，四海瞩望，岂可功败垂成！而陛下所作所为，臣不能不深感痛心疾首。愿陛下改弦更张，则万民幸甚。"刘聪越看越生气，下令杀掉王彰。幸赖其女是刘聪的夫人，在刘聪面前苦苦求情，王彰才免死关进监狱。刘聪的母亲张太后见他动不动就杀人，以三天不吃饭为谏；皇太弟刘乂、皇子刘粲甚至背上棺木切谏，刘聪恼怒道："朕又不是桀、纣，要你们来哭哭闹闹！"上朝的时候，刘聪见殿中跪倒一大片，有太宰刘延年、太保刘殷及列侯百余人，他们哭泣着说："陛下功高德厚，往昔有唐、虞，今日有陛下。但近来为一点小事，又杀王公，又囚大将，臣等实在不能理解，甚为担忧！"刘聪叹了口气说："朕昨日大醉，不是朕的本意，公等直言，朕才能听到自己的过失。"乃使侍中赦免王彰。

由于连年战争，汉国兵赋徭役十分沉重，而刘聪根本不体恤百姓，又征发民力，在平阳大修宫殿。贵嫔刘娥被立为皇后，刘聪就下令为她盖凤仪殿。廷尉陈元达劝谏说："陛下践阼以来，外要对付洛阳、长安的敌人，内则修筑了殿观四十余所，加之饥馑疾病，死亡相继，兵疲于外，人怨于内，作为百姓的父母岂能这样！陛下之所有，不过太宗（指汉文帝）的二郡，可战守所需的，比太宗还要多。太宗居治安之世，尚且省费减役；陛下处大乱之时，宫室奢侈如是，故臣不敢不冒死直言。"刘聪大为震怒，说："朕是万机之主，建一所宫殿，难道非要问你这鼠子？不杀这个奴才，朕的宫殿还盖得成！"下令把陈元达并其妻子枭首东市。虽然后来陈元达获救幸免一死，但刘聪已经不可救药了。

刘皇后死后，刘聪又看上中护军靳准的两个女儿月光、月华，并刘贵妃立为上、左、右三皇后，日日游宴后宫。至于群臣奏事，就交给他宠信的中常侍王沈、中宫仆射郭猗等宦官处理。这些政治暴发户趁机弄权，他们更加贪婪、奢侈，也更加无耻，把朝政搞得乌七八糟。"或有勋旧功臣而弗见叙录，奸佞小人数日便至二千石者。军旅无岁不兴，而将士无钱帛之赏，后宫之家赐赉及于童仆，动至数千万。沈等车服宅宇皆逾于诸王，子弟、中表布衣为内史令者三十余人，皆奢僭贪残，贼害良善。"当时，刘聪竟然连朝贺都不出来。后宫设市场，摆上花花绿绿的珠宝绮罗、百货酒食，刘聪和宦官、后妃们分别扮作游人、商贾，每天醉生梦死，曾经大醉三天不醒。后来，皇后增为四人，此外佩戴皇后玉玺和绶带的七人。

明争暗斗

争夺皇位继承权的斗争，是专制君主制度下一个永恒的主题。刘聪夺取了皇位之后，新一轮的皇位争夺又开始了。

刘聪以刘乂为皇太弟、领大单于，而以其子刘粲为都督中外诸军事，就为新的争夺埋下伏笔，从此，刘乂、刘粲展开了明争暗斗。刘乂母单氏死后，刘乂渐渐失宠。刘粲则因为多次领兵打仗，威权渐渐上升。至嘉平四年（314年），刘聪"大定百官"时，任命刘粲为丞相、领大将军、录尚书事，封晋王。其后，刘粲又由丞相更进位相国、大单于，总百揆。这表明刘粲已经在争夺中占据优势，但毕竟"皇太弟"名分上是皇位继承人，刘乂也仍然在企盼着。

这年年底，平阳发生地震，紧接着是一场狂风暴雨，拔树毁屋，东宫延明殿的雨水还带着血色。刘乂心里很有些恐慌，觉得是不祥之兆，把太师卢志、太傅崔玮、太保许遐请来，让他们分析吉凶。卢志等人早就看出刘乂的处境不妙，他们说："这恐怕不是吉兆。主上让殿下当皇太弟，只是为了安定众人的情绪，其实心早在晋王身上，王公大臣都很清楚，对晋王像众星捧月似的。相国之位，自从魏武帝以来，就不是臣子所任的官职。主上的诏书原来说是作为大臣死后的赠官，如今突然却给了晋王，让他的仪仗威势超过东宫，万机大事也由他说了算，又设太宰、大将军及诸王的营兵作为羽翼。大势已去，殿下不能继位是明摆着的。不仅不能继位，而且不测之事危在旦夕，应该早做准备。"他们鼓动刘乂发动政变，并且作了具体策划。但刘乂不敢冒险，事情也就不了了之。后来，这件事被人告发了。卢志等三人被杀，刘乂遭到禁锢，东宫外安排军队监守。

刘乂虽被监视居住，但皇太弟的身份依旧，这对刘粲一党是一块心病。宦官郭猗向刘粲诬告，说刘乂勾结大将军、卫将军二位王爷，将图谋不轨，许愿让大将军当太子、卫将军当大单于，准备在三月的一次宴会时发难。他又威胁利诱二王府的几个掾属，让他们做伪证，刘粲信以为真。中护军靳准早就投靠刘粲，曾进言道："东宫是皇上的助手，应该由殿下亲自来当，才能使天下人心有所归属。"这时他也来说刘乂要搞政变，刘粲问他怎么办？他出主意说："主上爱护太弟，殿下突然说太弟要谋反，主上恐怕未必相信。不如暂缓东宫的禁锢，让他去交游宾客，然后下官就可以找出他的劣迹来。"刘粲于是撤去监守东宫的军队。但刘乂自被禁锢之后，如惊弓之鸟，精神上大受刺激，不多久就变得容颜憔悴，鬓发苍苍。他既不与人往来，人们唯恐受他的牵连也躲得远远的。靳准派人暗中监视，一直不见有人上门。

刘粲一计不成，又生一计。他派王平到东宫传相国令说："顷接皇上诏书，京师可能将发生变故，敕令做好战备。"刘乂果真让上下整装披甲待命。然后刘粲却装着慌慌张张告诉靳准、王沈说："刚才王平来说，东宫中全副武装，鬼鬼祟祟，皇太弟想造反吧？"靳准报告刘聪，刘聪大惊，命令追查。靳准抓来了十几个氐、羌酋长，又吊又打，用烧得通红的铁器熏灼他们的眼睛。这些人被屈打成招,自诬与刘乂一起谋逆。刘聪不问真假,便废刘乂为北部王,刘粲又指使靳准将他杀掉。这桩冤案株连甚广,平时与刘乂亲近的大臣及东宫官属数十人被杀,士民1.5万多人被活埋,平阳城笼罩在恐怖气氛之中。

汉麟嘉三年(318年)七月,刘聪病死,刘粲终于如愿当上了皇帝。刘粲少年时是一个有文武之才的俊杰,而自从当了宰相之后,作威作福,疏远忠贤,亲近奸佞,刻薄无恩,拒谏饰非。登基伊始,他不管老百姓的死活,大兴土木,日夜不停。刘粲自以为坐定了江山,哪里料得到螳螂捕蝉,黄雀在后,另一位野心家正在紧张地筹划着新的夺权呢!

这另一个野心家就是刘粲身边的靳准。靳准的女儿月华是皇太后,皇后也是靳家人,他本人为大司空、领司隶校尉,参决尚书奏事。但是,刘聪临死前,安排刘景任太宰、刘骥任大司马、朱纪任太傅、呼延晏任太保,并录尚书事。这些大臣的权力都在靳准之上,成为他攫取最高权力的障碍,靳准必欲除之而后快。他密奏刘粲说:"臣听说诸公将要发动政变,阴谋先杀太保和臣,扶大司马上台。陛下如果不先下手,把他们一网打尽,恐怕大祸就要临头了。"刘粲不纳,责备他不应该听信这种无稽之谈。靳准碰了个钉子,并不死心,又找皇太后和皇后,说要是诸公得逞,我们家就会被斩草除根的,让她们千万要说服皇上。三人成市虎,二靳氏说得有鼻子有眼,刘粲不能不信,随即杀刘景、刘骥等大臣。朱纪、范隆逃奔长安的刘曜。

刘粲以为万事大吉了,如乃父一样,耽于酒色,游宴后庭,军国大权完全落入靳准的手中。八月,靳准带兵冲入宫中,登上太极前殿,下令逮捕刘粲,在历数他的罪状后将他杀死。靳准非常残忍,他再一次将平阳投入到血泊中,刘氏男女老少都被杀害,刘渊、刘聪的陵墓被刨开,汉国的宗庙淹没在烈火和浓烟中。

刘曜夺权

刘聪病重的时候，曾经征召镇守长安的刘曜入为丞相、录尚书事。刘曜是个聪明人，知道手握重兵，才有地位，回返平阳，就真是虎落"平阳"受犬欺了，所以固辞诏命。刘曜也是有争夺最高权力的野心的，只不过之前没有机会，如今靳准推翻刘粲，盼望已久的机会终于来了。

刘曜，字永明，是刘渊的族子，小时候父母双亡，由刘渊抚养成人。史称，他"性拓落高亮，与众不群。读书志于广览，不精思章句，善属文，工草隶。雄武过人，铁厚一寸，射而洞之，于时号为神射。尤好兵书，略皆暗诵"。论血统嫡庶，他与刘聪、刘粲自然不能相比，但论才能勋劳，他不甘于拜下风。

晋愍帝在长安即位后，刘聪把攻取长安的重任专委刘曜。刘曜多次进攻长安，也多次遭到挫折。汉建元二年（316年）十一月，汉军破长安外城，把内城包围得水泄不通，城中粮食断绝，死者大半。晋愍帝已经无力抵抗，派侍中宋敞到刘曜军营送降书，然后他乘羊车，裸露上身，口中含一块玉璧，身后载着一口棺木，出东门向汉军投降。刘聪以平长安之功，授刘曜假黄钺、大都督、督陕西诸军事、太宰，晋封秦王。

靳准发动政变，刘曜从长安起兵奔赴平阳，到达赤壁（今山西省河津市）的时候，遇见从平阳逃出来的太保呼延晏。在呼延晏、朱纪和范隆等人的拥戴下，刘曜即皇帝位，改元光初元年（318年）。刘曜有野心、有实力，又有靳准平阳之变的特殊历史条件，终于名正言顺地当了皇帝；倘若以武力逆取，就不免要大费周折。在任命百官时，他以石勒为大司马、大将军，加九锡殊礼，增封至十三郡，晋爵赵公。石勒当时虽尚未与汉国公开决裂，但刘曜此举只是羁縻而已。石勒也把平阳之变看作一个机会，以平乱的名义赶赴平阳，平阳羯、羌、巴人降者十余万落，石勒迁之于司州诸县。在刘曜和石勒两股势力的包围中，靳准寡不敌众，部下都知道平阳守不住了，遂杀靳准，推靳明为首，向刘曜求降。石勒率大军驻屯于城外，见靳明不投降自己，怒而攻克平阳城。在刘曜的策应下，靳明率1.5万人降刘曜。刘曜、石勒从此分道扬镳了。

次年四月，刘曜回师长安，即定都长安，建宗庙，立社稷。他下诏说："朕的先世，兴起于北方。光文皇帝（指刘渊）建立汉宗庙，以顺从那时百姓的愿望。如今应该更改国号，以单于为祖。请商议后报告给朕。"群臣上奏说："光文初封为卢奴伯，陛下又封在中山。中山在赵的范围内。请改为赵。"于是，刘曜颁布改国号的诏命说："以水承晋金行，国号曰赵。牲牡尚黑，旗帜尚玄，冒顿配天，元海配上帝。"刘曜以这个诏命，宣布他的政权具有重新开始的意义，更重要的是宣布不再打"汉"的旗号，而以胡族的身份建立政权，表现出高度的民族自尊心和自信心。由于稍后石勒建立了另一个赵国，故史称刘曜的赵国为前赵、石勒的赵国为后赵。

刘曜称帝之初，主要任务是巩固政权。当时陈仓（今陕西省宝鸡市东）、阴密（今甘肃省灵台县西）和草壁（今甘肃省平凉市灵台县东）等地还有原晋朝南阳王司马保的势力，其部众有氐、羌和屠各人。刘曜连续发兵攻打司马保，到光初三年（320年）初终于把司马保的势力赶往桑城（今甘肃省岷县东北）。

外部安定没有多久，内部便出了乱子。刘曜的部将谋反被揭发，牵连到巴氐酋长句徐、厍彭。句徐、厍彭等五十余人被抓起来，都准备杀掉。光禄大夫游子远有远见，劝刘曜不要多杀，刘曜不听。子远力谏，刘曜认为子远助长叛逆，把他也关起来，而把句徐、厍彭等全都杀了，并陈尸示众三天，然后又将尸体扔进河里。残酷的镇压不仅没有吓住巴氐人，反而激起了他们强烈的反抗，长安周围的羌、氐、巴、羯三十多万人一时俱起，关中顿时陷入大乱，长安白天不敢开城门。游子远又从狱中上表谏诤。刘曜仍不觉悟，边撕谏表边骂道："大荔奴（胡三省注曰：'大荔，戎种落之名。子远盖戎出也。')死到临头,还敢上表,是嫌死得晚吧!"叱令左右把他推出去杀了。这时,中山王刘雅、郭汜、朱纪、呼延晏等大臣一同跪下,十分痛心地说:"子远关在狱中,危在旦夕,还不忘谏诤,是出于对社稷的忠心。陛下即便不能听从,也不必杀他。要是子远早上被杀,我等晚上就死,以加重陛下的罪过。天下人都将离陛下而去,还有谁来追随呢?"刘曜这才赦免了游子远。

然而,刘曜仍然企图用武力镇压巴氐等少数民族。子远再次劝谏说:"陛下如果能够采纳臣的办法,那么就不必劳动大驾亲征,一个月就能解决问题。"刘曜冷静地问道:"卿说说看。"子远说:"那些人并非有大志,绝无非分之想,只是畏惧陛下严刑酷法,求免死而已。陛下杀的已经杀了,若是能够把他们被罚没为奴隶的家人放出来,让他们得以团聚,恢复旧业;他们得到一条生路,还能不投降吗!要是自知罪重不降的,臣愿带五千弱兵去为陛下征剿。否则,贼徒众多,布满山川,即使陛下亲征,也不是一年半载所能消灭的。"刘曜觉得他的主意不错,高兴地宣布大赦,又任命他为车骑大将军、开府仪同三司、都督雍秦诸军事。游子远领兵出屯雍城(今陕西省凤翔区),立刻有十余万人投降。他又进军安定(今甘肃省临泾镇),参加造反的各少数民族大多归降。唯有阴密的句氏宗党五千余家负隅顽抗,被游子远所灭。甚至连原先保聚在上郡的氐羌十余万落,这时也被游子远一并解决了。子远保举其酋长权渠为征西将军,封西戎公,迁徙其部落二十多万口到长安。

刘曜在长安建立政权,远离原来匈奴五部故地。虽然有一部分屠各匈奴跟着他西迁,但是,关中主要是氐、羌、巴氐等民族的聚居之地。相对于这些少数民族和汉族来说,刘曜本族在人口上处于绝对的少数。因此,刘曜如果要建立稳定的统治,就不能不考虑如何正确处理与关中各民族的关系问题。氐、羌、巴氐等民族的反抗已经给他敲响了警钟,今后能否在关中站稳脚跟,很大程度上就取决于他在这个问题上解决得怎样。

羊后传奇

刘曜在初步巩固统治之后，便顺应历史潮流，走汉化之路，这是值得称道的。

他在长安兴办学校，长乐宫东建太学，未央宫西建小学，选择教师，录取学生，使经历多年战乱的长安又有了文化气息。朝贤宿儒、明经笃学者走上讲台，1500 名 13～25 岁的百姓子弟捧书诵读，激起了人们对美好生活的憧憬。刘曜办学，不仅是长安正常社会秩序得以恢复的表现，而且是他利用政权力量促进少数民族汉化的重大措施。在入学的学生中，相信定有大量的少数民族子弟。几乎与此同时，石勒也在襄国（今河北省邢台市西南）办学，可见汉化是一股强劲的历史潮流。

刘曜还是一个比较能够纳谏的少数民族君主。长安在战争中的破坏很严重，刘曜建都于此，便规划修筑酆明观、西宫及凌霄台，又要在霸陵西南营造寿陵。他已下令调集能工巧匠三千人，征发阳平等十郡的车牛五千辆。侍中乔豫、和苞上疏劝谏说："前不久奉修筑酆明观的诏书，臣等听到街市上小民讽刺工程过于奢侈，说修筑一观的功费足以平定凉州了。如今又要按照阿房宫的规模建筑西宫，效法琼台建筑凌霄台，它们的花费更要超过酆明观千万，用来兼并吴蜀，剪灭齐魏也够用了。听说所要营造的寿陵，周围四里，深三十五丈，浇铸铜椁，外饰黄金，如此规格，不是国内财力物力所能办到的。陛下为何在中兴之日，却要去做亡国的事？历史上俭兴奢亡的经验教训，如在目前，愿陛下引以为戒。"正是由于刘曜终于能够正确对待游子远的谏诤，使臣下对谏诤免去了几分恐惧，提高了几分信心，所以乔豫、和苞才敢于极力谏诤。刘曜果然有明君的风度，闻过则喜，下诏说："二位侍中态度恳切，大有古人风范，称得上是社稷之臣。朕的暗昧，是最大的弊病，怎么能不听从你们的教诲呢！"于是，敕令官室工程全部停工，寿陵的建筑参照霸陵执行；并赐予乔、和二人子爵，拜谏议大夫，专司谏诤之职。

光初四年（321年）五月，终南山发生山崩。长安人刘终宣称自己在山崩的地点得到一块方一尺的白玉，上面刻有"皇亡，皇亡，败赵昌。井水竭，构五梁，咢酉小衰困嚣丧。呜呼！呜呼！赤牛奋靷其尽乎！"刘终献玉，群臣认为这是象征石勒即将消灭的吉兆，大家都喜气洋洋。刘曜也很高兴，斋戒七日然后送太庙供奉，刘终被拜为奉瑞大夫。但中书监刘均不以为然，上奏说："山崩石坏，象征着国家倾覆，人间纷乱。'皇亡，皇亡，败赵昌。'是说皇室将被赵所败，赵国从而昌盛。今日大赵位于秦雍，而石勒却拥有赵的全部土地，所谓赵国昌盛的征兆是应验在石勒，不在我们。"御史弹劾刘均大胆妄言，诬蔑祥瑞，应依法处大不敬之罪。但是，刘曜却说："这到底是福是祸，说不清楚。刘均的话对朕起了惩戒作用，朕受惠良多，何罪之有！"这件事虽然只是一场闹剧，但由此可见刘曜是能听逆耳之言的。

有一个人物在刘曜的身边发挥了重要的作用，她就是皇后羊氏。刘曜与羊氏的结合过程具有传奇色彩。这不仅因为两人的婚姻是异族通婚，还因为羊氏原是晋惠帝的皇后。刘曜攻下长安，俘虏了当时仍被称为惠帝皇后的羊氏。羊氏还很年轻，刘曜一眼就看上这个天生丽质、楚楚动人的惠帝皇后，当即娶她为妻。他们婚后的生活十分美满，羊氏生了刘熙、刘袭、刘阐三个儿子。刘曜称帝后，以羊氏为皇后，立长子熙为太子。有一天，刘曜含笑问羊氏说："我比司马家那个人怎么样？"羊氏说："那怎么能相提并论！陛下是创建基业的圣主，他是亡国的庸夫。他有一妇一子，连他自己三人，都保护不了。贵为帝王，而妻儿却任人侮辱，那时我实在都不想活下去，哪里会想到有今天。妾生在高门，还以为世间的男人都像他一样，自从进了刘家的门以后，才知道天下有大丈夫呀！"

羊氏的这席话，是她的真切感受，肺腑之言。想当初，羊氏以泰山大族之女，在惠帝皇后贾南风被废以后继为皇后。身为皇后，婚后生活却十分不幸。惠帝是个白痴，两人之间根本没有感情交流和正常的夫妻生活。永嘉之乱中，城门失火，殃及池鱼。她被牵连到诸王争夺最高权力的斗争中。成都王司马颖、张方二人三次将她废为庶人，河间王司马颙甚至矫诏要杀害她，留台官吏司隶校尉刘敦等上奏说："羊庶人的家族破败，她本人被废在空闲的宫中，门户防守严密，完全与外界隔绝，没有一点可以和奸人作乱的可能。如果杀一人而天下都喜悦的话，那是国家社稷的福气；但如今要杀一个已经到了山穷水尽地步的人，实在让天下人感到凄惨！"司马颙见到奏疏大发脾气，派人逮捕刘敦，刘敦跑往青州。是后，羊氏又两立两废，想做一个普通人也不可得了。直至惠帝弟怀帝即位，才又尊称她为惠帝皇后。

羊氏不仅以容貌姣好得到刘曜的喜爱，而且具有一定的政治才能。《晋书·刘曜载记》写道："地震，长安尤甚。时曜妻羊氏有殊宠，颇与政事，阴有余之征也。"又说："曜后羊氏死，伪谥献文皇后。羊氏内有特宠，外参朝政。""葬妻羊氏，墓号显平陵。"由于当时对妇女的歧视，羊氏参与政事是遭到非议的，连发生地震也成为羊氏参政的一大罪状。所以，关于羊氏如何内预政事，如何外参朝政，我们已不得而知了。但羊氏在世时，恰恰是刘曜在政治上比较清明，能听谏纳言；在文化教育上提倡学习汉族传统文化，大力兴办学校的时期，这不能不说与羊氏的参与和影响有着重要的关系。

羊氏死后，刘曜在粟邑为他的父亲和妻子营建两座大型的陵墓：永垣陵、显平陵。二陵上高百尺，"积石为山，增土为阜"，"下锢三泉"。所费功役相当于征发六万人服役百日。服役的百姓夜以继日，不得休息，怨声载道。他还派将领刘岳率一万骑兵到太原去迎取其父及弟刘晖的遗骨，一路上病死的就有十分之三四。对此，游子远也曾经劝谏，但刘曜置之不理。刘曜劳民伤财，营造大型陵墓，听不进谏言。这种变化发生在羊氏谢世之后，也可以说明羊氏确实在前赵政治中起过重要的作用。

由盛而衰

前赵的西面，凉州地区有张氏建立的前凉，仇池（今甘肃省西和西南一带）有氐族酋豪杨氏的割据势力，陇右上邽（今甘肃省天水市）有原司马模部下、自称秦州刺史而名义上臣属于前赵的陈安。光初五年（322年）二月，刘曜进兵仇池，仇池氐、羌战败而降。陈安请求觐见，刘曜当时有病不能见他。陈安以为刘曜已病死，是天赐良机，待刘曜回师长安时，他纵兵进击。

次年六月，陈安又进攻前赵，但反为所败。刘曜遂亲征陈安，包围了陇城（今甘肃省张家川回族自治县）。陈安率领百余骑突围，刘曜遣将追击。陈安与前赵将领平先在陕中（在陇城南）决战，他左手挥起七尺大刀，右手舞动丈八蛇矛，对付近旁之敌则刀矛并用，常常一下子杀死五六人；对付远处之敌则于飞驰中拈弓搭箭射出，敌人纷纷退却。平先也是一位猛将，快捷如飞。与陈安接战三回合，便夺下陈安的蛇矛。这时天色渐暗，大雨滂沱。陈安弃马和左右躲入山中，赵兵搜索半天也没有找到。次日天明，陈安急于摆脱困境，派将领石容出来侦察。石容不慎被赵兵捕获，赵兵严刑毒打逼问陈安藏匿的地点，石容至死不招。雨停之后，赵兵再次搜索，在一条山涧处发现了陈安，陈安已经筋疲力尽，被赵兵所杀。陈安不但是一位勇将，而且善于带兵，与将士同甘共苦，死后陇上有人作《壮士之歌》，表示对他的思念。歌云：

> 陇上壮士有陈安，躯干虽小腹中宽。
> 爱养将士同心肝，聂骢父马铁瑕鞍。
> 七尺大刀奋如湍，丈八蛇矛左右盘。
> 十荡十决无当前，战始三交失蛇矛。

弃我聪明窜岩幽，为我外援而悬头。

西流之水东流河，一去不还奈子何！

刘曜消灭陈安、占领秦州以后，迁徙秦州各族两千余户到长安。氐、羌纷纷请降，羌族酋帅姚弋仲就在此时被刘曜任为平西将军，封平襄公。接着，刘曜挥师进攻凉州，派将领刘咸攻冀城（今甘肃省甘谷县东）、呼延晏攻桑壁（今甘肃省陇西县东）、刘岳与前凉张茂对峙于黄河两岸。刘曜自陇上长驱直进，"戎卒二十八万五千，临河列营，百余里中，钟鼓之声沸天动地，自古军旅之盛未有斯比"。面对赵军如此声势，前凉河边诸军望风奔退。刘曜扬言发起全面进攻，直取姑臧（今甘肃省武威市）。实际上，刘曜并未渡河，他对部下说："我军声势盛大，不减当年魏武南下。但是，这支军队中有三分之二是强征的百姓，作为主力的中军宿卫又已经疲老，不堪大用。不过，张氏因我新平陈安，挟威势而来，自觉不是他五郡之众所能抗御的，故必然表示称藩归附，这样也就达到目的了。"果然，在赵军的军事攻势威慑下，凉州震荡，人无斗志，张茂派遣使者称臣，献马一千五百匹、牛三千头、羊十万只、黄金三百八十斤、银七百斤、女伎二十人，还有珍宝珠玉无数。刘曜则拜张茂为侍中、都督凉南北秦军事、梁益巴汉陇右西域杂夷匈奴诸军事、凉州牧、领西域大都护、护氐羌校尉、凉王。

这时，后赵越来越强大，其势力扩展到徐、兖、司州。光初七年（324年）二月，前、后赵双方正式开战，后赵司州刺史石生攻杀前赵河内太守尹平于新安（今河南省渑池县东），占领壁垒十多个，掠五千余民户而去。从此，河东、弘农之间攻战不休，农业生产遭到严重破坏，民不聊生。之后，上郡（今陕西省韩城市）又发生战事。后赵将领石他出兵上郡，袭击附于前赵的北羌王、安国将军盆句除，俘民三千余落，掠走牛马羊百余万。刘曜大怒，派中山王刘岳追击，他亲自率军在富平（今陕西省富平县）为之后援。刘岳大胜，杀石他，歼敌六千人，追回被俘的民众和牲畜。

洛阳之战是前赵历史由盛而衰的一个转折点。光初八年（325年）五月，镇守洛阳的后赵石生出兵河南，隶属于东晋的司州刺史李矩、颍川太守郭默不敌，降附前赵。刘曜决定攻打洛阳，派刘岳率领甲士五千、宿卫精兵一万从盟津过河；又派将军呼延谟率荆、司之众从崤（崤山，在今河南省三门峡市东）和渑池（今河南省洛宁县西北）东进。刘岳拔后赵盟津、石梁（今洛阳市北）两个据点，斩获五千余人，进围石生于洛阳金墉城。后赵急派石虎率领步骑兵四万救援，与刘岳战于洛阳西。刘岳兵败，身中流矢，退保石梁。石虎在外挖壕堑，竖栅栏，把刘岳围得水泄不通。刘岳兵众无粮，只得杀马充饥。石虎又大败呼延谟部，斩之。刘曜闻报，急忙带兵援救刘岳，被石虎三万大军所阻。刘曜前军将军刘黑在八特坂（今河南省新安县东函谷关东坂）打败石虎将石聪。当夜，刘曜驻军金谷，半夜里兵营无故大惊，士卒溃散，退到渑池。在渑池又发生惊营，刘曜只好撤兵。石虎大胜，把擒获的前赵中山王刘岳及其将王腾等八十多人、氐羌三千多人送往襄国，就地坑杀士卒1.6万人。

刘曜刚撤回到长安城外，前方传来了刘岳全军覆灭的噩耗。刘曜穿着素服，在郊外祭祀阵亡的将士。他心情悲痛，抑制不住地哭了，与祭的将士们都号啕大哭。七日后，刘曜才回到长安宫中，又气又悔大病了一场。

前赵败亡

洛阳之败以后，前赵进入了多事之秋。灾异屡见，天旱数月。仇池杨氏不宾，前凉张氏复叛。刘曜为了稳定内部和增强实力，宣布大赦，减免一半租税；征召公卿以下子弟强壮者组织一支亲军，以更新已经疲老的中军宿卫；置单于台于渭城，以其子刘胤为大单于，并设左、右贤王及其下属，任命一大批匈奴、羯、氐、羌的酋豪担任。

光初十一年（328年），前、后赵之战又起。七月，后赵进攻河东，石虎从轵关（今河南省济源市西）而入，河东五十余县叛应之，石虎率军顺利地抵达蒲坂城下。刘曜派河间王刘述征发氐、羌屯于秦州，以防仇池和前凉；然后亲自率领中外军的精锐，分水陆数路东救蒲坂。石虎见刘曜来势汹汹，不免胆怯，引兵而退。刘曜挥师急追，在高候（今山西省闻喜县）与石虎军遭遇，双方展开一场激战。前赵且战且进，斩后赵将军石瞻，缴获军资器仗数以亿计；后赵溃不成军，枕尸二百余里，石虎逃往朝歌（今河南省淇县）。

刘曜乘胜从大阳（今山西省平陆市南）渡河而南，进攻洛阳金墉城。后赵洛阳守将石生紧闭城门，刘曜决千金堨，水淹金墉城。又分遣诸将攻汲郡（今河南省卫辉市东）、河内等地。在胜利面前，刘曜变得骄傲轻敌了。他一向嗜酒，此时更甚，整日与佞臣在一起饮酒赌博，大醉不醒。时值隆冬，天寒地冻，大风拔树，昏雾四塞，士兵露营在外，生活条件非常艰苦，刘曜却不闻不问，不加体恤。一个属下劝他，他恼羞成怒，竟下令杀掉。直到听说石虎进据石门（今河南省荥阳市附近），后赵军渡过黄河，他才急忙置兵戍守荥阳，并关闭黄马关（在成皋）。洛水的哨兵送来捕获的一个羯族士兵，刘曜审问他道："大胡（指石勒）本人来了吗？兵马有多少？"羯族士兵回答说："大胡亲自领兵来，兵马盛多。"刘曜大惊失色，下令撤销对洛阳的包围，集中在洛阳西面布阵。当时前赵有兵众十多万，列成南北阵形，长达十余里。

石勒率领四万步、骑兵进入洛阳城，命石虎领三万步兵从北门出，西向攻前赵中军；石堪、石聪领精锐骑兵各八千从西门出，攻其前锋；他自己出阊阖门，三道合击。刘曜在披甲上阵前，饮酒数斗，待骑上所乘的赤色马时，马突然委顿不起。他颇恼火，又喝了一斗多酒，换乘一匹小马。至西阳门，他指挥队伍进入开阔地带，石堪趁机发动进攻，前赵竟不堪一击，即刻溃败。刘曜酒气涌上头来，昏昏沉沉地败下阵。他拍马后退，小马掉进了石渠，把他摔在冰上，浑身多处受伤，被石堪俘虏。后赵遂大破前赵军，斩首级五万余。

刘曜见石勒时说："石王，还记得你我在重门（在河内郡共县故城西）结盟的事？"两人当年曾经在重门结盟，故刘曜有此问。石勒不答。刘曜被关在河南丞的治所，石勒派人给他治伤，然后送往襄国。路上，有北苑三老孙机请求见他，经石勒同意，孙机上前向刘曜敬酒，说："屠各王，关右称帝皇。当持重，保土疆。轻用兵，败洛阳。祚运穷，天所亡。开大分，持一觞！"刘曜苦笑说："老人还这么康健，我应当饮这一觞。"石勒听了，感慨地叹道："亡国之人，只好让老人数落了。"到襄国后，刘曜被关在永丰小城，严兵看守。有一天，被俘的旧部刘岳等人来探望，他见他们衣冠整齐，还带着男女随从，说："我原以为卿等早就化为灰土了。"石勒让刘曜给他的儿子、太子刘熙写信，敦促速降。可刘曜只写"与诸大臣匡维社稷，不必以我为念"云云，石勒大为不快，见刘曜无投降之意，便把他杀了。

前赵太子刘熙是个扶不起来的阿斗，父亲被俘，他已吓破了胆。光初十二年（329年）二月，在外无敌兵压境，内无臣民叛逆的情况下，他惊慌失措，带着百官逃往上邦。太子、大臣带头逃命，地方官吏也都跟着跑，关中一时大乱。前赵将军蒋英、辛恕拥众数十万据长安，派遣使者到襄国向后赵请降。石勒大喜，命石生率领洛阳的军队西上，兵不血刃地占据了前赵都城长安。八月，刘熙率领数万人进攻长安，虽然各地响应者众，但终究回天乏力，很快就被石生和石勒继而派来的后赵大军所消灭。由匈奴族人建立的这个政权至此灭亡。

02 中原驰骋

石勒 石虎：从附庸到自立

在内迁的少数民族中，羯族原来是役属于匈奴的。他们人数较少，地位较低，备受歧视，生存条件更加恶劣；但是，他们的反抗精神比其他民族却毫不逊色。当屠各匈奴贵族刘渊在左国城起兵时，石勒——这个处于社会最底层的羯族奴隶，也高举起造反大旗，走上了由奴隶到皇帝的历程。

十八骑士

西晋太康八年（287年）的一天，在京城洛阳上东门前，突然传来了一阵阵悠扬的啸声。这啸声音韵高亢激越，还带着稚嫩的童音，十分动听，吸引了附近的许多人回过头去看。可是，人们看到的却是一个十多岁的孩子，身躯瘦弱，衣衫褴褛，而他深深的眼窝尤其给人留下深刻的印象。

魏晋之际，"啸"是上层社会大族名士的癖好，是他们抒发感情的一种特殊方式，也只有他们才有资格吟啸。会吟啸的名士，备受人们的赞赏。当这个小孩走累了，靠在上东门休息时，他哪里知道，大名士、西晋尚书令王衍恰巧从那儿经过。王衍看见这个深眼窝的小孩子旁若无人地引吭吟啸，心里别扭极了。回到府上，他越想越不是滋味，肯定那是一个胡人小孩，便吩咐手下人去把他捉来。幸亏石勒已经离开，才免遭王衍的毒手。

王衍的确没有看错，那真是一个胡族小孩。他就是后来建立了后赵政权的石勒。

石勒字世龙，原名㔨，并州上党郡武乡县（今山西省榆社县）的羯族人。史书说："其先匈奴别部羌渠之胄。"据研究，所谓匈奴别部的羌渠，其实是被匈奴征服的、以西域胡人为主要成分的一种杂胡，是内迁的北狄十九种之一。东汉初年，数万匈奴的"赀虏"（奴婢）逃亡到河西走廊一带，其中有丁零、羌和大胡等族人。大胡就是西域胡，当包括羯人在内。他们的相貌特征是高鼻、深目、多须。羯族因是杂胡，在匈奴的部落联盟中地位低下，要为匈奴服役、纳贡，但他们仍保持着自己的氏族部落组织。匈奴内迁入塞，羯人也随着进入了边塞，辗转到了中原，这时他们仍然聚族而居，维持着氏族部落的结构。

虽然石勒的祖父、父亲都是羯族的"部落小率"，即部落小酋长，但自石勒出生以后，家里已经十分破落了。为了糊口，他小小年纪就跟随同乡，长途跋涉到京城洛阳做小买卖。洛阳宫阙的雄伟壮丽和街头的繁华景象，使这个来自穷乡僻壤的少年眼花缭乱。也许有些疲惫，有些兴奋，他忘形地长啸，却哪里料得到，这样一阵叫声却差点惹下杀身之祸。

并州地区是当时少数民族内迁的主要区域之一。这里有南匈奴、羯、乌桓等族，也有氐、羌人，人数不少。他们逐渐由游牧走向农耕，许多人给汉族地主当佃客。青年时代的石勒，就在当地为人佣耕，每天起早贪黑，十分劳苦，日子一久，经常头昏耳鸣，耳朵里"嗡嗡"作响，像是听到一阵阵的金鼓之声。

这是历史上一个风雨如晦的黑暗年代。水、旱、蝗灾连年不断，疫病流行。天灾固然可怕，更可怕的却是人祸。西晋宗室的诸王们为了争夺皇位，发动了一连串血腥的屠杀和疯狂的内战，酿成所谓"八王之乱"。在八王之乱中，中原大地无日不战，尸横遍野，血流成河。

太安年间（302～303年），并州发生大饥馑，并州刺史、东嬴公司马腾的军队到处掳掠。石勒被迫背井离乡，逃难到雁北，因无处安身，又辗转回到家乡。这时，司马腾的军队四处捉拿少数民族百姓，把他们卖到冀州当奴隶以换取粮食。石勒东躲西藏，但最终还是被抓走了。这一群衣衫褴褛、皮包骨头的羯族人，两人套着一副枷锁，像牲口一样被驱赶上路。到了冀州茌平（今山东省茌平区），石勒被卖给一个叫师欢的地主家当耕奴。

石勒不安于命运的安排，他千方百计要摆脱困境。有几天，他一下地就伫立在一旁，皱着眉头，凝神地谛听着什么。同伴们觉得很奇怪，问他干什么？他吞吞吐吐，神秘地说："你们有没有听见一种声音？""什么声音？"大家莫名其妙。"战鼓、号角的声音。你们听，好像有千军万马。"大家学着石勒，竖起耳朵听着。有人附和说："听见了，我也听见了！"石勒又悄悄地说："我从小就经常听到这种声音。"据说，能听到鼓角之声是一种非同寻常的征兆。这一来，大家都把石勒看作与众不同的异人。慢慢地师懽也听到一点风声，心里非常惊讶，对石勒就格外注意，越看越觉得石勒相貌奇特，终于忍痛把石勒放走了。

离开茌平，石勒孑然一身，依靠当雇工度日。一天，他正在地里干活，遇见一支官军的巡逻队，巡逻队围了过来，七手八脚把他捆绑起来带走了。走着走着，突然路边蹿出一群鹿，惊慌失措地从他们身边狂奔过去。士兵们顿时活跃起来，争先恐后地去追赶鹿群。石勒趁机撒腿就逃，一口气跑出好远才停下来，把手上的绳子磨断，一屁股坐在地上。上哪儿去呢？家没有了，即使有也回不去。仍然去当雇工？说不定哪一天又会被抓去卖了。只剩下一条路，那就是造反！

师懽家的附近有一个西晋国有的牧马场，师懽与牧马场管理牧马的汲桑有往来，而石勒有时也去牧马场，自称懂得相马，与汲桑很谈得来。这时，石勒便从牧马场招集王阳、夔安、支雄、冀保、吴豫、刘膺、桃豹、逯明等八骑，后来又有郭敖、刘征、刘宝、张曀仆、呼延莫、郭黑略、张越、孔豚、赵鹿、支屈六等十人来参加。于是，在今天山东、河北交界的地方，出现了一支十八个勇士组成的轻骑队伍。他们的行动如风驰电掣，来去无踪，乘苑马，专门劫取不义之财，闹得官府和大族地主惶惶不可终日。人们称这支队伍为"十八骑"，石勒就是"十八骑"的首领。

早期进入冀州并被石勒组织起来的武装集团呈现出的多种民族成分，正是当时被掠卖到冀州的人群的多种民族成分的缩影。这些被掠卖的各族人，如石勒一样，因饥馑流落他乡，早已与部落失散；被掠卖后身属奴主，劳苦终日。加入石勒集团后，已不分族类，组成战斗集体，更没有原来的部落组织。共同的遭遇，共同的敌人，共同的斗争目标把他们联结在一起。他们打破了民族藩篱，不分是胡是羯，同生死，共患难。这样的族群已不属于哪个特定族属，而都是所谓的"杂胡"了。因此，杂胡化是民族迁徙、民族混居的必然现象，又因战乱加速其进程，它顺应了民族融合的发展趋势。这一点，在石勒的武装集团中，在冀州地区表现得更加明显。

永安元年（304年）十月，正是刘渊在左国城建立汉国的时候，而成都王司马颖带着晋惠帝回洛阳，结果全被河间王司马颙的部将张方挟持到长安，司马颖皇太弟的身份也被废掉了。这时，司马颖的部下公师藩以营救司马颖为名，在赵魏起兵，自称将军，很快发展到几万人。

石勒和牧马场的汲桑便带领牧人数百人乘苑马去投靠公师藩，公师藩任命石勒为前队督。石勒的名字，就是这个时候汲桑给他取的。不久，公师藩兵败身死，石、汲二人潜逃回牧马场，暗中活动，劫掠官府囚徒，招集流离失所的贫苦农民，建立一支军队。然后，他们声称为司马颖报仇，讨伐东海王司马越和东嬴公司马腾，汲桑自称大将军，以石勒为前驱。石勒屡次大败晋军，攻入邺城，杀死司马腾，接着南渡黄河，进击兖州，声势不断扩大。石、汲取得节节胜利，引起了西晋朝廷的极大恐惧，朝廷派出几支军队前来镇压。石、汲率众英勇迎战，首先在乐陵击毙幽州刺史石鲜，继而打败田甄的五万大军；接着又和兖州刺史苟晞在平原、阳平地区展开了一场激战。苟晞人称"屠伯"，是一个老奸巨猾的刽子手。他实力雄厚，经验丰富。双方对垒了几个月，大小三十余战，不分胜负。后来，西晋太傅、东海王司马越出兵官渡，增援苟晞，石、汲终因寡不敌众，被敌人镇压下去了，汲桑在平原殉难。

逐鹿中原

石勒战败后，在冀州没有立足之地，只得到蒲子（今山西省隰县）投奔自称汉王的刘渊。路经上党（今山西省襄垣县东），听说这里驻扎着一支由匈奴酋长张匐督、冯莫突率领的部众，就前去求见。张匐督早闻石勒的威名，热情地接待他，两人结为知交。有一天石勒问匐督："现在单于刘渊自称汉王，举兵反晋，名气很大，可是酋长无意服从他，难道酋长的力量能够和他分庭抗礼吗？"匐督沉吟半晌说："不能。"石勒进一步说："既然不能，那么这支兵马就应该有所归属，否则相当危险。如今刘单于千方百计收买人心，酋长部落中的大多数人都受过他的恩惠，他们常常在一起议论要背弃酋长去投降刘单于。这件事还是应该及早安排才好。"匐督觉得石勒的话句句在理，就随他归附了刘渊。刘渊封张匐督为亲汉王，而拜石勒为辅汉将军、平晋王，统领这支军队。

当时，乐平（今山西省昔阳县）有一支拥有两千余部众的乌桓武装，首领叫张伏利度。刘渊多次派人前去招降，张伏利度都不理睬。石勒自告奋勇，请求单枪匹马去降伏张伏利度。他佯装与刘渊闹翻了，一副落魄的模样去找张伏利度，张伏利度大喜，待为上宾，两人亲热得像兄弟一般。张伏利度派他领兵打仗，他战无不胜，攻无不克，部众们既怕他又佩服他，拥护他的人越来越多。过了一些日子，石勒见条件已经成熟了，于是在一次集会时，借故把张伏利度扣了起来。他威严地对部众说："干大事业需要气魄和才智，谁更有气魄和才智来统率你们呢？你们愿意跟随我的请留下，愿意走的请便！"大家异口同声地喊道："我们愿意跟随石将军！"石勒释放了张伏利度，带领部队回到蒲子。刘渊任命石勒为督山东征讨诸军事，把这支部队交给他指挥。

石勒在战场上表现出杰出的军事指挥才能。永嘉二年（308年）十一月，他与刘灵等率众三万攻打魏郡（治今河北省临漳县西南）、汲郡（治今河南省卫辉市西南）、顿丘（治今河南省清丰县西南）。当时天下大乱，西晋朝廷对州郡县难以实行有效的统治，而州郡县对地方上的控制也大为削弱。地方大族豪强修建坞堡壁垒，组成私人武装，以求自保；作为坞主、垒主的大族豪强，是地方上的实际统治者。在石勒强大的攻势下，望风而降的坞堡壁垒有五十多个。石勒给这些坞主、垒主们以将军、都尉的名号，而从他们的管辖下挑选了五万强壮男子以扩充自己的军队。石勒很重视军纪，他的军队不私掠，不欺压百姓，受到群众的拥护。这一年，石勒因功被授职安东大将军，开府置佐吏。

次年，石勒进攻巨鹿（治今河北省平乡县西南）、常山（治今河北省正定县南），攻下冀州堡壁百余处，军队增加到十多万人。他采取优待和重用汉族知识分子的政策。攻取冀州后，他把当地的"衣冠人物"集中在一起，号称君子营，任用他们当谋士，注意发挥这些人的作用。赵郡张宾学识渊博，足智多谋，看不起那些庸常之辈，常叹怀才不遇。石勒入冀州，他立刻收拾行囊，向亲友告别，兴奋地说："我见过不少将军，不过都是些胸无大志、蝇营狗苟之徒。唯有这位胡将军可以与之共成大业！"他提剑来到石勒的军营外，大呼求见。后来，张宾果然受到重用。

从永嘉三年（309年）至五年（311年）初，石勒转战于冀、兖、司、荆等州，立下赫赫战功。他降服冀州壁垒，杀冀州刺史，广宗（今河北省威县东）诸县降者九万多口；又东袭鄄城（今山东省鄄城县北），杀兖州刺史；又南攻宛（今河南省南阳市）、襄阳（今湖北省襄樊市），破附近三十余处壁垒；又配合刘粲进攻洛阳，在渑池大败晋军。可以说，作为刘汉政权的一个方面军，石勒在这一时期发挥了极其重要的作用。正是他在黄河南北不断扩大战果，不断杀伤敌人的有生力量，才有这时期刘汉政权的较大发展。自从东出以后，石勒率军在外独立作战，没有朝见过刘渊，也许是戎马倥偬，无暇得见；也许是心怀异计，有意回避，直至刘渊驾崩，石勒也没有回去参加葬礼。刘渊死前，晋升他为镇东大将军，刘聪继位再晋升他为征东大将军。他名义上虽然隶属于刘汉，实际上行动自主，号令自专，刘汉皇朝对他鞭长莫及。

永嘉五年，石勒消灭了西晋主力，为最终推翻西晋政权奠定了基础。上一年十一月，司马越率领洛阳二十余万众，声称出兵讨伐石勒，带着许多王公卿士随军出发。两军未及交锋，司马越病死在军中。众人推王衍为元帅，这个永嘉玄学的清谈领袖彷徨无助，又推脱不掉，只好带领晋军奉司马越的灵柩到他的封地东海国去。永嘉五年四月，石勒见晋军群龙无首，是不可多得的机会，便率领轻骑追击，在苦县（今河南鹿邑东）境内追上晋军，指挥骑兵围而射之。晋军全无斗志，将士争相夺路逃跑，践踏而死者堆积成山，无一人幸免，王衍和一大批高级官僚贵族都当了俘虏。石勒下令烧掉司马越的灵柩，他愤怒地说："这个人是大乱天下的祸首，今日我要为天下人出这口气！"又命令把王衍带来，王衍战战兢兢地俯伏在地，说："下官从小就不喜欢做官，不参与朝政，今日生灵涂炭，确实与下官无关。将军英明无比，天下士民都拥戴将军，盼望将军早日登基。"石勒见他这副摇尾乞怜的丑态，火冒三丈地喝道："好一个王衍，你名重天下，身居要职，年轻时就入居朝堂，至今白发满头了，竟说什么不参与朝政，破坏天下不正是你的罪恶吗？"王衍临死前，懊悔地说："如果过去不是推崇玄学清谈，而同心协力辅佐朝政，也不至于有今天啊！"当天晚上，石勒派人推倒这班寄生虫住所的墙壁，王衍等王公贵族统统毙命。

六月，石勒会同王弥、刘曜攻陷西晋都城洛阳。当王弥、刘曜在洛阳肆意纵兵抢掠烧杀的时候，他不贪虚名，回师南下许昌，进而飞骑突袭蒙城，活捉了"屠伯"苟晞。接着，他的目标是吞并王弥。东莱（今山东省掖县）人王弥，出身大族官僚家庭。西晋末年乘乱起兵，他弓马娴熟，膂力过人，且有谋略，在青州地面上被称为"飞豹"。王弥投靠刘汉后，成为刘汉得力的一翼，被刘聪授以大将军、齐公。在中原的角逐中，王弥与石勒都有称雄之心。这时，王弥将皇宫里抢来的许多珍宝美女送给石勒，并表示祝贺说："石公活捉苟晞而赦免他，用兵何其神妙！请让苟晞为公的左膀，弥为右臂，还有谁对付不了的。"石勒见王弥卑辞厚礼，更加提高警惕。不久，石勒截获了王弥给他的部将曹嶷谋划联合起来准备动手的信件。他秘密处死信使，装作什么也不知道，热情地邀请王弥赴宴，然后在酒酣耳热之际手斩王弥，兼并了他的部众，从而除掉了逐鹿中原的重要对手。石勒火并王弥，刘聪气坏了，虽然遣使责备他擅自杀害公辅大臣，目无朝廷，但又怕他背叛而去，便把王弥的部众配给他，送一个顺水人情。

经营冀州

石勒踌躇满志，企图雄踞江汉，消灭东晋。

永嘉六年（312年）二月，石勒屯军葛陂（今河南省新蔡县北），建造房屋，督课士兵种地造船，准备发动对建邺（今江苏省南京市）的大举进攻。时逢雨季，大雨已连下了三个月，军中乏粮，又发生流行病。因饥饿和疫病，将士死亡过半，全军情绪十分低落；而东晋正在调动兵众到寿春（今安徽省寿县），摆出一副决战的样子。形势颇为严峻。

石勒召集军前会议，商讨对策。右长史刁膺说："为今之计，莫若向建邺送去降表，请求为朝廷扫平河朔。待退兵以后再从长计议。"石勒听了，郁郁寡欢，发出一声长啸。中坚将军夔安建议移营高处以避水，石勒冷笑说："将军也太胆怯了！"孔苌、支雄等三十多位将领说："不如趁晋军尚未集结，我等请各领三百步兵，乘船分三十余路夜登寿州城，斩下他们将领的头，占据城池，开仓取米。今年就要攻破丹杨，活捉司马家的小子们！"石勒这才开颜一笑，说："这是勇将的想法，每人赐给铠马一匹。"然后回头问张宾说："张君有什么想法？"张宾说："依下官愚见，将军攻陷洛阳，捉了天子，杀害王侯，掠抢妃主，人家说起将军的罪比将军的头发还多，怎么还能够去称臣呢！其次，去年诛王弥以后，就不应该到葛陂来。这方圆数百里大雨不停，也说明此地不能久留。下官以为，邺城有三台，最为牢固，其西接平阳，四塞山河，地势险要，应当回军北上，据为己有。"张宾可谓一语中的。长期以来，石勒流动作战，消耗极大，由于行动飘忽不定，所占地盘常常得而复失，极大地限制和削弱了自身的力量。张宾提出据邺城以争天下的战略主张，具有重要的意义。张宾又说："晋军保寿春，是唯恐将军进击；将军撤兵，他们求之不得，决不会出兵追击。"石勒听了张宾的话，兴奋得又是抖袖子又是吹胡子，连连说："言之有理！言之有理！"石勒发现张宾谋略出众，乃擢为右长史，加中垒将军，平常就叫他"右侯"；又将刁膺贬黜为将军。

石勒接受张宾的建议，挥师北上。北上途中，处处遇到坚壁清野，石勒军中大饥。直到攻下汲郡（今河南省卫辉市西南），夺得一批粮饷，才缓了口气。石勒本准备按计划攻邺，但邺城守备甚严，于是，张宾又建议说："邯郸（今河北省邯郸市西南）、襄国（今河北省邢台市西南）是原来赵国的都城，依山凭险，是形胜之地，可以选择其中之一驻扎。然后命将四出，王业就可以建立起来了。"石勒听从张宾之议，转而进据襄国，分兵攻取冀州诸郡县，并遣使报告刘聪，取得刘汉政权的承认。刘聪授他为都督、冀州牧，封上党郡公。从此，石勒有了稳固的根据地，势力日益强大。

石勒的劲敌首先是西晋的残余势力王浚。王浚是西晋幽、冀二州刺史，驻兵蓟城（今北京市西南）。他以联姻的手段与鲜卑段部结为联盟，仰仗鲜卑、乌桓骑兵，割据幽燕地区。

王浚派遣部将王昌和鲜卑段部的段就六眷、段末杯、段匹䃅等几股势力共同进攻襄国。襄国城内兵力不多，城墙、护城河来不及修整，而王浚与鲜卑的联军已经兵临城下了。石勒企图先声夺人，频频派兵挑战，但连吃败仗。段就六眷准备攻城，形势非常险恶。石勒召集将佐商讨对策，他说："当前敌我兵力悬殊，如果不能打破敌人的包围，城内的粮食一旦吃完，即使是孙膑吴起再世，也无法固守这座孤城。如今只能速战速决，不知诸位以为如何？"帐下一位将领说："主公所说虽然有理，不过依在下愚见，还是以坚守为好，敌人久攻不下，必然丧失斗志，等待他们退兵的时候派兵追击，一定可以大获全胜。"众将随声附和，连连说："好！好！"石勒回头问右长史张宾和将军孔苌道："右侯和孔将军有何高见？"张宾和孔苌提议说："段末柸是鲜卑中的精魂，如果活捉段末柸，诸军不击自溃。敌人本来就很狂妄，我军暂且不再出战，给他们一个假象，以为我们胆小不敢迎战，他们就会松懈大意。我们暗中在北城挖好二十个暗门，等敌人准备攻城时，出其不意地从暗门直捣段末柸军营，这就叫作迅雷不及掩耳。"石勒一边听，一边微笑着点头，当即任命孔苌为攻战都督，带领士兵挖好暗门，做好进攻的准备。

鲜卑段部发动进攻，石勒登上北城，只见敌人军容不整，有些兵士把武器扔在一边，东倒西歪地在地上躺着。他抓住战机，命令孔苌督率精兵冲出暗门，而他领着将士在城上击鼓呐喊，鲜卑士众猝不及防，一时乱了阵脚。不一会，孔苌冲入段末柸营帐，俘获了段末柸，然后又乘胜追击，段就六眷等部抱头鼠窜，一口气跑出三十多里，死伤无数损失惨重。段就六眷在渚阳收拾残部，懊丧至极，只好遣使向石勒求和，送来金银、铠甲、马匹，并且表示愿意用段末柸的三弟作为人质，请求释放段末柸。石勒的部下要求杀掉段末柸，压一压鲜卑的嚣张气焰。石勒不同意，他说："辽西鲜卑力量强大，本来和我们无冤无仇，只是受了王浚的唆使而已。现在我们要是杀掉末柸一人，就会与他们结下冤仇。相反，如果我们放了末柸，鲜卑高兴，就不会再为王浚效力。"于是派养子石虎去渚阳与段就六眷结为兄弟之盟。段部高高兴兴地撤了兵，王昌也只得跟着撤兵。石勒还认段末柸为义子，任以安北将军、北平公，放他回辽东。段末柸感恩戴德，在回归的路上再三回头而拜。从此，鲜卑段部不再与石勒作对。乌桓审广、渐裳、郝袭等也都背着王浚，遣使降附石勒，石勒厚加抚慰。这个时期，石勒还派兵攻下信都（今河北省衡水市冀州区）和邺城。

在石勒的经营下，司州、冀州渐渐安定了。石勒开征租赋，建立正常的统治秩序；设立太学，选用通经和有书法特长的吏员，授予他们文学掾之职，担任太学教师，录取了将佐子弟三百人入太学读书。

兼并王、刘

石勒与王浚和刘琨二人的较量终究是不可避免的。

王浚一心做着皇帝梦，第一步是称受诏承制，设置文武百官，任命自己为尚书令。但是他的统治十分暴虐，搞得众叛亲离。石勒听从张宾的谋划，投王浚之所好，派舍人王子春送去《劝进表》。表上说："臣是并州人，明公殿下是故乡的名门望族，四海景仰，当今天下有资格称帝主者，除了殿下，还能有谁呢？臣出身小胡，之所以不惜身家性命，兴起义兵，讨伐暴乱，正是为了明公的登基扫清道路，但愿殿下上应天意，下顺民心，早登大位。"王浚又惊又喜，简直不敢相信，问王子春说："石公是当代的英杰，占据襄国，鼎峙一方，为什么要向我称臣，这是真的吗？"王子春不慌不忙地回答说："石将军固然英才挺拔，士马雄盛，但比起明公，如同月亮比太阳，江河比大海。当然，石将军并不是厌恶当皇帝才让给明公，只因胡人当皇帝自古所无，不是顺天应人之举。"王子春早已上下打点，用重金贿赂了王浚的幕僚，所以这些人都争着帮王子春说话，王浚也就深信不疑了。

王浚的部下游统被派到范阳守城。这个游统见同僚一个个官运亨通，自己本来是司马，倒被踢出来，心里又气又恨。他派人到襄国向石勒求降，愿意充当内应。石勒却把来人杀了，将首级交给王浚，王浚觉得石勒对自己真是忠心耿耿。王浚曾经派使者到襄国去探听虚实，石勒事先把精兵强将、精良武器都藏了起来。使者在襄国只见到一些空荡荡的房子和一群群孱弱的士卒。使者送交书信，石勒虔诚地跪伏在地，双手高举过头，十分恭敬地接受。王浚送他一柄麈尾，他不敢使用，高挂在墙上，每天晚上顶礼膜拜，同时还说："我无缘面见王公，见到王公赏赐的东西，就像见到王公本人了。"使者回去一说，王浚感到这位胡将军完全可以信赖。不久，石勒又派人送来劝进表，表示自己非常希望到幽州参加王浚的登基大典。

石勒施放的种种烟幕，使王浚如同坠入云里雾中，飘飘然，昏昏然。王浚一心算计着选择一个良辰吉日，以便举行盛大隆重的庆典。

建兴二年（314年）三月，石勒以奉戴王浚登基为名，率领轻骑北上，不几天就到达易水。易水守将孙伟派人急告王浚，准备发兵攻击石勒。王浚身边的将佐也请求出兵。王浚一听，怒不可遏地说："石公此行，是为推戴我而来，谁敢再说出击，一律杀头！"大家面面相觑，不吭气了。王浚下令安排丰盛的酒宴，准备给石勒接风洗尘。石勒兵临蓟城城下，叫开了城门，先把几千头牛羊驱赶进城，说是给王浚的见面礼，顿时堵塞了大街小巷，这时即使王浚发兵，也寸步难行了。侍卫报告石勒已经纵兵入城，王浚这才觉得有些不妙，坐也不是，站也不是。一会儿，石勒带兵进入公堂，王浚乖乖地当了俘虏，后来被石勒杀掉了。

石勒下一个目标是刘琨。刘琨当时任西晋并州刺史，镇守阳邑（今山西省太谷区东）。他曾经派张儒给石勒送去失散多年的母亲，石勒非常感激他的这番好意。张儒转呈了刘琨的一封书信，石勒让人读给他听。刘琨在信上说："将军从河朔发迹，席卷兖、豫，饮马于江淮，驰骋于汉沔，即使是古代名将，也不足以与将军相比。但将军攻城不能拥有其人，略地不能拥有其土，忽而云合，忽而星散，将军知道是为什么吗？存亡在于得主，成败在于所附；得主为义兵，附逆为贼众。所以，将军如果改弦易辙，幡然悔悟，抛弃刘聪，一定能够无坚不摧，建功立业。我代表皇上授予将军为侍中、使持节、车骑大将军、领护匈奴中郎将之职，封襄城公，总内外之任，兼华戎之号。请将军接受，以满足远近的希望。自古以来，确实没有戎人当帝王的，至于作为名臣建立功业的，则有先例。"石勒听罢，叹了口气说："人各有志，道路各异，这不是迂腐的儒生所能理解的。刘琨当他的晋朝的官，我自有我的打算。"他让幕僚按照这个意思给刘琨写了一封回信，又嘱咐好好招待使者，走时给刘琨带去一份厚礼。不过，刘琨信中指出石勒攻城不能拥有其人，略地不能拥有其土的问题，也许对石勒有一定的触动，成为后来石勒建立根据地的动因。

石勒袭取王浚以前，担忧刘琨乘虚而入，一直举棋不定。张宾献策道："刘琨、王浚虽然同为晋朝臣子，实际上矛盾重重，形同仇敌。如我们写封信同刘琨讲和，刘琨就决不会与我们为敌。"石勒高兴地说："我没有想到的，右侯都想到了，我还有什么疑虑的！"刘琨接到石勒的书信很是满意，他正巴不得有人替自己剪除王浚，立刻传令州郡，不得擅自行动。殊不知唇亡齿寒，王浚灭亡，刘琨也就朝不保夕了。

建兴四年（316年）十一月，石勒进军并州，包围了乐平郡所在地坫城（今山西省昔阳县西南），乐平太守韩据向刘琨告急。刘琨命令将军箕澹率领十余万人讨伐石勒，声势浩大。石勒决定主动出击，部下有人建议应该稍稍后退采取深沟高垒的战术，以挫败对手的锐气。石勒反驳说："箕澹大军远道而来，疲于奔命；又是一群乌合之众，指挥不灵，正可以一战胜之。况且敌军已经逼近，我军哪能撤退！我军一动，箕澹即趁机进攻，那时连抵抗都来不及了，谈什么深沟高垒！这是不战而自取灭亡的战术。"石勒任命孔苌为前锋都督，在山上布置疑兵迷惑敌人，而把主力分成两部分埋伏起来。他亲自率领轻骑迎战箕澹，交战才几个回合，就佯装战败，匆匆退走。箕澹不知底细，纵兵追击，掉入了石勒张开的口袋。孔裒的伏兵前后夹攻，箕澹的大军顷刻瓦解，死伤不计其数。箕澹本人幸免一死，突出重围后逃到代（治今山西省大同市东）北。刘琨闻讯，大惊失色，他企图回师退守并州，但并州已经被留守的长史李弘奉献给石勒。无家可归的刘琨只得投奔辽东，寄居于鲜卑段匹䃅的篱下，后来被段匹䃅杀害了。

乱世明君

石勒终于和匈奴刘氏决裂了。

刘聪死后，刘汉皇朝发生了内乱。继立的刘粲被杀后，刘曜自立为皇帝，改国号为赵，定都长安，历史上称为前赵。刘曜先封石勒为赵公，又晋封赵王。石勒以平乱为名趁机夺取平阳地区，与刘曜的关系日趋紧张。刘曜杀掉石勒派去的使者，停授其太宰之职和殊礼之待遇。石勒大怒说："孤兄弟拥戴刘家，已经不只是人臣之道了。没有孤兄弟，他岂能南面称朕！帝王难道就永远是帝王？不管是赵王、赵帝，孤自己愿意称什么就称什么，他能限制得了吗！"

东晋太兴二年（319年）十一月，在石虎、张宾等文臣武将129人的劝进声中，石勒即位称赵王，改元赵王元年，以襄国为都城，他所建立的王朝历史上称为后赵。后赵"南至孟津，西达龙门，东至于河，北至于塞垣"，共有24郡，29万户。以大单于"镇抚百蛮"，撤销并、司、朔三州的建制。

当时，战祸兵燹劫余后的中原地区一派凄凉景象，土地荒芜，经济凋敝，人口锐减。而东晋大将祖逖渡淮北进，关中、陇右的刘曜也虎视眈眈。石勒下令减半征收田租，几次派遣官吏巡视地方，核实户籍，督促农业生产，对在生产中取得显著成绩者予以奖励。他又明令严禁酿酒，避免浪费粮食，朝廷举行祭祀仪式则用甜酒代替。这些措施，多少有利于农业生产的恢复，部分地医治了战争的创伤。

石勒称王伊始，设官分职比较简单：有经学祭酒、律学祭酒、史学祭酒等学官，有门臣祭酒专典胡人词讼，门生主书专司胡人文书出纳。大执法专总朝政、位冠百僚之首，由张宾担任，辅助赵王管理六夷的单于元辅、总领宿卫军的都督禁卫诸军事都由石虎担任。石勒非常重视历史编纂，委派专人撰写《上党国记》《大将军起居注》和《大单于志》。

后赵是羯人建立的政权，但羯族人口相对较少，冀州也不是羯族的聚居区。以少数统治多数，就必须正确处理少数与多数的关系，仅仅依靠武力压制是不行的，况且其武装力量的成分也有少数与多数的问题。只有正确处理好这一关系，政权才能得到巩固。而少数与多数的关系首先是羯族与汉族的关系，这也就是石勒之所以对汉人士族采取优崇政策的一个重要原因。还有一个原因是，羯族原来是匈奴的"赀虏"，整个羯族在胡人中的社会地位较低。作为世袭部落小帅出身的石勒，从小就没有接受教育，文化水平低下。因而，他们需要文化水平较高的汉人士族来帮助处理政务，管理国家。

石勒将士族出身的朝臣掾属以上官职者三百户迁徙到襄国崇仁里居住，置公族大夫加以统领。这些身为士族的朝臣掾属自然都是汉族人。这个措施既有汉代迁徙大族豪强以便控制的用心，但也有优待汉人士族的意味。石勒一方面规定称羯人为国人，讳称"胡"；另一方面又规定不准欺侮"衣冠华族"，即汉人士族。有一次，有个胡人喝醉了酒，骑马闯入止车门。既是止车门，就是必须下车下马方可进入。石勒很生气，召宫门小执法冯翥来，疾言厉色地训他说："君主的命令，威行天下，何况是在宫阙之间！刚才驰马进来的是什么人，你为什么不检举他？"冯翥吓得哆哆嗦嗦，口不择言，忘了避讳，说："刚才有一个醉胡骑马闯进去，我大声呵斥，他不回答。"石勒也不责备他，笑着说："胡人就是不好说话。"可见，石勒对汉族人还是相当宽容的。

石勒继续实行西晋的九品中正制：由张宾主持选任官吏，先清定五品；继而九品全部进行清定，以张班为左执法郎、孟卓为右执法郎，参与典定士族，协助张宾选任官吏。他还诏令群臣及州郡每年各举秀才、至孝、廉清、贤良、直言、武勇之士各一人。

石勒不识字，却好学不倦。虽在军旅之中，他经常让儒士读史书给他听。有一次听读《汉书》，听到郦食其劝刘邦立六国后裔为王，石勒大吃一惊说："这个办法不对，后来刘邦怎能得天下？"接着听到张良劝谏，石勒才松口气，说："这就对了。"因为他经验丰富，所以议论切中要害，常有新意。继太学之后，他又在襄国四门设立宣文、宣教、崇儒、崇训等十余所小学，以后又设立地方学校。他亲临大小学校考试学生经义，对成绩优异者加以奖励；又巡行冀州各郡，接见高年、孝悌、力田、文学之士，赏赐他们谷帛；还命令地方官要采纳善言，凡是有所建议者，都可畅所欲言，让他们知道朝廷求贤若渴之意。

后赵太和二年（329年），前赵灭亡。石虎从前线派人送来缴获的玉玺、金玺和太子玉玺各一枚。次年（330年）二月，石勒称赵天王，行皇帝事。其子石弘被立为太子；子石宏为都督中外诸军事、骠骑大将军、大单于，封秦王；子石斌为左卫将军，封太原王；子石恢为辅国将军，封南阳王；从子中山公石虎为太尉、守尚书令，晋封中山王；又授郭敖为尚书左仆射，程遐为右仆射、领吏部尚书，徐光为中书令、领秘书监，等等。石勒下诏说："自今有疑难大事，八座尚书及有关的丞、郎到东堂商议决定。如果是军国要务需要呈报，则由令、仆、尚书和有关司局随时入内，不管寒暑或深夜。"八座，即尚书令、尚书仆射和诸曹尚书共八员的总称。由此可见，石勒不仅继承了汉魏的尚书制度，而且实行八座议政之制。

同年九月，石勒登皇帝位，大赦境内，改元建平。有一次，他在邺宫宴请高句丽使臣，席间觥筹交错，宾主尽兴。在酒酣耳热之际，石勒微笑着问中书令徐光说:"朕可以和自古以来开创基业的哪位皇帝相比呢?"徐光歌功颂德地说:"陛下英明威武,雄才大略远胜于汉高祖,气概能力超越了魏太祖,自三王以后,无人可比,仅次于轩辕黄帝了!"石勒哈哈大笑说:"人岂能缺乏自知之明,卿说得也太过分了。朕如果遭逢汉高祖,甘心称臣效力,和韩信、彭越等争个高低;如果遇到汉光武,则要和他并驾齐驱驰骋中原,还不知鹿死谁手呢!大丈夫做事,一定要光明磊落,如同日月一样皎洁明亮,总不能像曹操、司马懿父子那样,欺侮人家孤儿寡妇,用狡诈的手段夺取天下。朕的才智在刘邦、刘秀之间,轩辕黄帝岂是朕所能相比的!"

祖逖北伐

石勒据有黄河以北之时,东晋名将祖逖正进行着艰难的北伐。

祖逖,字士稚,范阳遒县(今河北省涞水县北)人。西晋末年,司马越辟召大族名士,在宦海浮沉了多年的祖逖杜门不出。洛阳陷落后,他带着亲族宗党数百家避难南下。一路上,祖逖不辞辛苦照顾大家,把车马让给老弱和病人,把粮食、衣物、药品也分送他人。大家既感激他,又敬佩他,一致推举他担任流人队伍的"行主"。这支流人队伍到达泗口(古泗水入淮之口,今江苏省清江北)时,坐镇建邺(今江苏省南京市)的镇东大将军司马睿已经打出晋朝代理人的招牌。司马睿任命祖逖为徐州刺史,建兴元年(313年)又给了他一个军咨祭酒的名号,居京口。

当南北门阀士族正在建邺新政权中争权夺利的时候,祖逖义正词严地提出收复半壁河山,拯救中原同胞于水火的强烈要求。司马睿本无北伐之意,但也不便公然反对,为了敷衍天下人、装点门面,乃任命祖逖为奋威将军、豫州刺史、前锋都督,拨给千人粮饷、三千匹布,但却没有配给一兵一卒、一刀一枪。祖逖义无反顾地渡江北上，船到中流，他眼望滚滚东去的大江，感慨万千，手拍船楫发誓说："我祖逖誓死北伐，如果不能清扫中原而凯旋，就让我如同这浩浩荡荡的江水一样，有去无回吧！"其辞色壮烈，使众人慨叹不已。

北伐是在极其艰难的条件下进行的。祖逖的对手不仅有石勒，还有盘踞在黄河以南为数众多的汉族地主豪强武装，即坞壁主。北上豫州后，祖逖首先遭到流人坞主张平、樊雅的阻遏。他采用离间计除掉张平，进据太丘（今河南省永城市西北），而樊雅仍占据谯城（今安徽省亳州市）。因军中乏食，祖逖处境十分困难。一天夜里，樊雅派兵偷袭，攻入壁垒，直逼祖逖营帐，军中一片混乱。祖逖沉着应战，终于打退樊雅的进攻。为了尽快攻下谯城，祖逖向南中郎将王含求援，王含命参军桓宣领兵五百助战；祖逖又征兵"诸村保"，蓬陂坞主陈川也派将领李头助之。祖逖一面发兵强攻，一面派桓宣入谯城劝降，樊雅这才出城投降。经过与坞壁主无数次的苦战和周旋，祖逖一步步推进，既在豫州站稳了脚跟，也打通了北伐的通道。

正当祖逖以谯城为根据地，且战且耕，逐步扩大战果的时候，发生了陈川叛归石勒的事件。陈川本来是号称"乞活"的流民集团首领，自称陈留太守。他曾经投降石勒，又受晋的官号。陈川部将李头攻打谯城立功，祖逖赏识他，赐他一匹骏马。李头对祖逖甚为感激，陈川怒而杀李头。李头的亲党冯宠鼓动属下四百多人投奔祖逖，陈川更加怒不可遏，大掠豫州诸郡以为报复。祖逖针锋相对，派将拦击，命令他们把抢来的财物归还百姓。陈川战败，便以浚仪投降石勒。祖逖进攻蓬关，石勒派石虎率领五万大军前来救援，祖逖寡不敌众，暂时撤兵到梁国。石虎在豫州进行了一番洗劫后，带着陈川回师襄国，只留下将领桃豹戍守蓬陂坞。后来，祖逖占领蓬陂坞东台，桃豹占领西台，双方对峙四十多天，形成胶着状态。

祖逖决定设计智取。当时，双方粮草供给都很紧张，祖逖命令将士把沙土装在粮袋里，让一千多人像运军粮一样，忙忙碌碌地运上东台，又故意让几个人真的挑着大米，走在后面，佯装累得走不动的样子，放下担子休息。桃豹的军队缺粮已久，见晋军运粮，早红了眼。他们紧盯着道上那几个人，以为有机可乘，突然冲过来抢粮，那几个人扔下粮袋仓皇逃跑。桃豹的军队抢了几袋大米，便认为晋军粮食充足，更加人心惶惶，丧失斗志。不久，祖逖得到情报，得知石勒用千头驴子给桃豹运送粮食，他派出将领在汴水堵截，悉数缴获这批粮食。桃豹只得连夜退到东燕城。祖逖乘胜进军，接连夺得封丘（今河南省封丘县西南）、雍丘（今河南省杞县）。接着，他又多次派兵进攻石勒的屯戍，石勒在河南的地盘日益缩小。大兴三年（320年）七月，石勒不甘心失败，派遣一万多精锐骑兵反扑，又被严阵以待的祖逖北伐军所败。

祖逖不仅善于分化瓦解敌军，而且善于团结可以团结的豪强武装和坞壁主。当时河南境内有赵固、上官巳、李矩、郭默等割据势力，他们各据一方，经常以兵戎相见。祖逖多次派人从中调解，晓以大义，消除他们之间的矛盾，使他们都服从自己的统一指挥。黄河沿岸还有一些小坞主，迫于石勒强大的压力，不得不送子弟去做人质。祖逖理解他们的处境，只要他们不和北伐军作对，一概不加追究。有时，他派出小股巡逻队，假装抄略这些坞堡，给石勒造成假象。这些小坞壁主感恩戴德，常常帮助北伐军刺探情报，使北伐军打了不少胜仗，"黄河以南，尽为晋土"。

石勒慑于祖逖北伐军的威力，转而采取守势，他下令幽州官府修缮祖氏坟墓，成皋县修整祖逖母亲的坟墓，并写信给祖逖，要求互派使者和开放贸易。祖逖派参军王愉出使后赵，赠送礼物，石勒也遣使回报，双方的关系得到缓和。边市开放以后，促进了南北的物资交流，兖豫之间一时出现安定局面，老百姓总算可以过上几天安生的日子了。

当然，祖逖的目标是廓定中原，他一直抓紧"练兵积谷"，准备"推锋过河，扫清冀、朔"。但是，大兴四年（321年）七月，朝廷却任命戴渊为征西将军、都督司兖豫并幽冀六州诸军事、司州刺史。祖逖心里十分难过,他感到自己成年累月在疆场上与敌人拼命,还得不到朝廷的信任,朝廷竟派并无远见卓识的戴渊来辖制自己。这时,又传来王敦跋扈、内部矛盾日益尖锐的消息,眼看东晋内乱将起,北伐还有什么希望!祖逖心力交瘁,忧愤成疾,病死在雍丘。

祖逖之死,东晋北伐流产,石勒解除了南顾之忧。

虎视眈眈

石虎是石勒麾下的一名虎将。石虎,字季龙,本是石勒的侄子,而石勒的父亲把他当成自己的儿子一样,所以有人说他是石勒的弟弟。石勒被掠卖后,与母亲王氏及石虎失去联系。刘琨送她们回来时,石虎已经十七岁了。石虎性格残忍,成天驰马射猎,游荡无度,在军中屡屡犯法,石勒气得要杀他。王氏流落在外,和他相依为命,便替他说情:"跑得快的牛还是小犊子时,常常损坏车子,你忍一忍吧。"后来,他稍有些长进,且弓马娴熟,勇冠当时,石勒看他可用,任以征虏将军。石虎带兵甚严,作战英勇,攻无不克,所向无前。但他本性难移,攻城陷垒后,以斩尽杀绝为快事;还嫉贤妒能,军中有勇略与自己相侔者,便找茬杀掉。

石勒称王后,一般不再亲征,石虎被委以专征之任。后赵王三年(321年),石虎攻打厌次(今山东省阳信县东南)的鲜卑段匹䃅,孔苌攻陷段部诸城。段匹䃅被俘,段部灭亡。四年(322年),石虎统精兵四万讨东晋泰山太守徐龛,徐龛坚守不战,石虎采取先围后攻的战术,终于俘获徐龛。五年(323年),石虎进讨广固(今山东省青州市西北),败降东晋青州刺史曹嶷后,坑杀了三万人。石虎要把人都杀光,新任刺史刘征说:"你留我是让我治理人的,人都杀了,我管理谁?我还是回去好了。"

石虎就留给他七百人。在石虎的进攻下，青州郡县壁垒都归于后赵。七年（325年），前赵大将刘岳进攻洛阳，石虎救援洛阳，大败前赵军，活捉刘岳。

咸和三年（328年），石虎攻打前赵蒲坂（今山西省永济市境内），前赵主刘曜亲自领兵救援，在高候（今山西省闻喜县境内）打败石虎，进而包围了洛阳金墉城，后赵荥阳太守、野王太守献城投降。消息传到襄国，朝野震惊。石勒将亲自援救洛阳，臣僚郭敖、程遐劝阻道："刘曜兵势很盛，难与争锋。金墉城粮饷丰足，一时不易陷落。刘曜既千里出兵，势必不能持久。大王不可轻动，如无万全之策，则大业危殆。"石勒一听，不禁怒不可遏，手按长剑，大声呵斥他们滚出去。他召来徐光，问他说："刘曜围攻洛阳，庸人们认为锐不可当。但是，他虽有甲兵十万，百天内竟然攻不下一个城池。他师老兵疲，而我以新锐击之，可以一战擒获。若是洛阳被攻下，他将立即北上冀州，再席卷南下，形势就很危险了。现在程遐等人反对我亲征，卿以为如何？"徐光说："刘曜不能乘高候胜利之势，进临襄国，而围守洛阳，臣以为他不会有什么作为的。如果御驾亲征，他必望风奔溃。定天下之计，在此一举。这可说是天赐良机，不可不从！"石勒哈哈笑道："还是徐光说得对。"这时，高僧佛图澄也说："大军一出，必定擒获刘曜。"石勒奉佛教为国教，对佛图澄敬若神明，听他这么一说，更是高兴了。

石勒出兵后，果然在洛阳一役活捉刘曜，全歼前赵的主力。次年九月，石虎进军关中，秦陇地区一举而定，连凉州的张氏也遣使称臣。

石勒晚年，不可避免地面临着继承人的问题。

石勒称王以后，已经逐渐把选择继承人提到自己的日程上来了。后赵王八年（326年）十月，他营建邺城宫室，派世子石弘出镇邺城，就是与安排继承人的问题有关。石勒后期最倚重的两位汉人大臣是程遐和徐光，世子石弘是程遐妹妹程夫人之子。程遐利用自己外戚的地位，排挤了张宾，担任右长史，总执朝政。他当然希望自己的外甥作为继承人，石弘出镇就是他与石勒密谋定下来的。对此，驻兵邺城的中山公石虎心里大为不满，他自以为对邺作战有功，把邺城看成个人的地盘，让他退出邺城，他不敢不从，可总觉得憋着一口气。于是，在他的家室被迁出府第时，他派遣亲信数十人在夜里潜入程遐的家里，强奸其妻子、女儿，抢掠衣物而去。

进称赵天王时，石勒就立刘氏为皇后，立石弘为太子。石弘，字大雅。小时候接受汉族传统文化的教育，从杜嘏读经书，从续咸学律学。他"虚襟爱士，好为文咏，其所亲昵，莫非儒素。"石勒立他为太子后，看他像一个文质彬彬的儒生，很不满意，曾对徐光说："大雅和和气气，不像是将家的孩子。"徐光说："汉高祖以马上取天下，孝文帝以清静无为守业。圣人之后，必能遏制杀伐，这就是天道。"石勒高兴地笑了。徐光又说："皇太子仁孝、和蔼、谦恭，而中山王残暴狡诈，陛下要是有不可避免的一天，臣恐怕社稷会发生危险，所以应该渐渐削夺中山王的威权，让太子早日参与朝政。"石勒点头称是。

徐光只是劝石勒削夺石虎的权力，而程遐进而劝道："中山王有勇有谋，群臣中无人能及。看他的态度，除了陛下，谁也不放在眼里。何况他专征日久，威震内外，性又不仁，残忍至极。他的儿子也大了，都掌握着兵权。陛下健在，自然无忧，只怕将来不会辅佐少主，为了国家前途，必须早日除掉。"石勒摇了摇头说："如今天下尚未平定，兵连祸结。大雅还小，需要强有力的人辅佐。中山王是佐命功臣，又是宗室之亲，朕正当委以顾命重任，何至于像卿所说的那样。"石勒双眼如电，又说："卿是唯恐辅弼幼主时，不能独擅国舅的大权吧？朕也会安排卿参与顾命的。"他口气虽和缓，但柔中带刚，使程遐不觉打了一个寒战。程遐见石勒不从，心犹不甘，便与徐光密议，让徐光伺机再谏。徐光又说了多次，石勒觉得他们所说不无道理，但终究不动手。

一方面是程遐、徐光在暗算石虎；另一方面是石虎恨得咬牙切齿。石虎不仅当不了继承人，连大单于也与他无缘，只是和宗室的其他人一样，晋封为王。他越想越不快，私下对他的儿子、齐王石邃发牢骚说："主上从定都襄国以来，高高在上，坐享其成。而我在战场上出生入死，有二十多年，南擒刘岳，北逐鲜卑，东平齐、鲁，西定秦、雍，前后攻克了十三州，成就大赵伟业的，是我石虎！大单于之位，本应是我的。如今却给了一个婢女所生的黄口小儿，想起来实在让人气短，吃不下睡不着！等到主上驾崩之后，看我给他们个斩草除根。"那个恶狠狠的口气，连石邃都有些吃惊。

石勒逐渐把朝政的决策权转移给太子，诏令太子批阅尚书省呈送的文书，中常侍严震协助他处理。只有征伐、刑罚等军国大政，才由自己亲览。太子门庭若市，甚至连严震都风光得很，而石虎门可罗雀，居常怏怏。石勒到邺城视察宫殿的营建时，有一天亲临石虎家中，安抚他说："房屋得一间间盖，一时顾不过来。待宫殿修成，再修建你的府第。你不要因为房子小不高兴。"石虎跪拜谢恩。石勒让他免礼，说："朕与王共有天下，何必多礼！"

然而，一场险恶的权力争夺的风暴就要爆发了。

跋扈丞相

后赵建平四年（333年）六月，石勒突然发病，病势甚为沉重，当即召中山王回来，与太子石弘、中常侍严震入宫侍奉。石虎进宫后，假传诏命，既不让太子、严震入内，更禁止内外群臣亲戚的探视。

襄国气氛十分紧张。石勒的病情到底如何，无人能知，各种流言满天飞。石虎又把秦王石宏、彭城王石堪从外地诓骗回来，以便监视。他们要求见父皇，石虎只允许他们在屋外远远地望一望。恰巧这一天石勒清醒过来了，见远处的身影像是石宏，吃惊地问道："秦王为什么回来了？派诸王守藩，就是防备意外事变的，怎么能随便离开！是谁叫他回来的，还是他自己回来的？谁敢叫他回来，就杀掉谁！"石虎赶忙说："是秦王思念陛下自己跑回来的，我立刻让他走。"过了几天，石勒又问："秦王走了吗？"石虎骗他说："前几天奉诏就让他走了，现在大概在半路上了。"其实，石虎并没有放他们回去，这时，广阿（今河北省隆尧县东）发生蝗灾，石虎秘密派遣其子石邃率三千骑兵奔赴，状若捕蝗，实则以为外应，防备非常。

七月，石勒病危，留下遗嘱说："三天后下葬，内外百官葬后即除孝服，不禁婚娶、祭祀、饮酒、食肉，征镇牧守不得擅离治所奔丧。给我穿平常的衣服，用平常的车子送灵柩，不得用金银、器玩陪葬。大雅尚幼，我担心他不能继承朕的遗志，中山王以下各司其职，不要违背朕的诏命！大雅兄弟，要善相保全，司马氏是你们的前车之鉴；中山王，要三思周公、霍光辅幼主之义，切莫给后人留下口实！"不几天，石勒死去。

明知太子年幼、懦弱，难于承担重任，明知石虎有篡权的野心和实力，石勒却仍然召石虎回来侍疾，仍然以他为顾命辅政大臣，给他以篡权的机会。这在石勒，是万不得已的安排，因为他觉得后赵的巩固和发展，仍离不开石虎的军事才能；也因为他不愿意自己开创的政权落入汉人，即使是他重用的程遐、徐光等人的手中，使它变成一个汉族政权。

石勒的遗体尚未下葬，石虎便着手收拾政治上的反对派。他挟持太子石弘临轩会见大臣，下令逮捕程遐、徐光。按照他的安排，石邃带兵入宫，撤换原来的宿卫军。宫中鸡飞狗跳，乱成一团，文武官吏跑的跑，躲的躲。然后，石虎逼迫石弘即皇帝位，石弘吓得魂不附体，要让位给石虎。石虎假装正经说："君终，太子立。臣哪敢不尊礼数乱来！"石弘见石虎不肯，害怕得哭了起来，一再请求。石虎发火说："你要是当不了，天下人自有公议，不用你自己来让！"硬让人把他按在御座上。

石弘被迫即帝位，在宣布大赦时，却又宣布处死程遐、徐光，这当然是石虎的意旨。石虎自任为丞相、魏王、大单于，加九锡殊礼，以魏郡等十三郡为封邑。又以其子石邃为魏太子，加侍中、都督中外诸军事、大将军、录尚书事；次子石宣为车骑大将军、冀州刺史，封河间王，等等。皇太后刘氏以下都被赶出原来居住的宫室，凡有姿色的宫人、华丽的车马、贵重的服玩等尽入丞相府中。

石虎的跋扈，激起石氏宗室的不满。皇太后刘氏有胆识谋略，是辅佐石勒建立大业的贤内助，石勒生前她就常常参详军事。她对彭城王石堪说："先帝才走，丞相就这样欺侮我们孤儿寡母，皇位也快被夺去了，你有什么打算？"石堪说："先帝的旧臣都被夺去军权，排斥在外，宫省之内无计可施，只能以外制内。臣想去兖州，挟持南阳王恢当盟主，从廪丘（今山东省郓城县西）起兵，公布皇太后的诏命，通令各牧、守、征、镇举兵响应，以诛暴逆，这样或许还有些希望。"刘氏说："事情万分紧急，你赶快行动吧！"于是，石堪改换服装，轻骑奔袭兖州。由于与兖州的内应失去联系，没有攻下州城，石堪只得南逃谯城。石虎发觉后，派部将郭太等率兵追击，在城父（今安徽省亳州市东南）抓住石堪。石堪被押送回襄国后，石虎残忍地用火把他活活烤死。随即，皇太后刘氏也遭到杀害。

当时，镇守关中的石生和镇守洛阳的石朗也都起兵反石虎。石虎以其子石邃留守襄国，亲自统领步、骑兵七万进攻洛阳，很快攻克洛阳，俘获石朗。石朗先是被砍掉双脚，然后被杀头。石虎继而进攻长安，以石挺为前锋，石生以将军郭权率鲜卑部众两万为前锋应战，自领大军驻蒲坂殿后。两支前锋交战潼关，石挺兵败身死，石虎溃退到渑池，枕尸三百里。不料，鲜卑兵暗中与石虎勾结，反戈一击，使石虎军势复振。石生胆小如鼠，不问战局如何，不顾全军死活，单骑逃回长安，又潜藏到鸡头山中，后被部下所杀。石虎很快攻下长安，把关中民众十多万户迁徙到关东。郭权收拾余众三千人，在泾水南坚持战斗。长安陷落后，他退往秦州，打出投降东晋的旗帜。一时，京兆、新平、扶风、冯翊、北地诸郡纷纷响应。石虎派大军进剿，当地豪族杀害郭权向石虎投降。

傀儡皇帝石弘提心吊胆，度日如年。延熙二年（334年）十月，他捧着皇帝的印玺，求石虎让他禅位。石虎仍然是那句话："天下人自有公议，不用你自己来让！"石弘面如死灰，回到宫中对母亲哭诉说："先帝的后人真的一个也活不下来了！"不久，尚书奏称："请依唐、虞办法进行禅让。"石虎不屑地说："石弘愚蠢不明，居丧期间不守礼制，应当废掉，哪来的禅让！"于是，废石弘为海阳王。石虎则假惺惺地自称居摄赵天王，改元建武，立子石邃为太子，任命三公、尚书令、左右仆射、尚书、侍中、中书令等官吏，原来封王者降级为公。次年，石虎迁都邺城（今河北省临漳县）。至建武三年（337年）正月，石虎才正式称大赵天王。

黑暗岁月

石虎登天王位的时候，后赵颇为强盛。石虎曾经南巡，直抵长江岸边，引起东晋朝廷不小的震动。当时，后赵一年的赋税收入数量极大，为减少转输，中央仓库只存粮一百万斛，其余就储存在各地河道旁的粮仓。赋税收入之多，固然说明剥削比较沉重，但也从一个侧面反映后赵经济状况较好。

然而，好景不长。石虎时代的后赵统治集团穷奢极侈，极端腐败。建武二年（336年），由于久旱不雨，庄稼绝收，粮价腾贵，金一斤只能换米两斗，老百姓嗷嗷待哺。在这个时候，石虎同时在襄国和邺城大兴土木，襄国建太极殿，邺城建东、西二宫。太极殿的殿基高二丈八尺，长75步，宽65步，以彩石修砌，其下设地下室，可置卫士五百人。整座建筑用漆瓦、金铛、银楹、金柱、珠帘、玉壁，都是最优质的建筑材料和最高级的工艺技术；殿上摆放着白玉床、流苏帐，美轮美奂。显阳殿后还修建了灵风台及九个宫殿，专门挑选万余名士民之女入充其中，都身穿绮罗、佩戴珠玉；又设置了十八个等级的女官，教官人占星术、马步箭术，并建立一支由一千名女骑手组成的卤簿仪仗队。她们披紫纶巾，穿熟锦裤，扎金银镂带，穿五彩毛靴，手执羽仪，奏鸣鼓吹。

石勒晚年计划营建邺城宫室时，廷尉续咸直言切谏，石勒气得要杀他。徐光劝道："他的话可用就用，不能用也应该宽容他，怎么能因为直言就杀列卿呢？"石勒说："当君主真的不能自作主张！朕岂不知道他的话是忠言？刚才是开个玩笑罢了。"他不仅没有处罚续咸，还赐予绢一百匹、稻一百斛。后来因为一场暴雨，河水冲下来百余万根的木头，石勒才就地取材，开始营建邺宫。石虎大兴土木时，没见到有人谏诤，大概是无人敢捋他的虎须吧！

关于石虎在邺城兴建的宫室，《二十五史补编》所载洪亮吉《十六国疆域志》收集了更为详细的材料。当石虎迁都邺城时，从襄国至邺城两百里途中，凡所歇息处，皆造行宫，共有行宫四十四所。每一行宫置一夫人，侍婢数十人。在邺城城西三里的漳水边建有桑梓苑，苑中养獐、鹿、雉、兔、虎，又造临漳宫；在邺城，东有永乐宫、西有黎园宫、东南有赤桥宫、西北有紫陌宫，又有九华宫、永安宫、明光宫，等等。邺城旧有三台，在城西北，以城为基，石虎更增两丈，上面建一座"连栋接榱"的大屋，又盖五层楼，高15丈，离地27丈。又建造许多楼、观、台、阁，有冰井台，在铜雀台北，上可藏冰，三伏天以赐大臣；有阅马台，基高5丈，上面造观，是石虎讲武的地方；有西台，高67丈；有灵台，置女太史，仰观灾祥；此外，东城上有东明观，北城上有齐斗楼。"其城东西七里，南北五里，饰表以砖，百步一楼。凡诸宫殿门台隅雉，皆加观榭层甍及宇，飞檐拂云，图以丹青，色以轻素。当其全盛之时，去邺六七十里，远望苕亭，巍然若仙。"

奢靡之费，甚于天灾。当这一座座巍峨的宫殿、一个个华美的台观拔地而起的时候，这是统治者的节日，却是各族人民的灾难。

石虎不停地用兵，频繁地征发徭役。兵役、徭役和各种征发繁多，给人民造成极为沉重的负担。建武六年（340年）讨伐前燕时，他下令在全国境内大征兵，司、冀、青、徐、幽、并、雍七州民户，家有五丁征三，四丁征二，连同邺城原有的军队有五十万之众。同时，制造和征用各种船只万艘，运输作为军粮的谷、豆1100万斛。为了作战，还把辽西、北平、渔阳等郡一万民户迁往兖、豫、雍、洛四州。又因军马不足，无偿没收百姓现有的马匹，并禁止老百姓养马，藏匿者处死。又敕令河南四州准备南征的物资，并、朔、秦、雍准备西讨的物资。诸州参加制造战甲的达五十万人。八年（342年），石虎将要进攻东晋，遂下令凡出征的士兵，五人要准备车一乘、牛两头，米每人各十五斛，绢十匹。凡不能备齐者斩。穷困的百姓破家鬻子，以置办所需的车牛米绢，无力置办而上吊的人相望于道路。这时，青州有好事者上书说："济南郡平陵县城北原来的一只石虎，一夜之间忽然移到了城东南的善石沟，还有千余头狼、狐跟随在后面的痕迹，踏出一条路来。"石虎一看，喜不自胜，说："那只石虎就是象征着朕，从西北往东南迁徙，是天意让朕出兵平定江南的意思。天命不可违背，明年集中各州士兵，朕将亲自率领全军出征！"第二年，诸州的一百余万大军已经集中，石虎即将在宣武观誓师。幸好太史令赵揽向他密告，说宫殿的庭院里聚集了大群白雁，是宫室空虚的前兆，不宜南行。石虎信了，只举行阅兵了事。

他还下令把洛阳的钟虡、九龙、翁仲、铜驼、飞廉等搬运到邺城，为运送这些庞然大物，特制了巨型的四轮车和万斛大船。半路上，有一口钟掉进了黄河。负责运送的牙门将雇了三百个会潜水的人下河，把绳索捆绑在钟上，再用一百头牛牵引辘轳才拉上来。石虎还异想天开地要在邺城以南灵昌津架设一座黄河飞桥。为此征用无数役夫，往河上填石，石头下水就被汹涌的河水冲走，功费五百余万，终于劳而无功。

直到晚年，石虎仍执迷不悟。建武十一年（345年），他征发雍、洛、秦、并四州的16万人去修长安未央宫，又征发26万人修洛阳宫。石虎嗜猎，晚年身体太肥，不能骑马，便造猎车千辆，辕长三丈，车高一丈八尺；格兽车四十辆，把灵昌津南至荥阳（今河南省荥阳市东北）、东至阳都（今山东省沂南县南）的广大地区划为猎场，派御史在猎场巡查，不许百姓狩猎，违犯者罪至杀头。御史们便利用职权在老百姓身上作威作福，他们如强占民女、勒索财物不得，就诬以"犯兽罪"。石虎又派出大批的使者到民间大选13岁以上、20岁以下秀女三万多人，划为三个等级分配给皇官、东宫及公侯。太子和诸公私自到民间掠取的民女也将近万人。各郡县官吏为讨好主上，千方百计挑选婀娜多姿的美女，夺人妻九千余人，杀其夫及夫自杀的有三千余人。押送到邺城后，石虎喜形于色，赞扬使者能干，封其中十二人为侯。然而，荆、楚、扬、徐等地的百姓为逃避这次选美四出流亡，人口大量虚耗，石虎又以不善抚绥百姓而处死郡县官五十多人。

肘腋之变

石虎篡权后，就立他的儿子石邃为太子。他荒唐嬉戏，便把朝政大权交给太子。而太子之荒唐残忍、嗜酒好色，比之乃父有过之而无不及。他妃姬成群，还夜入宫臣的家里，淫人妻妾。他把美艳宫女妆饰好杀掉，然后洗去血迹，放在漆盘上，让大家共同欣赏。他还挑选有姿色的女尼入宫，奸淫之后杀死，再将尸体与牛羊肉一起煮着吃，也赏给他的左右吃。

石邃的种种恶行，石虎当然有所耳闻。石虎本来很宠爱这个骁勇的儿子，曾经对群臣说："司马氏父子兄弟自相残杀，终于灭国，所以朕才有今天。如今朕不会这样做，有什么理由要杀阿铁（石邃小名）呢？"可是，石虎对太子所作所为渐渐感到失望，转而亲宠另两个儿子河间公石宣和乐安公石韬，石邃觉察到威胁，对二人视若仇雠。石虎沉溺于酒色，喜怒无常。有时，石邃把他认为应该呈送的文书送给父亲，可石虎骂他："这些小事，有什么值得送朕！"石邃有时就不送文书，石虎更加生气，大骂道："怎么连文书也不给朕送了？"石邃送也不是，不送也不是，一个月总要挨两三次责骂鞭抽，心里愤愤难平。他私下对中庶子李颜等人说："皇帝老子太难侍候了！我要效法冒顿行事，你们敢不敢跟我干？"李颜等人一听，吓得说不出话来，跪伏在地，浑身直哆嗦。

石邃称病不理事，带着文武官臣五百余骑到李颜的别墅里大摆宴席。席上，石邃喝得醉醺醺地举杯，说："我要到冀州去杀石宣，有敢不服从命令者斩！"众人只得蜂拥着石邃出门，没走出几里地，大多数人都溜走了。李颜下马，叩头苦谏，石邃这时已昏醉不能自持，也就掉转马头回府了。石邃的母亲郑氏知道后，派宦官来责备他，石邃不但不听，而且把宦官杀了。石虎本想亲自去看看石邃病情如何，记起高僧佛图澄不让他多到东宫的话，很有些奇怪：我当了天下之主，父子就不能相信了？但还是决定派宫内的女尚书先去察看一下。女尚书入室，石邃叫她近前说话，没等她开口，一把锋利的剑突然刺入她的胸中，殷红的血飞溅而出。石虎在宫中左等右等，不见女尚书回来，令人把李颜拘来，李颜供出事情的缘由始末。石虎火冒三丈，当即将李颜等三十多人处死，把石邃幽禁在东宫。少顷，石虎赦免石邃，在太极东堂接见他。石邃朝拜如常，但一句谢罪的话也没有，拜毕起身就走。石虎让人追上他，对他说："太子还应入内朝见中宫，怎么能这样走了？"石邃像是没有听见一样，头也不回，拂袖而去。石虎都看得清清楚楚，勃然大怒，立刻下诏废石邃为庶人。当晚，石虎气不能平，令人杀死石邃全家男女二十六口人，装进一口大棺中埋葬，又杀东宫宫臣余党二百多人。石邃从当太子到被杀，不过两年有余。

接着，石虎立石宣为太子。有了石邃的教训，石虎虽立太子，但对太子似乎已经不那么信任了，故又任命秦公石韬为太尉，与太子一人一天轮流批阅尚书文书，处理赏罚刑律事宜。司徒申钟劝谏说："赏罚刑律，是君主的权力，不能放手，目的在于防微杜渐，防范逆乱于未然。太子之职是视察膳食，不应参与朝政。庶人石邃因为参与朝政而导致灭亡，就是前车之鉴，况且二政分权，更可能是通往灾祸的阶梯。爱而不合道理，爱就变成了害。"石虎不听。

右仆射张离兼任五兵尚书，执掌兵权，为讨好太子，向太子建议说："如今公侯的吏兵数量超过定额，应逐渐削减，以加强皇储的权威。"石宣听了当然很受用，而且他一直嫉妒石韬有宠，正想找茬打击一下石韬的气焰，于是便指使张离奏请削减公府的吏兵，秦、燕、义阳、乐平四公限置吏179人、帐下兵二百人，四公以下，只置三分之一。剩余的五万兵，全部配给东宫。这样一来，不仅石韬与太子的矛盾加剧，诸公也都对太子非常不满。

建武九年（343年）的冬天，天气奇冷。太子石宣私自召发百姓数万人，上山砍伐来年修建宫殿的木材。役夫在风雪严寒中煎熬，冻死摔伤的不计其数，百姓怨声载道。慑于石宣的淫威，一直无人敢出来说话。直到第二年夏初，中领军王朗才告诉石虎，请他以出游为名，放役夫回家。石虎颇信任王朗，撤销了这次徭役。后来，石宣知道是王朗告的状，蓄意要除掉王朗，不过一时找不到借口。这时，太史令赵揽报告天文出现了荧惑守房星的现象。石宣让他趁机陷害王朗。赵揽对石虎说："房星是天子星，荧惑守着房星，灾祸不小。只有由一个姓王的贵臣来代替，才能免灾。"石虎问："谁可代替？"赵揽说："朝中没有比王领军更尊贵的了。"石虎惋惜王朗，也怀疑其中有诈，便再问："其次还有谁？"赵揽说："其次只有中书监王波了。"石虎就找了一个借口，把王波及他的四个儿子都杀了。

石虎晚年，变得更加迷信。有沙门僧说："胡运将衰，晋当复兴。"石虎千方百计地想改变衰运，祈求福运。建武十三年（347年）九月，石宣奉命前往山川祈福。他乘坐大型辂车，上饰羽葆华盖，使用天子旌旗，率领着十六军共十八万士卒从金明门而出，彩旗招展，刀枪闪烁，浩浩荡荡地行进。石虎登上凌霄台，看见那壮观的场面，哈哈大笑说："朕家父子这个样子，除非天崩地陷，否则还有什么可愁的呢！朕只有抱子弄孙，天天作乐了。"石宣所到之处，设立行宫，让将士从四周百里外围赶野兽，石宣与他的姬妾们则乘辇观看射猎。这次出行，士卒冻饿而死者万余人，所经过的司、兖、豫三州十五郡府库为之空虚。石宣刚刚回来，秦公石韬又奉命西行，并、雍、秦三州也同样遭到一场浩劫。石宣见石韬竟然与自己抗衡，妒火中烧，在宦官赵生的唆使下，萌生了杀石韬的念头。

然而，石韬越来越得到石虎的宠爱。石虎甚至想以他取代石宣，只因石宣年长，而犹豫未决。有一次，石宣顶撞了石虎，石虎见他竟敢不把自己这个父皇放在眼里，恼怒地说："真后悔当初没有立韬儿！"从此，石韬更加有恃无恐，在太尉府建造一所宣光殿，大梁长达九丈，被石宣得知，石宣斩杀了工匠，把大梁也给锯断。石韬也不示弱，换了一根十丈的大梁。石宣听说后，召亲信杨杯、牟成和赵生来，对他们说："这家伙如此傲气凌人，你们能杀了他，我就把他的封地分给你们。等到他一死，主上必定亲临丧事，届时我再办'大事'，没有不成功的。"杨杯等人满口答应。建武十四年（348年）八月的一个夜里，石韬与僚属欢宴东明观，当晚便住在佛寺中。石宣让杨杯等人攀梯而入，沉睡在梦里的石韬一声没叫就一命呜呼了。

第二天清早，石宣入奏。石虎急火攻心，当场气绝，良久方才苏醒过来。他当时就要去太尉府，司空李农说："害死秦公的元凶还不知是谁，贼人正在京师，陛下不能大意。"石虎想想甚是，令在太武殿治丧，严兵守卫。石宣来到灵前，干叫了几声而已，传令逮捕大将军的记室参军郑靖等人，准备嫁祸于他们。石虎怀疑石韬是石宣派人杀的，要宣召他进宫，又怕他不来，乃佯称他母亲伤心过度发病，病情危急。石宣并不知道自己已经被怀疑，就入内朝见母亲，石虎因而把他扣下。可是石韬究竟是不是石宣杀的，石虎也无凭据。

若要人不知，除非己莫为。因知情人的举报，案情突然真相大白了。原来，出事那天夜里，有个叫史科的人借宿在杨杯家。杨杯深夜同五个人从外面回来，史科醒了过来，听他们在一起议论说："大事办妥了，只要主人平安，我们不怕不富贵。"他们走进房中，因史科睡在角落里，没有发觉他。史科预感到要出事，便藏了起来。过了一会，杨杯忽然想起房里有个客人，可找来找去没找着。杨杯说："客人听见刚才我们说的话，应该杀了灭口。现在让他跑了，可能会坏事。"后来，史科翻墙逃走，向官府告发了他们。

石虎下令通缉杨杯等人，只抓到赵生，赵生招认不讳。石虎以铁环穿过石宣的颔上锁住他，拔发抽舌，然后燃大火烧死，又杀其妻、子九人。东宫府官吏、宦者数百人都受牵连而被车裂节解，东宫卫士十万人被谪戍凉州。石虎本人也因为受到严重刺激病倒了。

内乱迭起

后赵从此进入末世，内乱迭起，国无宁日。

石虎杀石宣后，另立年方 10 岁的石世为太子，其母刘氏为皇后。刘氏是前赵刘曜的幼女，当年灭国时，被将军张豺俘获。张豺见这位 12 岁的姑娘长得天姿国色，便将她献给石虎。石虎十分宠幸她，当然也很疼爱他们的小儿子石世。张豺因与刘氏有这一层关系，极力向石虎鼓吹立石世为太子，企盼将来掌握朝政大权。石虎说："朕该用纯净的石灰来洗肚子。

大概是肚子太脏了，所以生下凶恶的儿子，20来岁就要杀老子。如今石世才10岁，等到他20岁，朕也已老了。"

建武十五年（349年）正月，石虎病情有些好转时，举行了即皇帝位的典礼，改元太宁，诸子进爵为王。太宁者，大安宁也，其实却是大不安宁！就在他即位改元的时候，那些被发配凉州的东宫卫士在梁犊的领导下于雍城（今陕西省凤翔区西南）造反，一度发展到十余万人，从秦、雍攻入长安，又东向攻洛阳，屡败后赵大军。后来，后赵燕王石斌率领精锐骑兵，又统领羌族姚弋仲和氏族蒲洪的部众，才把他们镇压下来。与此同时，始平人马勖又起兵，被东平王石苞消灭。

四月间，石虎病情加重，赶紧安排后事，以彭城王石遵为大将军，镇长安；石斌为丞相、录尚书事；张豺为镇卫大将军、领军将军、吏部尚书，并受遗诏辅政。皇后刘氏对石虎年长的儿子有一种不信任感和恐惧感，尤其是就要回到邺城辅政的石斌，唯恐儿子将来被他所杀。刘氏遂和张豺合谋，先下手为强，遣使给还在襄国的石斌送信说："主上近日身体见好，王爷如想打猎，就不必急着回来。"石斌真的就打猎去了。刘氏则假传圣旨，又谴责石斌不忠不孝，罢了他的官，还派张豺之弟张雄把他软禁在王府里。石遵从幽州回来，只让他向朝堂朝拜，配给三万禁兵，催促他快到长安上任。石遵无奈，大恸而去。有一天，石虎感觉稍好些，问道："石遵来了吗？"左右说："回来又早走了。"又有一天，石虎散步到了西阁，只见龙腾将军、中郎二百多人拜倒在面前，便问："你们有什么事？"大家说，应该让燕王进宫担任宿卫、典掌兵马，有人还请求立他为太子。石虎根本不知道石斌已被废黜，责怪他们说："燕王不就在宫内吗！把他叫来。"左右说燕王喝醉了不能进宫。石虎还说："用车把他接来。"但左右谁也不动，石虎一阵晕眩，被架回宫去。张豺趁机杀死石斌，刘氏则矫诏任命他为太保、都督中外诸军事、录尚书事。

不几天，石虎死去。太子石世继位，刘氏临朝称制，授张豺丞相，张豻为安抚石遵与义阳王石鉴，让他们分别担任左、右丞相。但是，张豻仍不安分，想杀掉司空李农，李农闻讯逃往广宗（今河北省邢台市威县东），聚兵自保。而被任命为左丞相的石遵并不领情，他屯兵河内（今河南省沁阳市），观望形势。这时，适遇姚弋仲、蒲洪及征虏将军石闵等人班师，他们唆使说："殿下年长又贤明，先帝原来也有以殿下继位的意思，因晚年神志不清，被张豻所误。现在李农之事未了，京师空虚，如果殿下以声讨张豻为名，举兵讨伐，谁不开门倒戈迎接殿下！"于是，石遵当即领兵北上，檄至之处，纷纷响应。石遵九万大军驻屯荡阴（今河南省汤阴县），以石闵为前锋。张豻准备出兵迎战，部下的羯人说："天子的儿子来奔丧，我们应该出城迎接，不能替张豻守城了。"于是都翻城而出，张豻制止不住。刘氏见情势危急，企图以给石遵加官晋爵的办法来平息事态，张豻束手无策，只能同意。在刘氏的许诺下，石遵以丞相、领大司马、大都督中外诸军、录尚书事，加黄钺、九锡等殊礼的身份，耀武扬威地进入邺城，登上太武殿。之后，斩张豻、废杀石世和刘氏、自登帝位，就是顺理成章的了。就这样，石世在位仅仅33天。

石遵的帝位也坐得不安稳。首先是镇守幽州的石冲率部众十余万人，由蓟（今北京市）南下，他到苑乡（今河北省邢台市任泽区东北）接到石遵的赦书。石冲恐怕不是石遵的对手，便想撤兵，而部将却存升官发财之念，坚持进兵，终于兵败身死。接着是镇守长安的石苞想起兵，部属因劝谏被杀者百余人。雍州豪族对性贪而无谋的石苞不抱希望，他们拥众五万，坚守三十多个坞壁，杀后赵县令、长，并与东晋的梁州刺史司马勋通谋。司马勋派兵攻三辅，石苞自顾不暇。石遵于是趁机派将进入关中，劫送石苞到邺。对于石遵，更加危险的其实还是身边的石闵。

石闵，字永曾，小字棘奴，是石虎的养孙。本姓冉，父冉良，家魏郡内黄（今河南省安阳市东南），汉族人，12岁被石勒俘虏，当了石虎的养子，被改名为石瞻，官至左积射将军、西华侯。当时有一个很有意思的历史现象：后赵的将领石生、石聪、石堪等，本来都出身于汉族，是后来被石勒或石虎收养的。

石遵即位时，立石赋之子石衍为皇太子，任命石闵为都督中外诸军事、辅国大将军；李农为大司马，二人并录尚书事。可是，石遵发兵以石闵为前锋的时候，曾经许诺事成后让他为继承人。所以，石闵虽已经位高权重，仍然非常失望。石闵开始利用他都督中外之权，培植个人威望。他奏请把殿中将士和原东宫卫士总共万余人都提拔为殿中员外将军，封关外侯，赐给宫女。石遵起初对此没起疑心，而中书令孟准、左卫将军王鸾察觉到石闵的野心，劝石遵削夺他的兵权，石闵因此更加怨恨。不久，石遵召石鉴、石苞、石琨、石昭等诸王在郑太后面前议事，说："石闵谋逆的面目逐渐暴露出来了，现在是除掉他的时候了，大家意下如何？"石鉴等人异口同声地表示赞同。郑太后说："当日起兵，要不是有棘奴，哪有今天？还是宽容些，岂能一下子就杀人！"议来议去没有结果就散了。其实，有野心的不只石闵，石鉴也跃跃欲试呢！石鉴想夺权，就要勾结石闵；而石闵要夺权，也想利用石鉴。石鉴一出宫门，便派一个宦官骑着快马向石闵通风报信。于是，石闵立刻劫持李农和右卫将军王基，密谋废黜石遵，派将军苏彦、周成领三千甲兵到南台去抓石遵。石遵正与女人玩弹棋，问周成说："是谁造反？"听说石鉴当立，喟叹道："我尚且这样，石鉴能有几天？"石遵在位才183天。

杀石遵之后，石鉴即位。虽然以石闵为大将军，封武德王；以李农为大司马，并录尚书事，但他也知道最不可靠的就是这两人，令石苞等人去杀他们，而石苞等人反被对方所杀。当时在襄国的石祇，与姚弋仲、蒲洪连兵，传檄诛灭石闵、李农，石鉴怕石祇再成劲敌，反派大军七万去讨伐。中领军石成、侍中石启等谋诛石闵、李农，也被杀。龙骧将军孙伏都等率领羯人将士三千人，报告石鉴说李农已反，请求石鉴带领他们向石闵、李农发起进攻。石鉴在中台上作壁上观，见孙伏都攻打不下，当石闵、李农率众冲东明门，石鉴竟然开门接纳石闵、李农，反诬孙伏都谋反。石闵、李农遂消灭孙伏都部众，自凤阳门至琨华门，血流成河，死尸遍地。攻占邺城后，石闵、李农向内外六夷宣布："凡是不放下武器者，一律杀头！"这时，后赵宫廷的内部仇杀，在石闵、李农的鼓动下，已经变成民族间的仇杀，其矛头完全对准汉族以外的少数民族了。石闵、李农又下令说："与官府同心的留下，不同心的愿走就走，城门卫士不必禁止。"各少数民族人民感到大祸临头，像潮水般涌出邺城。石闵、李农见胡、羯不亲附自己，下令大屠杀："凡斩一胡人首级送凤阳门者，文官进位三等，武官都拜牙门。"在这一极为野蛮残忍的命令下，一天内被杀死的胡人就有数万。石闵甚至亲自带人屠杀，不管贵贱、男女、老少，都不能幸免。数日内，死者二十多万人，尸体被抛弃到荒郊野外，许多高鼻梁、大胡子的汉人也被误杀。这是十六国历史上最残酷的一页！

03 辽东之剑

慕容廆 慕容儁：从边裔到内地

东胡是中原政权的近邻，由东胡分化出来的东部鲜卑虽然内迁较晚，而汉化却较早。他们在与汉族的接触中，"渐慕诸夏之风"，从游牧走向农耕。所以，当中原板荡、士民流移时，许多冀、豫、青、并的流亡士庶选择了辽东慕容鲜卑，绝非偶然。正是在这些流亡辽东的汉族人士的帮助下，慕容鲜卑终于从边裔进入内地了。

东部鲜卑

在内迁的少数民族中，鲜卑族可以说是后来居上。

鲜卑族的成分比较复杂，有东部鲜卑与拓跋鲜卑之分。东部鲜卑是从东胡分化出来的，当东胡被匈奴打败后、保聚于鲜卑山（今内蒙古科尔沁右翼中旗西哈勒古河附近的大罕山）的那一部分，后来被称为东部鲜卑；而保聚于乌桓山（今辽宁省阿鲁科尔沁旗以北，即大兴安岭山脉南端）的则被称为乌桓。拓跋鲜卑是兴起于大鲜卑山（今大兴安岭北段）的鲜卑人。

最先与汉族发生接触的，是东部鲜卑，那是东汉初年的时候。当时还颇为强盛的匈奴，率领依附于它的乌桓、东部鲜卑屡屡骚扰东汉缘边郡县，杀人抢劫，边境不得安宁。建武二十一年（45年），东部鲜卑抄略辽东，匈奴抄略上谷、中山，辽东太守祭肜率领数千士兵迎击鲜卑万余骑，东部鲜卑溃败逃亡，投水死者过半，被斩首三千多、缴获马匹数千。三年后，南匈奴附汉，乌桓也从东汉边境五郡的塞外内迁，东部鲜卑就南迁到五郡塞外。祭肜派人见东部鲜卑的大都护偏何，晓以利害，于是，偏何遣使奉献，祭肜加以抚慰赏赐。偏何向祭肜表示愿意为朝廷效力，祭肜对他说："如果你们真心要为朝廷立功，那么就回去攻打匈奴，斩送他们的首级，才能使人相信。"偏何果然出击匈奴左伊秩訾部，砍下两千余颗人头，送来向祭肜请功。赤山乌桓钦志贲侵扰上谷，祭肜又使偏何出击，斩钦志贲。

这时，东部鲜卑部落与东汉的关系不断发展，部落大人于仇贲、满头等带领部人归附朝廷，汉光武帝封于仇贲为王、满头为侯。此后，东部鲜卑大人归附者日多，自敦煌、酒泉以东皆到辽东领赏，朝廷每年拨青、徐财政两亿七千万作为赏赐的经费。在东汉与北匈奴的对抗中，东部鲜卑和丁零、乌桓、南匈奴都站在东汉的一边，向北匈奴发动总攻。章和元年（87年），东部鲜卑"入左地，击北匈奴，大破之，斩优留单于，取其皮而还"。

在东汉与乌桓、东部鲜卑及南匈奴的联合打击下，北匈奴单于终于率部西迁，离开了蒙古高原。就在这时，拓跋鲜卑辗转进入了蒙古草原。当时，没有跟随北单于西迁的匈奴人还有十余万落，一部分被迫东迁到辽东，与东部鲜卑部落错居杂处。为了生存，这些匈奴人便自称为鲜卑。东部鲜卑补充了这批生力军之后，骤然强盛起来[①]。

汉明、章二世，东部鲜卑和东汉关系良好。和帝时，东部鲜卑大都护苏拔廆率领部众随从乌桓校尉任尚出兵打仗有功，被封为率众王。殇帝延平元年（106年），东部鲜卑曾骚扰边郡，杀渔阳太守。安帝时，东部鲜卑大人燕荔阳到洛阳朝觐，被授予鲜卑王的印绶。是后，东部鲜卑"或反或降，或与匈奴、乌桓相攻击"。这种情况持续到顺帝在位的时候。

这时，东部鲜卑诞生了一个著名的人物，他的名字叫檀石槐。传说东部鲜卑人投鹿侯被匈奴征兵，在外三年。回来时，他看见妻子生了个儿子，一气之下，就要把这个孩子杀死。他妻子说："有一天我在路上听见响雷，抬头看时，只觉得一道闪电从口中进去，我咽了一口，便怀孕了，十个月后生下这个儿子。这个儿子来得奇怪，也许非同一般，就让他长大

[①] 关于北匈奴西迁，遗留在匈奴故地的十余万落匈奴人是就地称鲜卑，还是至辽东才称鲜卑，《后汉书》与《三国志》的记载不同。再，拓跋鲜卑是何时到达蒙古高原的？这些问题值得进一步探讨。

吧。"不管妻子怎么说,投鹿侯也不相信。妻子只好把孩子送给娘家收养,起名檀石槐。檀石槐长得十分健壮,聪明非凡。他十四五岁的时候,其他部落的部落大人卜贲邑抢掠他外祖父家的牛羊,他策马追击,把卜贲邑一伙人打得七零八落,一会儿就赶着被掠走的牛羊回来了。檀石槐逐渐在部落中树立起威信,牧民们都愿意听他的,发生纠纷便找他评理,后来公推他担任部落大人。

不久,檀石槐组建了一个庞大的鲜卑部落联盟,立庭于高柳(今山西省阳高县)之北三百余里的弹汗山(今内蒙古商都县附近)啜仇水(今东洋河)畔。这个部落联盟统辖鲜卑东、西部的部落大人,兵强马壮,势力甚盛,这里的"庭",如同单于庭之"庭"。但作为部落联盟首领的檀石槐的称号是什么,史无明文。而且,檀石槐从一个部落大人到组建部落联盟并成为联盟的首领,应该与其他部落进行过激烈的战斗、经历了非常艰苦的历程,可惜史书没有给我们提供更多的资料。

在檀石槐的带领下,鲜卑部落联盟"南钞汉边,北拒丁零,东却夫余,西击乌孙,尽据匈奴故地,东西一万四千余里,南北七千余里,网罗山川、水泽、盐地甚广"。永寿(155～158年)、延熹(158～167年)年间,鲜卑连年侵扰东汉的云中、雁门等边郡。东汉桓帝对鲜卑的发展壮大感到忧虑,派遣匈奴中郎将张奂领兵征伐,没有结果;改派使者捧着朝廷颁赐的金印绶带,到鲜卑庭,拜檀石槐为王,愿与鲜卑实行和亲,然而又遭到檀石槐的拒绝。

檀石槐把联盟所辖地区分为东、中、西三部:东部,从右北平以东至辽东,与夫余、濊貊相邻,范围二十余邑,其部落大人有弥加、阙机、素利、槐头等;中部,从右北平以西至上谷,十余邑,其部落大人有柯最、阙居、慕容等;西部,从上谷以西至敦煌,与乌孙接壤,有二十余邑,直属于檀石槐,有部落大人置鞬落罗、日律推演、宴荔游等。

灵帝时,鲜卑大肆抄掠幽、并二州。缘边的郡县,无不深受其害。熹平六年（177年），护乌桓校尉夏育、破鲜卑中郎将田晏等与南匈奴单于奉命出雁门塞，三道征讨鲜卑。檀石槐率领部众迎战，田晏等大败而走，兵马损失十分之九。然而，这个部落联盟的基础并不稳固，所以没有多久就瓦解了。檀石槐死后，其子和连继任部落联盟首领。和连才能不及乃父，贪婪荒淫，处理联盟的事务不公，其部众叛走的有一半之多。和连多次扰边，在一次进攻北地的战争中被箭射死。和连的儿子骞曼年幼，由檀石槐哥哥的儿子魁头继位。而骞曼长大后，与魁头争位，鲜卑部落联盟从此四分五裂了。

庞大的鲜卑部落联盟瓦解后，分裂为若干小型的集团。魁头死，其弟步度根继立，但他的部众只有数万落，辖地也只剩下云中、雁门一带。其次是原来的东部，仍有素利、弥加、阙机等部落大人。在辽西、右北平和渔阳塞外，种落繁多。而最为强盛的是被称为小种鲜卑的轲比能集团，据有高柳以东的代郡、上谷接近边塞的地区，骑兵十余万。

创业辽东

自从刘渊建立汉国以后，北方地区的世家大族奔迸流移，四处逃难。大多数追随琅琊王司马睿逃往长江以南，势力比较小的便就近逃往河西和辽东。

当时北方还残存着西晋的一些地方政权。平州刺史、东夷校尉崔毖仍在平州（今辽宁省义县）治所，他眼巴巴地看着一批又一批的大族士人投奔慕容鲜卑而去，心里十分不是滋味。说起来他这个东夷校尉应该是慕容鲜卑的上司，可天下大乱，人家都不把他这个朝廷命官放在眼里了。

慕容鲜卑从曹魏初年就进入了辽西一带，酋长莫护跋曾响应司马懿讨伐割据辽东的公孙渊，被封为率义王，居住于棘城（今辽宁省义县西）的北面。莫护跋之孙涉归,被西晋封为鲜卑单于,迁往辽东以北。涉归死后,其子慕容廆继领部众。慕容廆曾因晋武帝不许他进攻宇文鲜卑,与西晋结怨。后来,他对部众说:"我部自先公以来世代尊奉中原大国,一是华夷不同,二是强弱有别,我们岂能与晋朝争竞?为什么要制造矛盾危害百姓呢?"于是,他派遣使者与晋朝重新修好,被晋武帝任命为鲜卑都督。不久,慕容廆迁居徒河(今辽宁省锦州市)青山,以后又迁棘城。

慕容鲜卑原来也是游牧民族,一方面因辽东、辽西有大量从事农耕生活的汉族居民,另一方面因当地的地理条件适于农业生产,所以慕容鲜卑逐渐从游牧走向农耕。由于慕容廆的大力提倡,慕容鲜卑的农业生产更有长足的进步。

当中原爆发永嘉之乱时,朝廷自顾不暇,慕容廆便趁机号称鲜卑大单于。待到洛阳陷落,幽州刺史王浚打着朝廷的旗号送给他散骑常侍、冠军将军、前锋大都督、大单于的官衔;西晋末年晋愍帝也遣使拜他为镇军将军,封昌黎、辽东二国公。甚至远在建康的流亡元首司马睿也加之以假节、散骑常侍、都督辽左杂夷流人诸军事、龙骧将军、大单于、昌黎公等官职。历史风云际会,使一个边裔的夷狄酋长突然受到来自各方面如此隆重的礼遇,他慕容廆岂能对处在危难之中的平州刺史崔毖百依百顺!

不过,慕容廆并不是一个妄自尊大的人。他治理本部井井有条,对待汉族大族人士虚怀若谷。他特地为前来归附的汉族人士成立侨郡:有冀州人的冀阳郡,豫州人的成周郡,青州人的营丘郡,并州人的唐国郡等。汉族人士不仅能够在侨郡中继续享有各种特权,而且不少人被慕容廆拔擢为左膀右臂。史称:"于是推举贤才,委以庶政。以河东裴嶷、代郡鲁昌、北平阳耽为谋主,北海逢羡、广平游邃、北平西方虔、渤海封抽、西河宋奭、河东裴开为股肱,渤海封奕、平原宋该、安定皇甫岌、兰陵缪恺以文章才俊任居枢要,会稽朱左车、太山胡毋翼、鲁国孔纂以旧德清重引为宾友,平原刘赞儒学该通,引为东庠祭酒,其世子皝率国胄束脩受业焉。廆览政之暇，亲临听之，于是路有颂声，礼让兴矣。"

崔毖看见流亡的人士都投奔慕容廆而去，越想越生气。他觉得这是慕容廆搞的鬼，要不然汉族人士怎么会去依附鲜卑人？如果不及时抑制，慕容鲜卑又是一个刘渊、一个石勒！于是，他便唆使高句丽、宇文鲜卑和段部鲜卑，让他们去进攻慕容鲜卑。公元318年，高句丽、宇文鲜卑和段部鲜卑果然都派兵奔棘城而来，慕容廆料想是崔毖从中挑拨，紧闭城门，拒不应战。过几天，慕容廆派遣使者犒劳宇文部，并有意大声对宇文部将领悉独官说："崔刺史昨天派使者来了。"高句丽、段部的人听得清清楚楚，怀疑宇文氏和慕容氏暗中勾结，赌气都撤兵走了。悉独官见二部不辞而别，以为这正是独自兼并慕容鲜卑的好机会，准备全力攻城。然而，悉独官尚未部署停当，便被慕容廆的骑兵打得落花流水，只有他一人侥幸逃命。在清扫战场时，部下从宇文部的营帐中缴获了皇帝玉玺三枚，慕容廆非常惊讶。虽然它们不是西晋的传国玺，但这还是有一定的象征意义，多少野心家踏破铁鞋无觅处，而自己得来全不费功夫，是不是意味着上苍的青睐呢？

仗刚刚打完，崔毖恐怕慕容廆怀疑自己，便派使者来表示祝贺。这时，高句丽等三方来讲和的使者也到了，三方使者见崔毖两面三刀，生气地揭穿崔毖的阴谋。慕容廆让使者回去告诉崔毖："投降是上策，逃跑是下策。"崔毖见大势不好，只带数十骑逃往高句丽。原来在崔毖帐下充当幕僚的渤海大族高瞻，随众人投降了慕容廆。高瞻被委任为将军，但他称病不仕。慕容廆几次亲临探视，耐心地劝他说："孤有意要和诸君匡复帝室，君乃中州大族，世家后裔，理应为朝廷痛心疾首，枕戈待旦，为何竟因华夷之异，而心有芥蒂。况且圣人大禹本出自西羌，周文王本生于东夷！一个人会不会有作为，主要是看他有没有志气才能，岂可因你我习俗不同，就怀有成见！"由这一番话，可见慕容廆确实不是等闲之辈。

东晋大兴三年（320年），慕容廆派长史裴嶷渡海到建邺向司马睿的临时朝廷告捷,并献上玉玺。司马睿对慕容部本不过是虚与委蛇而已,一见裴嶷手中捧着晶莹剔透的玉玺,不禁喜笑颜开。东晋皇帝无玉玺,民间讥讽说是"白板天子",有了慕容廆送来的这三枚玉玺,多少可以掩人耳目了。司马睿听说慕容廆的周围聚集了大批的大族人士,更觉得此人不可轻视,朝廷上下对裴嶷也刮目相看。于是,司马睿拜慕容廆为监平州诸军事、安北将军、平州刺史。次年加使持节、都督幽平二州东夷诸军事、车骑将军、平州牧,进封辽东郡公,并许其便宜从事,自行委任地方守令。东晋远在江表,慕容廆为什么要千里迢迢尊奉它,难道他真的对晋朝忠贞不贰吗?

其实,慕容廆这样做,是有其深谋远虑的。当时,中原已经被屠各刘氏和羯族石氏所瓜分。刘、石公开反晋,对广大汉族人民实行民族压迫,民族矛盾十分尖锐,北方大族大多采取不合作的立场。慕容廆反刘、石之道而行之,他奉晋朝正朔,打起拥晋的旗号,优容汉族人士,缓和民族对立的情绪,争取汉族大族的支持,从而为慕容部的发展奠定了良好的基础。

志在天下

东晋咸和八年(333年),慕容廆死去,其子慕容皝继位,以平北将军行平州刺史。

和其他家族一样,慕容皝兄弟之间因继位引起了内争。慕容皝虽然继位统领部众,但部族内兄弟关系紧张,部族外又有高句丽、宇文、段部诸鲜卑等近邻的威胁。慕容翰是慕容皝的庶长兄,骁勇有才,一直受慕容皝嫉妒;慕容仁、慕容昭是慕容皝的胞弟,原来比慕容皝得宠,慕容皝常愤愤不平。这时他们都唯恐不为其所容,慕容翰便投奔段部鲜卑的段辽而去，慕容仁则与慕容昭阴谋废掉慕容皝。慕容皝得知这一阴谋后，先下手杀慕容昭，然后派人去伺察慕容仁的动向。慕容仁知道阴谋败露，遂东逃平郭。慕容皝派兵进讨，被慕容仁打败。慕容仁尽占辽东之地，自称车骑将军、平州刺史、辽东公。而宇文氏、段氏和诸部鲜卑都站在慕容仁的一边，慕容皝的统治陷入危机。

在这个关键时刻，东晋朝廷给予慕容皝道义上的支援，成帝派来持节使者，拜慕容皝为镇军大将军、平州刺史、大单于、辽东公、持节、都督，许其自行委任地方官吏，一如其父慕容廆之时。东晋的支持，虽然没有派出一兵一卒，但对于辽东地区的各族还是有一定号召力的。借助这一声威，慕容皝连连发动对辽东及宇文氏、段氏的进攻，活捉慕容仁，大败宇文部和段部，巩固了自己的统治。

咸康三年（337年），慕容皝建立政权，自称燕王。史称前燕。慕容皝设置国相、司马、纳言令、常伯和六卿等职官，其纳言令相当于尚书令、常伯相当于侍中。他像其父一样，任命了一批汉族人士辅助自己。为了进一步扩大战果，慕容皝向前赵称臣，请求石虎出师攻打段辽，并以其弟入赵为人质。第二年，前赵如约出兵北上，而前燕没有等待与前赵会师，就攻打段辽令支诸城，斩首级数千，掳掠段辽五千余户及数以万计的牲畜回去。赵兵只得单独作战，追击段辽至密云山（今北京市密云区），徙段部两万余户到司、雍、兖、豫四州。

石虎获胜后，对前燕不来会师越想越气，决定大举进攻前燕。当时，双方力量甚为悬殊，前赵前方的戍卒就有数十万之众，慕容皝闻讯惶恐不宁，当即严令戒备，撤销六卿、纳言、常伯等职官。慕容皝问内史高翔："怎么办呢？"高翔建议坚守棘城。石虎大军在后，使者先行。使者四出游说，顷刻间前燕有三十六座城池降附了前赵。棘城内也人心不稳，燕王慕容皝已经想弃城而逃了。这时，帐下将领慕舆根和玄菟太守刘佩力谏，慕容皝仍犹豫不定。刘佩率领了数百骑的敢死队出战赵兵，打了一个小胜仗，于是士气陡增。慕容皝与国相封奕商议对策，封奕说："石虎气势汹汹，暴虐已甚，是注定要失败的。如今他倾国远来，而攻守异势，戎马虽强，未能为患，顿兵日久，必有隙可乘，我当坚守以待。"慕容皝这才定下心来。有人劝降，慕容皝说："孤正准备争夺天下，岂有投降之理！"

前赵发动了大规模的攻势，肉搏攻城的赵兵如同蚁群一样。慕容皝严密布防，慕舆根等将领昼夜力战。赵军连攻数十天，死伤不少，仍攻不下来，而给养补充日见困难，只得撤兵。在赵军撤退的时候，慕容皝派儿子慕容恪带领两千人追击，赵军没有防备，相互惊扰，皆丢盔弃甲而逃，被斩获者三万余人。这是关系前燕生死存亡的一仗，前燕终于以少胜多、以弱胜强，可以与石虎平起平坐了。不久，慕容皝又同段辽合谋袭击前赵。段辽诈降前赵，请求派兵接应。慕容皝派慕容恪率领精锐骑兵七千埋伏在密云山，当前赵将领麻秋进入伏击圈时，慕容恪挥师杀出，前赵军死者十之六七，司马阳裕等被俘。段辽归降之后，前燕更加强大了。

慕容皝虽然自称燕王，但还没有得到东晋朝廷的认可。为了取得合法的资格，咸康七年（341年），他派刘翔到建康（由建邺改名）向朝廷报捷，并要求朝廷颁发大将军、燕王的印玺。刘翔等了很久，朝廷告诉他说："按照惯例，大将军不得处边；自汉魏以来，不封异姓为王，所提出的请求不能批准。"刘翔力争说："自从刘渊、石勒叛乱，长江以北成为戎狄的天下，而未曾听到有一个华夏公卿的后裔能奋臂挥戈，英勇杀敌。唯有慕容镇军父子心系本朝，孤军作战，以寡击众，屡摧强敌，使石虎闻风丧胆！慕容镇军功劳如此之大，而朝廷却吝惜海北之地不能加封，这是为什么？"朝廷再次对刘翔的建议进行讨论，刘翔的姐夫、尚书诸葛恢坚持道："慕容皝与石虎乃夷狄相攻，我则坐收渔利。王爵之位，决不可轻易允诺。"他对刘翔说："即使慕容镇军能够除掉石虎，他也是又一个石虎而已，对朝廷有何用处！"刘翔气愤地说："四海不能统一，正是因为有你们这种人！"刘翔逗留建康一年多，朝廷一直不松口。

后来，事情终于有了转机。东晋权臣庾亮死，其弟庾冰、庾翼继为将相。慕容皝上表指责庾氏兄弟擅权，导致国家动乱，应该斥退，以安社稷。慕容皝还另给庾冰写了同样内容的书信，庾冰不知慕容皝还将会有什么动作，长此以往，对自己的声望很不利。他便与录尚书事何充一起上奏，同意封慕容皝为燕王。于是，晋成帝颁发诏令，任命慕容皝为使持节、大将军、都督河北诸军事、幽州牧、大单于，封燕王。又任命慕容皝世子慕容儁为假节、安北将军、东夷校尉、左贤王。刘翔为代郡太守，封临泉乡侯。刘翔坚辞不受。有一天，朝廷权贵举行宴会，刘翔应邀参加，他见公卿们醉生梦死，十分愤慨，对何充等人说："四海板荡，已经有36年了。社稷变成废墟，黎民遭受涂炭，这是朝廷焦虑之时，而忠臣献身之秋！然而，诸君宴安江南，肆情纵欲，以奢靡为荣，以傲诞为贤，不闻正直之言，不见征伐之功，你们是如何尊主济民的呢？"何充诸人无言以对。

同一年，慕容皝迁都龙城（今辽宁省朝阳市）。

当时，前燕的农业有了很大的发展，农业已经成为前燕最主要的产业。由于挈妇将雏流亡到前燕地区的各族人民数量很多，几乎是原来人口的十倍。人多地少，无地的人占到四成。慕容皝为解决耕地不足，下令开放一部分苑囿，供无地的贫苦农民耕种：凡使用官牛者，缴纳收成十分之八；使用私牛者，缴纳收成十分之七。由于租赋太重，记室参军封裕上书劝谏道："自永嘉之乱以来，百姓流亡，中原萧条，千里无人烟，饥寒而死者不可胜数。先王以神武圣略，保全一方，故九州之人、塞外殊类，都襁负万里，如同赤子回归慈父，流人人口比原有的多出十倍有余。殿下开拓先王伟业，南摧强赵，东灭句丽，开境三千，户增十万，应该罢省诸苑，以解决流民田业，其无资产者，赐予牧牛。人既是殿下之人，牛岂不也是殿下的牛！魏晋虽是衰落之世，但百姓耕官田所纳尚不到十分之七八，使用官牛者纳六成，百姓得四成；使用私牛者官私平分。臣以为魏晋制度还不能称为明王之道，何况是增加租赋！"慕容皝对封裕上书甚为重视，下令罢省全部苑囿，分给百姓无田业者；贫穷全无资产者，赐耕牛一头；若有余力，乐取官牛耕官田者，依照魏晋旧法，收取租赋。并说："君以黎民为国，而黎民以谷为命。农业是国家的根本，而二千石、令、长或不知劝农。主管部门应详加检查，具状报告。"前燕地区发生旱灾时，慕容皝还有免除田租之举。

慕容皝充分利用汉族人士的资源，兴办了名为东庠的学校，在校的学生有千余人。凡大臣子弟入学读书，号为高门生。慕容皝亲自撰写《太上章》和《典诫》作为教材，又亲临学校考试学生，拔擢成绩优异者充当近侍。学校教育的发展，使慕容鲜卑的文化水平有很大的提高。

玉玺之梦

前燕新一代的国王慕容儁即位的时候，是中原形势发生巨变的前夕。后赵主石虎死后，前燕许多官吏认为石虎穷凶极恶，子孙自相鱼肉，进攻中原的机会来了。但慕容儁以新遭父丧为由，不同意出兵。平狄将军慕容霸匆匆驰回龙城，对慕容儁说："最难得而易失的，是时机。万一石氏衰而复兴，或有人捷足先登，就不仅是丢掉一个好机会，恐怕还会留下后患。"慕容儁举棋不定，向封奕征求意见，封奕提出先取蓟城、后攻邺都的建议。慕容儁接受这一建议，当即挑选精兵二十万人，积极准备南进。

后赵青龙二年（350年），中原陷入空前的混乱。石虎养孙汉人石闵夺取政权，即皇帝位，改国号为"魏"，并恢复自己的冉姓。但冉闵大杀胡人，引起各地强烈的反抗。不久之后，后赵新兴王石祗在襄国另立朝廷，与氐、羌酋帅苻洪、姚弋仲联兵。慕容儁看准这个机会，分三路出兵。前燕军势如破竹，很快攻占蓟城。慕容儁攻下蓟城时，原想坑杀负隅顽抗的千余敌兵，慕容霸劝道："赵国暴虐，我兴兵讨伐，以拯救民众，抚慰中原。今日才得蓟城，就坑其士卒，恐怕不利于作为王师的先声！"慕容儁从之，遂迁都入蓟。接着，前燕又南进冀州，攻下章武（治今河北省大城县）、河间（今河北省献县东南）。

次年，冉闵围攻襄国甚急，石祗派太尉张举向前燕求援，扬言将送去传国玉玺，慕容儁准备派三万大军前去救援。冉闵听说前燕将要出兵救赵，急忙派使者常炜到前燕，慕容儁让封裕问他："人家说冉闵称帝时，曾经为自己铸金像，以卜成败，而像终于没有铸成，是不是？"常炜说："魏主握有符玺，据有中州，是受天命而立无疑，何必要去铸什么金像！"封裕追问道："传国玺到底在哪儿？"常炜说："当然在邺城。"封裕说："不对！张举明明说在襄国。"常炜说："杀胡人的时候，在邺城的胡人几乎没有剩余的，即使有遗漏，也都躲在水沟里，他们哪能知道玉玺在何处！石祗他们为了活命，什么假话不会说，何况是说有一枚玉玺！"然而，慕容儁仍以为他说的是假话。实际上，这枚传国玉玺的确在冉闵手中，后来冉闵败后被东晋将领谢尚的部下所夺，并送回建康，圆了东晋的玉玺梦，这是后话。

对前燕来说，冉闵与石祗不论谁胜谁负，前燕都可以坐收渔翁之利，慕容儁也就乐于按兵不动作壁上观了。后赵永宁三年（352年），冉闵终于攻陷襄国，灭亡石祗的残余政权。石祗亡后，慕容儁立刻向冉闵发动进攻。冉闵逃往常山（今河北省正定县南），慕容恪引兵追赶。冉闵勇猛异常，士卒精锐，与燕兵接战十次，燕兵皆不胜，有些胆怯。慕容恪以铁索连马，方阵而前，冉闵士卒虽拼死作战，但不能破阵。燕兵又从两旁夹击，冉闵三面受敌，遂大败，被燕兵活捉。当时，冉闵部下大将军蒋干还坚守邺城，慕容评等奉命攻邺，蒋干出战被击败，死四千余人，不久城陷。而慕容恪等人也攻下鲁口。

慕容儁对传国玉玺实在很感兴趣，虽然知道已被送往建康了，但为了给自己的政权披上神秘的外衣，就诈称冉闵之妻献传国玉玺，赐她"奉玺君"之号。部下趁热打铁，劝他应势称帝。他起初说："我本生于大漠射猎之乡，染披发左衽之俗，哪有当皇帝的气数！"可这话说过还没有多久，他便大模大样地称帝了。称帝后，他大赦境内，又用玉玺做文章，建元"元玺"；然后署置百官，以封奕为太尉、慕容恪为侍中、阳骛为尚书令、宋活为中书监、世子慕容晔为皇太子。这时适逢东晋朝廷派来使者，慕容儁一副皇帝的派头，傲慢地对他说："回去告诉你们的天子，我已经受中原人推举，也当了皇帝了。"

接着，慕容儁大封宗室二十四王：抚军将军慕容军为襄阳王，左将军慕容彭为武昌王，卫将军慕容恪为大司马、侍中、大都督、录尚书事、太原王，镇南将军慕容评为司徒、骠骑将军、上庸王，安东将军慕容霸为吴王，左贤王慕容友为范阳王，散骑常侍慕容厉为下邳王，散骑常侍慕容宜为庐江王，宁北将军慕容度为乐浪王；又封诸弟慕容桓等十人、子慕容暐等五人为王。大封宗室诸王，是西晋以来各皇朝的惯例，体现了皇族作为第一家族凌驾于众门阀士族之上的特点，即使是少数民族建立的政权也没有例外。大封宗室诸王的初衷，是为了加强皇权的统治，但结果却是加深皇帝与宗室的猜忌，加深了诸王之间的争夺。

几年后，太子慕容晔死了，三子慕容暐继立为太子。有一天，燕主慕容儁在蒲池宴请群臣，席上有人偶尔提到东周灵王的太子姬晋，勾起慕容儁的心事。想当初姬晋聪慧而早死，结果引起诸子争立之乱。他不觉潸然泪下，对群臣说道："有才能的儿子难得！自从景先（慕容晔字）死后，我的鬓发都半白了。诸卿觉得景先怎样？"司徒左长史李绩答道："献怀太子（献怀，慕容晔的谥号）在东宫的时候，我侍奉左右，对太子非常了解。太子的大德有八：至孝、聪敏、稳重、刚直、好学、多艺、谦恭、好施。"慕容儁叹道："卿虽过奖了，但要是他还活着，我死了也不担心了。如今卿觉得景茂（慕容暐字）如何？"当时太子慕容暐就在旁边，李绩说：

"皇太子天资过人，听说也具备八德，只是有两个缺点：一是喜游猎，二是好丝竹，这是他的不足。"慕容儁回过头对慕容暐说："李绩的话，是苦口良药，你一定要引以为戒。"慕容暐连连点头称是，可心里恨透了这个心直口快的李绩。慕容暐继位后，处处刁难李绩，李绩终于忧郁而死，这是后话。

慕容暐固然不是什么英才令主，但皇室与宗室诸王、宗室诸王之间的关系更令慕容儁担忧。慕容恪、慕容评都是有功之臣，权高望重。慕容儁的五弟慕容霸有"命世之才"，从小聪明机灵，兄弟中最得父亲的呵护宠爱，特意起名为"霸"，曾经准备立他作为世子。后来虽然作罢，但他所得到的父爱仍超过世子慕容儁，所以慕容儁非常忌恨他。慕容儁继位，慕容霸的处境尴尬，常常无端遭到猜忌和压抑。有一次出猎，慕容霸不慎坠马摔折牙齿，慕容儁便把他的名字改为"垂夬"，后去"夬"叫"垂"。总之，慕容垂是慕容儁的一块心病。

前燕光寿元年（357年）的年末，燕主慕容儁病重，卧床不起。他把慕容恪叫到床前，对他说："我的病是好不了了。今日西、南有两个强敌，而景茂年幼，国家艰难。我想效法宋宣公舍子立弟，把国家社稷交给你，你看怎样？"慕容恪诚惶诚恐地说："太子虽然年幼，却是战胜残敌、治理国家之主。臣算是什么样人，岂敢干预正统！"慕容儁发怒说："兄弟之间，何必装腔作势！"慕容恪恭谨地说："陛下如果认为臣能够担负天下重任，那么臣难道不能辅佐少主吗？"慕容儁这才高兴地说："你能当周公，朕还有什么可忧愁的呢！"

次年正月，慕容儁身体好了一些，他很高兴，挣扎着在邺城举行了盛大的阅兵，还准备发兵进攻东晋。可是没过几天，他的病情突然加重，刚刚安排慕容恪、慕容评与领军将军慕舆根等人受遗诏辅政，便撒手而去了，死时42岁。

前燕贤相

慕容儁在位时，北讨丁零敕勒，南渡黄河，占领了汝、颍、谯、沛等地。在前秦、前燕夹缝中求生的司、并二州的豪强壁垒三百余个，也一一被前燕降服，关东广大地区遂全部为前燕所有了。

慕容暐即位后，立其母可足浑氏为皇太后，慕容恪为太宰，专总朝政；慕容评为太傅、慕舆根为太师，参辅朝政；慕容垂为河南大都督、征南将军、兖州牧、荆州刺史。慕容恪可算是竭心尽力，忠心耿耿。当时，慕舆根自恃是屡有战功的先朝旧臣，很不服慕容恪，举止傲慢。他企图趁主幼国疑之时作乱，唯一忌惮的是慕容恪，便向慕容恪试探地说："如今主上年幼，而母后干政，殿下考虑会不会发生晋朝杨骏那样的动乱，也应该有一个自全之策。况且，平定天下是殿下的功劳，兄亡弟及，是先王的定制。待大行皇帝安厝山陵之后，可废今上为王，殿下便登帝位，这才是我大燕长远的幸事。"慕容恪正色斥道："慕舆公喝醉了吧？怎么说出这样大逆不道的话来！如今储君继统，四海安定，作为受遗诏辅政的宰臣，怎么能这样议论，难道你已经忘了先帝的嘱咐吗？"慕舆根吓出了一身冷汗，讪讪而退。慕容恪把这件事告诉吴王慕容垂，慕容垂主张杀掉慕舆根。慕容恪想了想，觉得先帝尸骨未寒，宰辅就自相诛杀，恐怕会引起外面的流长飞短，还是忍一忍好。

慕舆根惴惴不安等了几天，见没有动静，心想不能坐以待毙，竟向皇太后和皇帝诬告说："太宰和太傅将要图谋不轨，臣请率领禁兵杀了他们。"皇太后可足浑氏信以为真，幼帝慕容暐还有点头脑，觉察到事有可疑，不许慕舆根造次。其实，慕舆根的一举一动，都在慕容恪的监视之下。这时，慕容恪感到再不动手，就要出大乱子了，便与慕容评采取断然措施，杀掉慕舆根及其党羽。

慕容恪，字玄恭，是慕容皝的第四子。他身材魁伟，刚毅深沉，为人比较厚道大度。他多次随从父亲征伐，在战场上冲锋在前，身先士卒；又足智多谋，善于随机应变。慕容儁在位时，他在兄弟中已崭露头角，曾受命镇守辽东，使高句丽不敢扰边。又奉命讨伐东晋镇北将军段龛。段龛据守广固（今山东省益都县西北），势力正强。慕容恪包围广固，诸将急于攻城，慕容恪分析说："用兵之道，有急有缓，不可不察。如果敌我势均力敌，而敌方外有强援，我恐腹背受敌，则攻之不可不急。如果我强敌弱，敌又无外援，我力足以制之，则应羁縻围守，待其自毙。兵法上说十围五攻，就是这个意思。今段龛凭借城池坚固，上下一心，我如倾尽精锐进攻，虽数旬可下，但我士兵死伤必多。自从进兵中原，士兵难得休息，我有时想起，夜不能寐，怎么能让他们轻易丢掉生命！重要的是攻下，不一定求快。"众将说："我们想不到这些。"后来，段龛终于出城投降。慕容恪善于用兵的声名远播，慕容儁死时，东晋额手称庆，有人说："是收复中原的时候了。"可是桓温说："慕容恪还在，麻烦恐怕更大了。"

慕容恪杀掉慕舆根，朝廷内外一时惶惶不安，慕容恪镇定如常，神色自若，出门只带着一个随从。有人劝他小心谨慎些，他说："内外汹汹，人情不安，我只有这样才能安定人心。我要是也疑神疑鬼，那么众人更没有主心骨了。"他能虚怀若谷，采纳善言，量才用人，使各得其所。虽位尊权大，但他并不以势压人，凡事多与慕容评商量。下朝回家，则恪守孝道，读书不倦。但是，慕容恪为政尚宽，任由慕容鲜卑王公贵戚荫占私附，而汉族大族也纷纷效尤，瓜分国家人口赋税。这种状况固然与魏晋南北朝的时代特点有关，但作为宰相的慕容恪也难辞其咎。

前燕宁南将军吕护据野王（今河南省沁阳市），暗中私通东晋，被委以前将军、冀州刺史。这时他企图偷袭邺城。慕容恪奉命率领五万兵马，与冠军将军皇甫真率万余人共同进讨。部属傅颜建议急攻，慕容恪仍然采取把敌人围困于穷城之中的策略，断绝吕护与外界的联系。吕护内无积蓄，外无救援，而慕容恪深沟高垒，围守数月。吕护粮尽突围，慕容恪挥师进击，吕护部众死伤殆尽，扔下妻、子逃往东晋的荥阳城。慕容恪抚恤降附，赈济百姓，把野王的士人和将官迁至邺城。

前燕在黄河以北站稳脚跟以后，开始向黄河以南寻求发展。东晋桓温第二次北伐之后，许昌、洛阳等地都归属东晋。当时，桓温多次请求朝廷还都洛阳，并将永嘉之乱后流亡到江南者都迁回北方。东晋朝廷对收复北方、统一全国缺乏信心，岂愿冒险迁回洛阳？东晋的大族官僚在江南有着殷实产业，悠闲自在，乐而忘蜀，岂愿回洛阳过提心吊胆的日子！当然，桓温还都之议，也只是给朝廷出难题，并非真有迁都的打算。东晋朝廷如此离心离德，黄河以南也就没有派出精兵强将镇守，所以给前燕以可乘之机。前燕先是派慕容忠攻占荥阳，接着又派慕容尘攻打长平（今河南省西华县东北），慕容评攻打许昌、悬瓠（今河南省汝南县）、陈城（今河南省淮阳区），先后夺取这些城池，进而向汝南诸郡进攻，掠回一万多民户。

前燕建熙五年（364年），燕豫州刺史孙兴上疏，请以五千步兵攻洛阳。慕容暐派太宰司马悦希屯军盟津（今河南省孟津区东北），孙兴分成成皋（今河南省荥阳市汜水）。次年，慕容恪、慕容垂领兵攻取洛阳。当时，东晋洛阳守将是沈劲。他是东晋叛臣沈充之子，沈充死后，沈劲被禁锢，不能出仕。当王胡之受命为司州刺史时，以沈劲才德可称，推荐他参其府军事。但王胡之因病未能到任。这时燕军进逼洛阳，洛阳唯有冠军将军陈祐的不到两千人。沈劲请求到陈祐属下效力，朝廷乃以其为冠军长史，让他自募壮士一千余人北上。沈劲作战英勇，多次以少胜多。洛阳已经到了粮尽援绝的境地，陈祐以救许昌为名，率众东去，只留给沈劲五百人。沈劲不忧反喜，因为他为洗刷家族的耻辱，早已抱定必死的决心。慕容恪对诸将说："卿等以往常怕我不进攻，现在洛阳城高兵弱，容易攻取。你们就大胆进攻吧！"沈劲终因力量悬殊被俘，但毫无惧色。慕容恪敬重他是个忠臣，有意赦免他，而部下认为留下是个祸患就杀了他，慕容恪对此很感惋惜。

前燕又略地至崤、函，关中为之震动。当时，关中为前秦所有，正值苻坚上台之时，如日中天，不容前燕染指。前燕以左中郎将慕容筑为洛州刺史，镇金墉城（时洛阳西北角一小城）；以吴王慕容垂为都督荆、扬、徐、兖等十州诸军事、征南大将军、荆州牧，镇鲁阳。

为渊驱鱼

前燕的势力已经达到极盛，但慕容恪的身体却越来越差了，他不能不考虑后继者的人选。对慕容评的偏狭猜忌，他很不满意，觉得不是宰辅之才，于是把皇兄慕容藏找来，强撑着病体说："如今我们还有秦、晋两大敌人，他们都在等待机会。国家安危的关键在于用人，国家兴盛关键在于贤辅。如果能够推举人才，任用忠臣，使宗室和睦，四海都不在话下，何况是秦、晋二虏。我不过是一个常人，而被先帝委以重任，有心扫平关陇、统一东吴，以实现先帝的遗志，但是病体难支，恐怕这个使命是无法完成了，真是死不瞑目！吴王天资英杰，又经常领兵打仗。大司马是执掌兵权的职位，不能授之非人，我死以后，是准备让他来担任的。如果以亲疏的次序，不是授予你，就应该授予慕容冲。你们虽然有才有识，但终究历练不够。事关国家安危，你们切不可贪利忘义，铸成大错。"不久，他也把自己的这个安排告诉慕容评。然后，他又上书燕主说："吴王垂的将相之才，比臣高十倍。先帝按长幼顺序，所以先任命臣辅政，臣死之后，愿陛下把军国大政委任吴王。"在他病危之际，燕主亲临探视，问他还有什么嘱咐。他断断续续地说："臣听说报恩莫大于举荐贤才，贤人即便是个奴隶，也可以提拔起来做宰相，何况吴王是至亲啊！吴王文武全才，仅次于管仲、萧何，陛下如任以大政，国家一定能够长治久安，否则，秦、晋就会乘虚而入。"说罢而逝。

然而，由于慕容评的阻挠，燕主任命慕容冲为大司马，而任命慕容垂为侍中、车骑大将军。慕容评与慕容垂之间的矛盾逐渐尖锐起来。此时，前秦发生宗室叛乱，其陕城守将苻庾投降前燕，请求派兵接应。前燕朝廷大多数人都主张派兵，慕容评本无谋略，且暗中接受了前秦的贿赂，便从中作梗，上议说："秦虽然有内乱，但要算计它并不容易。主上英明，岂能比得上先帝；我等才能，也比不上太宰。我看还是闭关自守，只要能保住目前这个局面就不错了。"慕容垂徒唤奈何，眼睁睁地看着前秦收回陕城。

前燕王公、贵戚大量荫占民户，国家控制的户口少于私家，财政困难，国库空虚。尚书左仆射悦绾上奏说："先太宰为政尚于宽和，百姓多有隐瞒户口。如今三方鼎峙，互有吞并之心，而国家法度不立，权贵骄横，风气崩坏，致使民户越来越少，赋调无从征收，官吏的俸禄没有来源，军队的供应难以为继。如此将何以御敌，将何以为治？愚臣以为应罢断一切荫户，以还郡县，以清四海！"燕主采纳他的奏议，委任悦绾专管清理户口，纠劾违法案件。悦绾展开大规模的清查，执法不避权贵、豪强，朝野震动，不久便清出荫附户二十余万。当然，悦绾的举措大大触犯了权贵的利益，聚敛成性的慕容评竟派人暗杀了他。

前燕建熙十年（369年），东晋大将桓温又大举北伐，前燕的前军吃了败仗，晋军进抵枋头（今河南省浚县西南淇门渡），震撼燕廷。燕主慕容㬉和慕容评都大为慌张，准备迁回和龙（今辽宁省朝阳市）旧都。慕容垂面见燕主，慷慨激昂地说："臣愿出兵一战，如果战败，再走也不迟！"燕主遂以慕容垂为使持节、南讨大都督，慕容德为征南将军，率众五万抵御桓温。慕容垂率领燕军出战，在前秦的配合下，终于大败晋军。

慕容垂功劳越大，威望越高，处境却越困难。班师回朝后，他上奏为将士请功，慕容评一概不准。慕容垂忍无可忍，在朝廷上与慕容评大吵起来。皇太后可足浑氏站在慕容评的一边，两人密谋要杀慕容垂。有人预先得到消息，建议慕容垂先下手为强，除掉慕容评。慕容垂叹道："骨肉相残，遭殃的是国家，我唯有一死而已！"过了一会儿，来人又报告说，太后的主意已定，要动手就赶紧动手，不可再犹豫了。慕容垂双眉紧蹙，郁郁不欢。世子慕容令问道："父王面有愁容，是不是因为主上年幼，而太傅妒贤，功劳越大越是受到他的猜忌？"慕容垂说："是呀！我拼死拼活，终于打败了强敌，本来是为了保全国家，哪知道立功以后，反而没有容身之地，你是最了解我的，你说我该怎么办？"慕容令说："主上年幼不懂事，把军政大权都交给了太傅，一旦大祸临头，我们跑也来不及。想要保族全身，又不失大义，不如赶快逃往龙城（和龙），然后上书谢罪，等待主上明察，这是上策；其次是内割据燕、代，外依靠群夷，守着卢龙塞，也足以为自保。"慕容垂脸上的阴霾顿时为之一扫，连声说："好！好！"

不久，慕容垂声称要去大陆泽（又称巨鹿泽，今河北省巨鹿县一带）打猎，换上便服，悄悄地离开了邺城，准备直趋龙城。不料，事情突然起了变化。慕容垂的小儿子慕容麟因为从小得不到父亲的喜爱，怀恨在心，便逃回邺城向慕容评告密，慕容垂的左右也逃散了不少。朝廷派西平公慕容强率领精骑急追，在范阳（今河北省涿州市）追上了慕容垂的队伍。慕容令断后，慕容强不敢进攻。这时天渐渐黑了，慕容令对慕容垂说："本来想前往龙城，现在已经暴露了，不宜再去。秦王正在招揽英雄豪杰，还不如去归附他。"慕容垂见大事不妙，长叹一声说："如今也就这一条路了。"慕容垂解散了队伍，偷偷地沿着南山的山谷间遁往邺城，隐藏在显原陵。这一天，陵前马蹄嘚嘚，人声喧哗，出现了一支四五百人的打猎队伍。慕容垂出则不能战敌，逃则无路可去，吓出了一身冷汗。在形势十分危急的时候，只见猎鹰打了一个旋，飞往别处去了，打猎者也都拍马而去。慕容垂这才回过神来，下令杀白马祭天，与随从的部下一起结盟。慕容令主张趁机袭击邺城，慕容垂说："我知道你的计划，成功了当然好，但不成功后悔就来不及了。还不如西奔，可以万全。"于是，慕容垂与其子慕容令、慕容宝、慕容农、慕容隆等一行快马加鞭，日夜趱行，不日便到长安，受到前秦苻坚的欢迎。

潞川惨败

出使前秦的使者梁琛刚刚回到邺城，就急急忙忙到太傅府求见慕容评。出使前秦时，苻坚问他说："东朝有什么名臣？"梁琛颇为自豪地回答说："太傅、上庸王慕容评，德行高洁，辅佐王室；车骑大将军、吴王慕容垂，雄略冠世，屡战屡胜。其余或者有文才，或者有武艺，无不称职。"昔日言犹在耳，没想到慕容垂已经投奔了前秦。叩见毕，梁琛对慕容评说："秦人天天训练军队，又在陕东积聚了大量的粮食。以下官之愚见，燕、秦和好不能持久。如今吴王又前去投靠，秦国一定时时在窥伺着我们，所以我们应该早作准备。"慕容评看着梁琛那副着急的样子。甚觉可笑，说："事情没有那么严重吧？秦国不会因为接受叛臣，而牺牲两国的友好的！"梁琛说："今日两国分据中原，本来就有相互吞并的想法。桓温来攻的时候，他们出兵救援是有着自己的打算，并非爱护我们。如果有机可乘，他们是不会无动于衷的。"慕容评问："秦主是何等样人？"梁琛说："是既聪明且善于决断的人。"慕容评又问王猛怎样？梁琛说："名不虚传。"慕容评很不以为然，拂袖而去。梁琛只得上书燕主，但久久没有下文。

梁琛仍不死心，找到侍中皇甫真。皇甫真听了梁琛之言，心情异常沉重，立即上疏燕主道："苻坚虽然与我频繁通使，但实际上总在打我们的主意。他们既不是羡慕德义，也不是不忘盟约。不久前他们出兵救援，继而遣使来朝，已经了解我国虚实；吴王又前去投靠，为之出谋划策，故我们不能不提高警惕。以臣之见，必须在洛阳、太原、壶关等地加强兵力，防患于未然。"燕主召慕容评进宫商议,慕容评固执己见,说:"秦国国小力弱,把我们当作靠山。苻坚能够处理好与邻国的关系,哪里会听叛臣的话,断绝两国的友好往来!我们要是庸人自扰,反而会被人家抓到把柄。"

实际上,这时的前燕已经面临着危机。尽管最高统治者自我感觉良好,但一班臣子已经感到岌岌可危。尚书郎高泰的辞职就是一个危险信号!当时,前秦派来使者石越,慕容评处处摆阔,夸耀富盛。尚书郎高泰说:"石越出言不逊,不是来表示友好,是有意来找碴的。我们应让他看看我们的强大武装,以挫败他们的阴谋;而不应表现我们的奢侈,让人家更轻视我们。"刚愎自用的慕容评哪里听得进去,高泰对前燕的前途深感失望,遂称病辞职。然而,这对慕容评没有丝毫的触动。慕容评不仅鲜德寡能,而且贪婪成性;又有太后可足浑氏不甘寂寞,插手国政,致使"政以贿成,官非才举,群下切齿焉"。诚如尚书左丞申绍上疏所指出,前燕政治上已病入膏肓了:一是吏治崩坏,地方守宰用人不当,或是出自行伍的武臣,或是生长绮纨的贵戚,既不经州闾、朝廷的选举,又无考绩的制约;且官多政烦,侵扰不已,是以百姓困弊,寇盗充斥,纲纪紊乱,全无体统。二是赋役不平,每每舍殷实之家,而征贫弱之户,于是军民俱窘,资赡无所,人怀嗟叹,导致奔亡。三是上行下效,奢侈成风。后宫女人有四千余人,童侍厮养更在十倍以上,日费万金,罗纨无数。宰相王侯,竞为侈丽,奢靡腐化,积习成俗。可以说,申绍上疏中描绘的已是一幅亡国前夕的景象了,但同样没有引起当权者的重视。

前燕建熙十年(369年)年底,当前燕的统治者还在做着燕、秦友好的美梦时,前秦由王猛统率的三万大军已经兵临洛阳城下了。当年桓温北伐时,前燕以割让虎牢以西的土地为代价,请求前秦出兵为援。晋兵撤退后,前燕反悔,推说是使者说话的失误,两国相互救援是理所应当的。苻坚即以此为口实,发动对前燕的战争。次年年初,王猛攻陷洛阳;接着又攻取壶关,挺进晋阳(今山西省太原市)。慕容评不敢北上迎敌,屯兵在潞川（今山西省潞城区北）。王猛在攻占晋阳后，便进兵潞川，与慕容评展开一场决战。慕容评认为王猛孤军深入，速战速决对他有利，故而采取持久战的战术。王猛派将领郭庆率领骑兵五千，夜间从小道潜入，烧毁前燕堆积在山上的大批辎重，大火映红了夜空，远在邺城都能看见熊熊的火光。

慕容评是一个十分贪婪的人，他聚敛财富几可敌国，积攒的钱帛堆成小山。老百姓到他封占的山水打柴汲水都要交钱。在这个关键时刻，他一个钱也舍不得拿出来赏赐将士，将士们谁也不愿替他卖命。燕主派遣侍中兰伊责备他说："大王是高祖之子，应当以宗庙社稷为重，怎么能不抚慰将士，而专事聚敛！如果敌军攻进来了，家国丧亡，大王拥有的钱帛安放在哪儿？古人说，皮之不存，毛将焉附！请把打退敌人放在第一位，赶快散发钱帛赏赐三军。"但是，一切都已经晚了。在秦军猛烈打击下，燕军全线崩溃，十五六万人非死即降，慕容评单骑落荒而逃，侥幸回到了邺城。

秦军乘胜追击，紧接着攻下了邺城。燕主与慕容评、慕容臧、慕容渊等逃出邺城，朝龙城的方向跑去。刚刚出城，随从的千余骑作鸟兽散，很快只剩下十数人。前有拦路的寇盗，后有秦军的追兵，不几天，慕容评等人也只好各自逃命了。燕主从小生于宫中，长于妇人之手，哪里遭受过如此艰难，连坐骑都丢失了，只能忍饥挨饿，走走歇歇。走到高阳（今河北省蠡县），部将巨武突然拿着绳子要绑他，他壮着胆子喝道："你这等小人，竟敢来绑我天子！"巨武冷笑道说："什么天子！我是奉诏捉贼。"说着，把燕主慕容暐捆得结结实实，押送他去向苻坚请功。慕容评虽然逃到高句丽，但最终也被高句丽送交给前秦了。前燕至此覆亡。

04 英雄蒲家

蒲洪 苻坚：从全盛到覆没

氏、羌两族历史悠久。《诗经·商颂》云："昔有成汤，自彼氐羌，莫敢不来享，莫敢不来王。"汉朝在雍、凉、益州氐、羌族分布的部分地区设置郡县，是氐、羌族走上定居农业生活的开始，也是他们走上汉化道路的开始。也许因为氐族汉化的时间最早、汉化的程度最高，才涌现出前秦苻坚这样的杰出人物，才有苻坚与王猛的合作。

挺进中原

魏晋之际，关陇地区的氐、羌等少数民族人数众多，他们内迁较早，大多与汉人错居杂处，在生产、生活方面都深受汉族的影响，但仍然保留着氐族部落的组织形式。永嘉之乱时，各地豪族武装乘乱而起，关陇地区的氐族、羌族的酋豪也组织起以少数民族为主的武装力量。

氐族酋豪有略阳临渭（今甘肃省天水市东北）的蒲洪。蒲氏世代为氐族的贵族，据说他们家的水池中蒲草繁茂，高达五丈，分成五节，形状像竹子一样。于是，人们就把他们家称作蒲家，他们也就以"蒲"为姓。蒲洪的父亲怀归是个部落的小酋长。蒲洪本人乐善好施，智勇双全，擅长骑射，在部落中有很高的威望。当天下大乱、中原板荡之时，蒲洪毅然散尽家财，寻访英雄豪杰之士，问以安危变通之术，于是被宗人蒲光、蒲突等推举为盟主，形成了一股不小的势力。

羌族酋豪有南安赤亭（今甘肃省陇县西）的姚弋仲。姚氏乃羌族酋长世家，祖上在汉代内附，被安置在赤亭。姚弋仲的父亲柯迴，曾任曹魏镇西将军、绥戎校尉、西羌都督。弋仲年轻时勇猛刚毅，乐于助人，众人对他又是怕又是亲。永嘉之乱时，他率领羌族东迁榆眉（今陕西省千阳县东），扶老携幼跟随他东迁的汉族和各少数民族的民众有数万户之多，他自称护西羌校尉、雍州刺史。姚氏的地位比氐族蒲氏高得多，向关中进发又抢先了一步。

蒲、姚都把归附前赵和后赵作为进入关中的跳板。318年，刘曜占领长安，建立赵国，史称前赵。蒲洪先归降刘曜，刘曜拜他为宁西将军、率义侯，然后把他和他的部众迁到长安附近的高陆（今陕西省高陵区），进封氐王。当刘曜进兵陇上的时候，姚弋仲也率部归降，被任命为平西将军，封平襄公。他们二人都有了合法的身份，在前赵的旗帜下招兵买马，扩充势力。

前赵光初十一年（328年），前赵被后赵打败，刘曜在洛阳当了石勒的俘虏。关中群龙无首，蒲洪乘乱率领部众聚保陇山。但混乱并没有持续多久，次年，石勒之侄石虎出兵攻打上邽，蒲洪赶忙归降石虎。石虎很高兴，任命蒲洪为冠军将军、监六夷军事。姚弋仲又落在后头，直到石虎攻克上邽后才归降，他献策把陇上氐羌豪强迁往关东，得到石虎的赞赏，被任命为安西将军、六夷左都督。这一回合，蒲洪稍稍领先。

石勒死后，石虎回邺城夺取后赵王位。蒲洪以为后赵内难将兴，是割据自立的好机会，便西附前凉，自称为雍州刺史。不料，石虎轻而易举地控制了后赵的局面，使蒲洪陷入了十分尴尬的境地。石虎派将来讨，蒲洪不敢抵抗，立即率众投降。石虎为了安定氐人，只降他为光烈将军、护氐校尉，而让他继续统领氐人武装。蒲洪怀着忐忑不安的心情赶到长安，向石虎提出迁徙关中豪强和氐、羌民众的建议，以表示对石虎的忠心。这种建议姚弋仲已提过，不过当时没有迁徙蒲、姚统领的人众。这次，石虎趁机把氐羌及秦雍民十余万户都迁往关东，任命蒲洪为龙骧将军、流人都督，领族众迁关东枋头（今河南省浚县西南淇门渡）；任命姚弋仲为奋武将军、西羌大都督，领族众居清河（今河北省清河县）。石虎夺取王位后，姚弋仲借口有病，不入朝祝贺。石虎连连下令催促，姚弋仲只得赴邺城，姚弋仲见到石虎，指责道："大王是命世英雄，为何接受先皇的托付反过来夺为己有呢？"石虎不高兴地说："我喜欢这样呀！"因为觉得姚弋仲是个诚实的人，石虎也就不降罪于他。

时光荏苒，蒲洪在枋头一住就是十八年。十八年中，蒲洪所部人口有较大的增加，除了人口的自然增殖外，还吸引了许多胡汉流民。更重要的是，氐族贵族子弟有了接受中国传统文化教育的机会，从中汲取营养，提高政治素质和文化水平，成长为文武全才的新一代。十八年中，原来雄姿英发的蒲洪已经须发皆白了，岁月风霜在蒲洪的脸上留下了道道皱纹，但并没有消磨掉他的锐气。

蒲洪为后赵屡建战功，他参加征伐前燕之役，拜使持节、都督六夷诸军事、车骑将军，封西平郡公。他的部下被赐关内侯爵者有二十多人（《晋书》记作两千余人，疑误）。石虎养孙石闵说蒲洪是个英雄，诸子也都很有才能，而且拥有五万之众，应该悄悄把他除掉，以绝后患。石虎不同意，说还要倚仗他攻取巴蜀，反而对他更加信任。后赵太宁元年（349年），后赵梁犊等东宫卫士万余人被贬谪凉州后，反于雍城。蒲洪和姚弋仲参与镇压有功，事后，蒲洪被擢升为雍州刺史。

关中氐羌人众，是石赵势力薄弱的地区，蒲洪得到雍州刺史的任命，有如鱼得水的满足。然而，蒲洪还来不及赴任，石虎病死，后赵发生继位之争，太子石世即位，被石遵杀死。石遵上台时，石闵进言说："蒲洪是人中俊杰，如今用他镇守关中，臣以为秦雍之地就不再是国家所有了。蒲洪的任命虽是先帝下达的，但陛下既已践阼，应该加以改变。"石遵于是听了石闵的话，收回成命。这犹如当头一棒，蒲洪愤怼已极，却又不敢轻举妄动。

"草付应王"

蒲洪暗中派使者与东晋联络，东晋给予他征北大将军、都督河北诸军事、冀州刺史和广川郡公的头衔。其时，后赵的子孙们正忙于内争，对蒲洪无暇顾及。原来被迁往司、冀等州的大批流民相继西归，路过枋头，不少人便留了下来。蒲洪的部众增加到十余万人，蒲洪之子蒲健也从邺城闯关回到枋头。石鉴即位后，对近在肘腋的蒲洪很不放心，策划让他回关中，便任命他为都督关中诸军事、征西大将军、雍州牧、领秦州刺史。蒲洪召集部下，讨论是否接受这一任命。有人建议，可以与石赵联和，像列国分境而治一样。蒲洪大怒说："我就不能当天子吗？为什么要像列国一样！"这时，姚弋仲虽然作出一副石赵忠臣的姿态，其实也打算占据关中，对蒲洪盯得很紧。在石鉴发布关于蒲洪的任命时，姚弋仲突然派其子姚襄率领五万之众进攻蒲洪。双方一场恶战，姚襄大败，三万余人被杀。

当时有人劝蒲洪称王，又有人献上谶文，谶文曰："艸付应王。"于是，蒲洪便把"蒲"改为"苻"，以应谶文。苻洪遂自称大将军、大单于、三秦王。他不禁得意扬扬，以为中州可指日而定，取天下易于汉高祖。军师将军麻秋对苻洪说："石氏正相持不下，中原战乱一时还没有结果。不如先夺取关中，建立稳固的基业，然后东向争天下，这样，谁能抵挡得了？"苻洪连连称是。不料乐极生悲，在一次宴会上，阴谋篡权的麻秋给苻洪下了毒药，苻洪长子苻健当场杀死麻秋，但苻洪已经不行了。在弥留之际，他对苻健语重心长地说："我之所以没有入关，是以为中原很快可以平定，如今不幸被人暗算。夺取中原不是你们兄弟一时所能做得到的。关中是形胜之地，我死以后你们赶快领兵入关。"

当时，占据长安的是京兆人杜洪，自称晋征北将军、雍州刺史，受到汉族和其他少数民族人民的拥护。苻健面对这种形势，秘密部署进攻长安。适逢后赵新兴王石祗在襄国即位，任命苻健为都督河南诸军事、镇南大将军、开府仪同三司、兖州牧，封略阳郡公。苻健为了麻痹杜洪，表面上接受石祗的官爵，又是大张旗鼓地筑宫室，又是让部民种麦子，好像要在枋头安居乐业了。有一天，他突然集合队伍，宣布自己已经就任晋征西大将军、都督关中诸军事、雍州刺史，派弟苻雄领兵向潼关进发，派侄苻菁进军河东，而自己亲自统领大军殿后。杜洪派部将张先到潼关迎敌，被苻健打败。苻健打了胜仗，却写信劝杜洪称王，送去名马珍宝等礼物，并请求到长安表示祝贺。杜洪识破苻健"币重言甘"之计，倾尽全力迎敌，但终于败北，苻健很快攻占了长安。

苻健派遣使者到建康向东晋报捷，修好于东晋权臣桓温，而实际上并不甘心向东晋俯首称臣。东晋永和七年（351年），军师将军贾玄硕等人准备上表东晋朝廷，请封拜苻健为侍中、都督关中诸军事、大单于、秦王。苻健知道后，勃然大怒，说："我的官位轻重，不用你们操心！"贾玄硕等人没想到弄巧成拙，再也不敢造次。苻健暗中指使人让贾玄硕等为自己献上尊号，然后，苻健顺水推舟，自称大秦天王、大单于，建年号皇始，立宗庙社稷，置公卿百官，宣告一个新政权的诞生。这个政权史称前秦。第二年，苻健登上皇帝之位，以太子苻苌任大单于。

前秦是一个由氐族建立的政权，那么，关中的氐族人数到底有多少呢？西晋所谓关中百余万口氐羌居半之说，如果是可信的话，其中大部分是羌人，氐人约为三十万[①]。这些氐人往往和羌人混杂在一起。至十六国初期，他们被前赵、后赵多次迁徙，有的被迁往并、冀等州。苻洪从略阳到关中时，有众二万户，后来发展为十余万，其中有大量的汉、羌流民。因此，氐族的人口只占关中总人口的少数。

苻健建立前秦后，关中远未安定下来。杜洪逃往司竹（今陕西省周至县），勾引东晋梁州刺史司马勋进军秦川，被苻健击败于五丈原。杜洪再逃至宜秋，其部下张琚杀死杜洪后，自立为秦王。苻健亲率步骑两万进攻张琚，消灭了这股势力。不久，关中各地的反抗斗争又接二连三发生。孔特在池阳（今陕西省三原县西），刘珍、夏侯显在鄠县（今陕西省户县），乔景在雍（今陕西省凤翔区南），胡阳赤在司竹，呼延毒在霸城（今陕西

---

① 参见黄烈：《中国古代民族史研究》第139页，人民出版社1987年版。

省西安市东），各有众数万人。他们都派人与东晋将领桓温、殷浩联系。

这时是东晋永和年间（345～356年），正是门阀士族的代表人物桓温控制东晋内外大权的时期。永和元年（345年），桓温出任都督荆、司、雍、益、梁、宁六州诸军事，兼荆州刺史。史称"桓温挺雄豪之逸气，韫文武之奇才"。他手握强兵，居西藩之地，朝廷甚为不安。第二年年末，桓温出兵巴蜀；次年消灭成汉，威名大振，这更引起中枢执政司马昱的忧虑和猜疑。司马昱既无借口又无实力削藩，便任用扬州刺史殷浩参与朝政，企图抑制桓温的权势。但殷浩只不过是一个清谈家，名气很大，而无实际才干。石虎死去的时候，桓温认为是一个好机会，连连上疏请求出兵北伐。朝廷不愿意让桓温功名太盛，一再禁止，另派褚裒、殷浩先后领兵北伐。褚、殷都不会打仗，毫无指挥才能，屡战屡败。永和十年（354年），朝廷已没有任何理由阻挡桓温北伐了。正是东晋朝廷的政争，使前秦赢得了巩固政权的时间。

桓温统兵四万，由江陵出发，兵分三路：水军从襄阳至南乡，步兵从淅川趋武关，另一路走子午道，直指关中。这是对前秦政权的一次极为严峻的考验。桓温北伐进展神速，在尧柳城（今陕西省蓝田县）打败苻苌指挥的五万前秦军的抵抗。苻健子苻生驱马杀入晋军阵中，杀死晋将十余人。桓温督军力战，终于大破前秦军。苻雄在白鹿原击败晋将桓冲，又奔袭子午道的司马勋，但已经不能挽回败局了。于是，前秦退避长安，不再接战。桓温进抵长安东面的灞上，三辅郡县皆降，老百姓争相慰劳晋军，"男女夹路观之，耆老有垂泪者，曰：'不图今日复睹官军！'"这时，桓温本应乘胜攻入长安，但他已经达到提高声望的目的，不愿继续消耗实力。有一位隐居在华阴山的士人王猛前来谒见，扪虱而谈当世之务，旁若无人。桓温很惊讶，问道："我奉天子之命，率领精兵十万入关，为百姓除害，而三秦豪杰避而不见，这是什么道理？"王猛说："明公不远千里，深入敌境。如今长安近在咫尺，却不渡灞水，百姓不知明公有何打算，所以不来。"桓温被道破心事，一时说不出话来，沉吟半晌，才感叹地说："江东无人可以和卿相比呀！"桓温远征关中，给养补充不上，他原指望麦熟以后，取以为粮。不料苻健下令割掉麦苗，清野以待，致使晋军大饥。不久，他与苻雄在白鹿原又打了一仗，晋军失利，死万余人，于是只得撤兵。在桓温北伐的问题上，固然有朝廷掣肘的一面，但也有桓温把北伐作为政争筹码的一面。总之，又是东晋的政争，使前秦免遭灭顶之灾。

桓温退兵以后，关中终于安定下来。苻健"置来宾馆于平朔门，以怀远人。起灵台于杜门。与百姓约法三章，薄赋卑宫，垂心政事，优礼耆老，修尚儒学，而关右称来苏焉"。苻健作出了一副励精图治的姿态，如果有一个相应的内外环境，或许用不了几年，关中乃至整个北方就会出现较大的变化。然而，苻健一病不起，39岁时就离开人世，他的雄心壮志也未能实现。

苻坚政变

苻健壮志未酬，饮恨而逝。如果他在天有灵的话，那么，他会含笑于九泉的，因为他有一个优秀的侄子——苻坚。苻坚是站在历史前沿的杰出人物，他雄才大略，结束了中原地区半个多世纪的纷争局面，实现北方的统一与安定；他气度非凡，采取比较平等的民族政策，为民族大融合建立了丰功伟绩；他统治下的前秦，是十六国以来最有生气、最有建树的国家。虽然因为历史条件的限制，他最终成为一个悲剧性的人物，但是，他仍然不愧是氐族历史上一位杰出的领袖，不愧为中华民族历史上的一个英雄。

苻坚，字永固，又名文玉。其父是苻洪的少子苻雄，以功任丞相、都督中外诸军事、车骑大将军，领雍州刺史，封东海王，死于苻健之前。苻坚聪敏好学，从小得到祖父的喜爱。8岁时要求读书，苻洪很高兴，对他说："你是戎狄族人，戎狄世代只知道饮酒，你却知道读书呀！"于是特地为他聘请了一位家庭教师，教他读书。13岁时，苻坚被授予龙骧将军之号，后袭爵为东海王。

桓温入关时，太子苻苌中流箭身亡。苻健另立苻生为太子。苻健卧病时，苻生在宫中侍候。苻菁以为苻健已死，举兵攻打东掖门。苻健强撑病体，登上端门。兵众见了，立刻作鸟兽散。苻健执杀苻菁，粉碎了一场未遂政变。苻健死后，苻生继位。苻生有一只眼睛瞎了，小时候，其祖父苻洪开玩笑地对苻生的侍从说："我听说我的瞎孙子哭的时候，只有一只眼睛掉眼泪，是不是？"侍者说："是。"苻生听了，怒不可遏，拔出佩刀扎在身上，一股殷红的鲜血立刻冒了出来，说："这也是一滴眼泪。"苻洪又气又急，拿起鞭子抽他，他竟说："我不怕刀枪，就是不堪鞭打。"苻洪说："你要是不改过，我就让你当奴隶！"苻生回答说："当奴隶又怎么样？还能不如石勒！"苻洪吓了一跳，连鞋子都顾不上穿，赶忙跑过去用手掩着他的嘴。苻洪觉得他将来必然是败家的祸根，让苻健早点除掉他，苻雄替他求情，他才幸免于一死。长大以后，苻生力大无穷，勇猛异常，徒手敢与老虎搏斗，跑起来能赶上奔马，而击刺骑射，样样都非常出色。

苻生继位不久，就露出暴君的残忍本性。苻健临终时，唯恐他不能守住家业，嘱咐他说："酋帅、大臣如果不听从你的命令，你就逐渐把他们除掉。"苻健的忧虑，不但表现出他对苻生的不放心，也说明这个政权还很不稳固。而苻生即位不到两年，由于残酷地屠戮大臣，极大地激化了统治阶级内部的矛盾。"宗室、勋旧、亲戚、忠良杀害略尽"，因为他忌讳"不足、不具、少、无、缺、伤、残、毁、偏、只"等词语，不慎触犯忌讳而被处死的左右不可胜记，至于被处以各种酷刑的也有上千人。

这时，一场政变在悄悄酝酿着，主角就是苻坚。史称他"博学多才艺，有经济大志，要结英豪，以图纬世之宜"。侍中、尚书吕婆楼，特进、光禄大夫强汪，特进、领御史中丞梁平老都是他的羽翼；薛瓒、权翼二人是他的心腹，宫中侍从也不乏他的耳目。薛瓒、权翼见朝政混乱、危机四伏，建议苻坚起来推翻苻生的腐败统治。他们说："如今主上昏庸暴虐，君臣离心离德。继承国家大业者，非殿下莫属！愿大王效法汤、武，上应天道，下顺民心。"苻坚乃密召吕婆楼商议，吕婆楼向他推荐了汉族寒士王猛。苻坚与王猛论及国家兴废，大有相识恨晚之慨。他高兴地说："我遇见你，就像是刘玄德遇见诸葛孔明了！"

苻坚和王猛谈些什么，大概不足为外人道，所以文献付诸阙如。不过由苻坚欣赏王猛，把他称为诸葛亮，可见对他的器重非同一般。这当然是因为王猛才智不同凡响。后来王猛辅佐苻坚的实践证明苻坚很有眼光。王猛，北海剧县（今山东省寿光市）人，出身贫寒，不是门阀大族子弟，小时候曾经以贩履为业。他"博学好兵书，谨重严毅，气度雄远"。一班庸俗的士族子弟瞧不起他，他也不屑与他们为伍。这与石勒的谋士张宾颇为相似。我们知道，桓温也曾经器重王猛，授予他军谋祭酒之职，后来又邀请他一同南下，被他坚决拒绝了。王猛之所以拒绝，直接的原因是他对桓温不信任；而根本原因是他对东晋门阀政治的失望，因此他宁可选择一个非汉族政权。这是一个明智的选择，否则，他必然受到东晋的高门士族的歧视，被讥为"荒伧"[①]，他的政治才能将被永远地葬送掉。

前秦寿光二年（356年）六月的一个深夜，苻坚接到由苻生侍婢传出来的密报说，天明以后苻生要对他和他的庶兄、后将军、清河王苻法下毒手了。事变在即，不容稍有迟疑，苻坚兄弟决定立刻行动。于是苻法与梁平老、强汪率领数百名壮士潜入云龙门，苻坚与吕婆楼率领部下三百多人鼓噪前进。宫廷宿卫将士不愿替暴君卖命，纷纷倒戈，苻坚顺利攻入宫中，把还在昏醉中的苻生处死了。政变以后，在继位的问题上，似乎还有

---

① 荒伧：东晋门阀大族对晚渡人士的蔑称。荒，言来自荒外；伧，南人呼北人为伧。而王猛如南渡，他甚至连荒伧都不如，因为他没有依附他的军队。

小小的波折。苻坚庶兄苻法"长且贤，得众心"，苻坚唯恐人心不服，曾经表示让位给他，但最终却杀死了他。史称"坚性仁友，与法诀于中堂，恸哭呕血，赠以本官"。如果真有苻坚与苻法诀别的一幕的话，那也只是一场表演。"仁友"云云，不过是史官廉价的吹捧罢了。其实，在中外历史上，为争夺帝王宝座而发生的父子相残、骨肉相拼，是常有的事，不值得大惊小怪。

关陇清晏

苻坚在政变后先欲让位与苻法、然后杀掉苻法这件事，说明他在即位之初的处境有一定困难。我们这样说，还可以从以下的史实得到证明。

在前秦的社会中，氐族贵族豪强飞扬跋扈，从上到下形成了一股强大的社会势力，危害极大。一方面，因为这些氐族豪强大多是跟随苻洪在枋头起兵的旧人，自恃有功，飞扬跋扈；另一方面，氐族还保持着氏族部落的形态，也保留着氏族社会民主制的某些残余，氐族贵族仍有一定的权力。后一个原因更加重要，但往往被人们所忽视。当时，始平县的氐族豪强，在乡里横行霸道，无法无天。苻坚起初任命王猛为中书侍郎，委以机密，这时不得不把他派到始平县去担任县令，整顿社会秩序。王猛到任后不畏强暴，执法严明，鞭杀了一名为非作歹的县吏。这下惹翻了氐族豪强，他们联名上书诬告王猛滥杀无辜百姓。上司偏袒氐族豪强，将王猛押解回京，投入狱中。苻坚很感到意外：王猛怎么能这样鲁莽？难道王猛是徒有其名？苻坚不能不认真对待，便亲自提审王猛。他对王猛说："处理政务的根本是要把德化放在首位，而你上任不久就滥杀无辜，未免太残忍了！"王猛理直气壮地回答说："臣听说国家安定的时候，要实行礼治；国家混乱的时候，则要实行法治。陛下不嫌弃我，派我去治理混乱的地方，为陛下剪除歹徒。如今我才杀了一个奸吏，该杀的还有很多。陛下如果责备我不能杀尽那些坏人，我甘心受到法律制裁；但如果加以酷政的罪名，我实在不能接受。"苻坚顿时醒悟过来，原来王猛受到豪强的诬陷，这些豪强气焰也太嚣张了！王猛为了国家利益不畏强暴、甘冒风险，是十分可贵的。他对群臣说："王景略诚然是管仲、子产一流的人物！"下令释放王猛，并任命他为尚书左丞，管理尚书文案，监督朝廷百官。不久，又让他兼任咸阳内史，对他更加言听计从。

与匈奴的汉、前赵，羯人的后赵政权一样，前秦公卿百官主要由本民族的成员担任。当身为汉族士人的王猛日益得到苻坚信任时，朝中的氐族贵族一个个都十分眼红，妒火中烧。特进樊世，是立过大功的氐族贵族。有一次，他当众羞辱王猛说："吾辈曾经与先帝共创大业，却不能参与朝政，而你没有汗马功劳，有什么资格担此重任？这岂不是我们辛苦耕种而你坐享其成嘛！"王猛冷笑说："还要你去当屠夫呢，何止是种地而已。"樊世怒不可遏，咬牙切齿地说："等着瞧！有一天我要把你的头悬挂到长安城门上去，否则誓不为人！"王猛把樊世的挑衅报告苻坚，苻坚觉得这不仅是针对王猛一人，更是对皇权的蔑视，如果放纵他们，以后将不可收拾。他说："必须杀掉这个老氐，文武百官才会懂得规矩。"不久，樊世入朝奏事，听见苻坚问王猛说："朕准备让杨璧与公主成婚，不知杨璧的人品如何？"樊世一下子就跳将起来，怒冲冲说："杨璧是臣的女婿，早已订婚，陛下怎么可以让他和公主成婚呢？"王猛斥责樊世说："陛下贵为帝王，四海之内所尊，而你竟敢与陛下竞争婚事，这不成了两个天子，哪里还有尊卑上下！"樊世顿时咆哮如雷，跳过来要打王猛，好不容易被左右拦住。樊世还不依不饶，破口大骂。苻坚见是时候了，怒喝道："把他推出去斩首！"殿上的氐族贵族顿时哗然，吵翻了天，都把矛头指向王猛，苻坚又气又恨，也不顾帝王的尊严，骂不绝口，还亲自用鞭子抽打了一些人。这时，权翼进言说："陛下宽宏大度，善于驾驭英豪，对臣下记功忘过，有汉高祖的风尚。至于汉高祖的轻慢之言，则应该抛弃。"苻坚笑着说："这是朕的过失呵。"

樊世的事件只是一个引子，自此，王猛与苻坚两人取得了共识，决心整肃朝廷。王猛是个很有魄力的政治家，他敏锐地看出，氐族贵族自以为高人一等，目无王法，如果听任他们胡作非为，迟早是要出乱子的。要想巩固政权，首要问题是加强皇权的权威，打击他们的嚣张气焰，不如此，就不可能推行任何革新措施。

甘露元年（359年）八月，苻坚擢升王猛为侍中、中书令，领京兆尹。京城是氐族贵族聚居的地方，经常有人惹是生非，不好治理。特进强德是苻健的妻弟，酗酒闹事，夺人妻女，不一而足，老百姓恨之入骨，可敢怒而不敢言。王猛一上任就拿他开刀，把他逮起来。强太后得知，找苻坚说情，苻坚无奈，只得下诏赦免，可等到宣诏使者赶来，强德的人头已经落地了。不过，王猛并不一味蛮干，在氐族占统治地位的朝廷上，他作为一个汉人，毕竟势单力薄。因此，他注意联合一些比较正直的氐、羌族大臣。如御史中丞邓羌、右仆射梁平老、领军将军强汪、司隶校尉吕婆楼等。他们同心协力，在数旬之内，诛杀了贵戚豪强二十多人，"于是百僚震肃，豪右屏气"，社会风气大有好转。苻坚感慨地说："现在朕才知道法律的作用，才知道天子的尊严呀！"

古人有句名言："非得贤之难，用之难。非用之难，信之难。"的确，王猛的成功，是与苻坚对他的信任和支持分不开的。在甘露元年的一年中，王猛连升五级，荣宠至极，权倾内外。作为一个少数民族的君主，对异族的政治家如此信任，说明苻坚的胸怀和志向确非一般统治者所能望其项背的，这也是前秦后来能够获得统一北方的伟大业绩的一个重要原因。

安定内外

苻坚和王猛，不仅注意整顿国家政治秩序、发展经济，而且也注意文教事业的发展和统治人才的选拔。苻坚广置学官，常亲临太学主持考试。他对博士王寔感慨地说："朕一月之中，三临太学，只希望周、孔之学不致由我而失传，能赶上汉武、光武的盛业！"言辞之间，俨然以一个存亡继绝的君主自居。的确，中华文化千年一脉，其间，像苻坚这种少数民族出身的君主也发挥了极其重要的作用。在发展中华民族的文化上，苻坚的业绩比起汉武帝、光武帝那样的汉族君主也未必逊色。苻坚重学兴教，其效果是很明显的，首先是氐族贵族文化水平的提高。苻坚弟苻融才华横溢，被人誉为当世王粲，苻坚侄苻朗爱好经籍，"手不释卷"，庶长子苻丕"博综经史"。

苻坚还下令表彰在儒学、政事、廉直、孝悌、力田、文字等方面成绩卓著的优秀人才，选拔他们当官，并规定官吏举人得当者受赏，推荐失实者受罚，即使是宗亲外戚，没有才干也不能做官。因此，各级官吏不敢妄举，基本刹住了请托贿官的歪风。

苻坚当政五年，据说："人思劝励，号称多士，盗贼止息，请托路绝，田畴修辟，帑藏充盈，典章法物靡不悉备。"史籍的记载难免溢美夸张，但当时生产有所恢复，社会秩序有所好转，则是可以肯定的。

在割据势力林立的社会环境里，一个政权独立发展是不可能的。建元元年（365年），前秦和平宁静的局面被破坏了。

前燕太宰慕容恪从东晋手中夺取洛阳后，兴兵西进，占领崤山、渑池，威逼前秦东境。消息传来，关中大震，苻坚率领大军驻守陕城。

不久，原来归附前秦的匈奴右贤王曹毂、左贤王刘卫辰举兵叛变，率领两万人马进攻杏城以南的郡县，而鲜卑部落首领乌延也起兵与匈奴相呼应。苻坚又亲率大军出征,前锋都督杨安、毛盛在同官川大败曹毂部,杀死四千余人。曹毂请降后,苻坚迁徙其酋豪六千多户到长安。苻坚又击杀乌延,另派将领邓羌讨刘卫辰部,在木根山活捉了刘卫辰。接着,苻坚进兵到朔方,安抚匈奴降众,封刘卫辰为夏阳公、曹毂为雁门公,统率旧部。

建元二年(366年),略阳羌族首领敛岐叛变投靠前凉的叛将李俨。次年二月,前秦派王猛、姜衡、姚苌、邵羌讨伐敛岐。前凉张天锡也同时出兵讨李俨。敛岐不战而降,王猛遂攻克略阳。李俨兵败于张天锡,向王猛求救。苻坚增派杨安等部将带领两万骑兵驰援。秦、凉二军大战于枹罕以东,王猛大胜,俘斩1.7万余人。但王猛审时度势,不想和张天锡继续纠缠,写信对他说:"我受诏命救李俨,没有与凉州交战的使命。现在准备深壁高垒,等待命令。这样旷日持久下去,恐怕双方都要受到损失,不是好办法。如果将军退兵,迁徙民众西归;我押送李俨东还,不是很好吗!"张天锡果然撤回凉州。这时李俨存心反悔,关紧枹罕城门不出来投降。王猛心生一计,便服乘车,只带随从几十人,请与李俨会面。李俨开了门,没想到埋伏在附近的秦军将士蜂拥而入,捉住了李俨。李俨被送到长安以后,苻坚授之为光禄勋,赐爵归安侯。

外患方平,内乱骤起。同年十月,晋公苻柳、赵公苻双、魏公苻廋、燕公苻武合谋作乱。前两年,前秦宗室先后发动了两次未遂军事政变。第一次政变后,王猛建议将苻生的五个兄弟——所谓"五公",一网打尽,铲除后患,但苻坚不从。第二次政变中,不仅苻生弟苻柳陷进去了,苻坚胞弟苻双也陷进去了,苻坚仍然不闻不问。"当断不断,反受其乱",他一再宽容、姑息,终于招致了一场大规模的内乱。并州牧苻柳占据蒲阪,秦州刺史苻双占据上邽,洛阳刺史苻廋占据陕城,雍州刺史苻武占据安定,四人同时起兵,苻坚派遣使者晓喻,都遭到拒绝。

平定内乱的战争整整打了一年。苻坚以杨成世、毛嵩分别攻打上邽、安定，以王猛、邓羌进兵蒲阪，杨安、张蚝进攻陕城。杨成世和毛嵩吃了败仗，苻坚再派王鉴、吕光诸将率领三万人迎战，斩苻双、苻武于上邽。蒲阪、陕城二军奉命坚壁不出，苻柳多次挑战，王猛都不予理睬。苻柳以为王猛怯阵，留长子苻良守蒲阪，亲自领兵两万直趋长安。当苻柳刚走出一百多里地，王猛派邓羌以精骑七千乘夜袭击；苻柳引军返回，又在半路上遭到王猛的截击，苻柳只剩下数百骑兵逃回蒲阪城中，最终城破被杀。苻庾尚未交手，就献陕城给前燕，请求前燕发兵，他写信给前燕吴王慕容垂等说："苻坚、王猛都是人杰，早就阴谋灭燕，今日不趁机进取，他日燕国君臣后悔也就晚了。"但前燕内部矛盾重重，自顾不暇。王猛派邓羌、王鉴攻陷陕城，俘获了苻庾。苻庾被送到长安，为苻坚所杀。

统一中原

从建元五年（369年）起，前秦历史进入了一个新阶段，这就是统一北方的开始。当时的北方，除前秦外，还并存着其他几个割据政权，它们是东面慕容氏建立的前燕、漠南拓跋氏建立的代国、河西走廊的前凉，西面还有西秦、吐谷浑和仇池杨氏政权。其中，慕容氏前燕与前秦国境相接，且势力较强，是前秦最主要的敌人。与政治稳定、实力日益雄厚的前秦相比，前燕国内矛盾重重，统治阶级极端腐化。这样，前秦重新统一中国北方的客观条件已经成熟了。

前秦出兵灭燕前，发生了一段小插曲，为前秦的取胜增添了若干的便利条件。

东晋海西公太和四年（369年），桓温再次北伐。这时的桓温，权兼内外，位极人臣，北伐前燕是他为提高个人威望、从而顺利登上皇帝宝座而下的最后一着棋。桓温大军抵达枋头，前燕朝野一片混乱。燕主慕容暐和太傅慕容评准备逃往和龙（今辽宁省朝阳市），因吴王慕容垂的强烈反对才出兵应战。慕容𬀩派使者向前秦求救，答应事成之后，割让虎牢城以西土地以作酬谢。苻坚集合群臣商讨，大家纷纷反对派出援兵，说："过去桓温进攻我们，兵临灞上，而燕国却在一旁袖手旁观；如今桓温讨伐燕国，我们为什么要救它？"只有王猛不同意这种看法，他私下里对苻坚说："燕国虽然强大，但慕容评不是桓温的对手。如果桓温拿下关东，进屯洛阳，网罗幽、冀兵众，倚仗并、豫粮草，然后进攻崤山、渑池；到那时，陛下统一大业就付之东流了。现在不如暂时与燕国联合打退桓温，等到桓温退兵，燕国也筋疲力尽了，那时再乘势取燕，不是很好吗？"苻坚听从了王猛的建议，派出两万援兵。桓温在枋头待了两个月，在前秦、前燕的联合打击下，连战失利，大败而归。

战争的胜利反而加深了前燕的危机。太傅慕容评嫉贤妒能，暗中与太后谋害功臣慕容垂。慕容垂走投无路，只好带着子侄投奔前秦。苻坚闻讯，大喜过望，亲自来到郊外迎接，他拉着慕容垂的手，连连称赞对方是贤人俊杰。但是，在如何安置慕容垂一行上，王猛与苻坚产生了分歧。王猛忧心忡忡地说："慕容氏父子是龙虎般的人物，不是轻易就能驯服的。倘若遇见风云际会，便再也无法驾驭，不如及早除掉他们。"但是，向来对王猛言听计从的苻坚这次却不以为然，说："我正要收揽英雄，统一天下。他们初来投奔之时，我已表达了自己的诚意，匹夫尚不能言而无信，何况万乘之主呢？"于是，他任命慕容垂为冠军将军，封宾徒侯；慕容垂侄慕容楷为积弩将军。王猛无奈，只得暗自待机行事。

这年年底，秦燕战争终于爆发了。导火线是前燕食言，拒绝割让虎牢以西的土地。前燕的使者说："过去的使者传错了话，两国之间互相援助是理所当然的，怎么能割让土地呢？"苻坚终于找到一个伐燕的口实，借机派王猛、梁成、邓羌诸将统率步骑三万伐燕。大军出发前，王猛特意去拜别慕容垂，慕容垂为他设宴饯行。宴会上，王猛一副依依惜别的神态，感慨地说:"此时一别,不知何时再与将军相见?将军能否送我点什么作为纪念,也好使我能睹物思人。"慕容垂很受感动,随手解下随身佩刀相赠。

王猛请慕容垂长子慕容令为参军,充当向导。大军直趋洛阳,发起强攻。慕容㬂派慕容臧领精兵十万,解洛阳之围,却在荥阳遭到秦军伏击。王猛写信敦促洛阳守将慕容筑投降。这样,秦军不费一兵一卒,便长驱直入洛阳城,打通了东进道路上的一个重要堡垒。前秦大军随即浩浩荡荡东进。

攻战之际,王猛一直紧锁眉头,若有所思。他始终对慕容垂耿耿于怀,由于苻坚不听劝谏,他便私下里设了一个圈套。攻下洛阳后,他买通慕容垂的心腹金熙,让他拿着慕容垂送给自己的佩剑,装着偷偷摸摸的样子找到慕容令,假传慕容垂的口信说:"我父子逃命到秦,王猛却一直视我们为敌人,不时诬蔑诽谤。秦王虽表面待我们很好,只是知人知面不知心。大丈夫当初为了性命而出逃,却终究不免一死,这将成为天下的笑柄。我听说现在主上与太后都已幡然悔悟,所以我决定东归,你也要设法离开。"慕容令始则半信半疑,见父亲的佩剑才信以为真。一天,他伪装狩猎,投奔前燕石门守将慕容臧。王猛立刻上表弹劾。慕容垂一听吓蒙了,慌忙骑马出逃,刚到蓝田,便被秦军抓回。不过,苻坚不仅没有杀掉慕容垂,反而安慰他说:"你在困难的时候投奔我,是对我的信任。贤子不忘本,则情有可原,也不必怪罪他。只可惜他此去是白白落入虎口而已。父子兄弟,本罪不相及,你何必害怕到这种地步?"王猛设下的圈套失败了。

建元六年(370年)六月,前秦大军正式对前燕发动攻击。

王猛奉命督杨安、张蚝、邓羌等十员大将以步骑六万伐燕。苻坚亲至灞上送行。大路两边,垂柳依依。自古征人多在此分别,往往凄然情伤。但前秦君臣此时却充满着胜利的激情与喜悦。王猛满怀信心地对苻坚说:

"臣凭借陛下威名，尊奉陛下决策，荡平残胡，只如秋风扫落叶。陛下不用担心，只要准备好房舍，等着安顿鲜卑俘虏吧！"

苻坚在关中翘首以待，东征军果然捷报频传。王猛兵分两路：一路攻晋阳，由杨安指挥；一路攻壶关，他亲自指挥。不几日，壶关便攻下，俘获前燕上党太守慕容越。附近郡县都闻风而降。攻下壶关后，王猛引兵增援晋阳的杨安，不久又攻占了晋阳。

这时，前燕慕容评率领四十多万军队北上援救晋阳、壶关。但是，他贪生怕死，畏惧不前，屯兵在潞川，坐视二城陷落。不久，王猛也驻军潞川，两军遥遥相对。

慕容评不仅贪生怕死，而且惜财如命。当时，军制特点是士兵出战自备口粮、军器。慕容评霸占山水，士兵们砍柴汲水都要花钱，弄得军中怨声载道，人心思变，这样的军队哪还有什么战斗力？王猛高兴地说："慕容评真是个十足的守财奴，这种人即使他手下有千百万人也不可怕，更何况只有几十万人！"

但是，乐观归乐观，秦燕两军毕竟数量悬殊，王猛在战前做了认真的军事调查。终于，决战来临了。王猛激励将士们说："我王猛受国家厚恩，历兼内外要职。今日我要和大家一起杀入敌阵，让我们互相勉励，奋力前行，杀敌立功，报效国家。来日在朝廷上接受明君的爵赏，再与家中父母同庆，那将何等荣耀啊！"一席话鼓动得将士们热血沸腾，人人摩拳擦掌，欲与燕军一决死战。

不久，在关中的苻坚就接到了大捷的喜讯。两军一交接，燕军便全线撤退，秦军乘胜追去，杀伤俘虏十余万人，燕军统帅慕容评弃军单骑逃回邺城。

潞川决战三天以后，秦军包围了燕都邺城。王猛治军严明，军纪整肃。秦军占领区社会秩序井然，老百姓各安其业，没有出现丝毫骚乱现象。

苻坚亲自率领十万大军开赴邺城，这时邺城中前燕君臣已为釜中之鱼，毫无抵抗能力。秦军兵临城下，城内人心溃散。前燕散骑郎余蔚领着留在邺城的各地人质五百余人造反，夜半打开邺城北门接应秦军。前燕君臣见大势已去，争相逃命，慕容暐、慕容评终被抓回。前燕就这样被灭亡了。苻坚以胜利者的姿态进入邺宫，接管前燕的户籍账册。根据账册所记，前秦共得郡157、县1579、户245万多、人口998万多。

灭掉关东强敌燕国，前秦实力大增，对周围其他国家的征服势如破竹：建元七年（371年），前秦灭氐族杨氏建立的仇池国。不久，吐谷浑也降秦。随即，秦将王统降服鲜卑乞伏部；建元十二年（376年）前凉灭。接着，苻坚又发动了灭代之役，两个月后即征服代国。至此，前秦统一了北方。苻坚成为历史上第一位统一北方的少数民族君主。

苻坚对被征服的其他民族的上层分子一律采取优容政策，封官拜爵，委以要职。慕容暐为尚书、新兴侯，慕容评为给事中，慕容冲为平阳太守，张天锡为水部尚书、归义侯。代国国主拓跋什翼犍不懂礼节，苻坚便送他入太学读书。

如何处置这批被俘的各族上层分子，苻坚主张优容宽待，王猛等则持不同意见。不过王猛这时仍留在关东处理灭燕后事务。太史令张孟呈上奏疏说："慕容暐父子兄弟是我们的仇敌，现在却遍布朝廷，使人十分担忧啊！"苻坚弟、阳平公苻融也劝谏说："虎狼不可驯养，陛下应当小心为是！"苻坚则回答说："对老百姓要安抚，对夷狄要友好，我既然要以天下为一家，就应抚夷狄如家中之子，你不要多心！"

建元八年（372年），长安道上一派旌旗飘舞的欢庆景象。苻坚走出宫门，亲自迎接自关东归来的王猛。燕亡后，关东地区广阔，事务复杂，苻坚任命王猛全权处理关东军政。王猛果然不负信任，将一切治理得井井有条。现在苻坚正式征王猛入辅大政，委以宰相之职。王猛四次上表辞让，苻坚都不允许。他深情地对王猛说："你不能推辞宰相之职，正如我不能推辞管理天下的责任一样呀！"

王猛的确是一个古今难得的贤相。在他的治理下，朝政清明，经济发展，国富兵强。"长安大街，夹路杨槐。下走朱轮，上有鸾栖。英彦云集，诲我萌黎。"在十六国战乱频仍、民不聊生的背景下，这真是一段难得的清明时期。这与氐人明君苻坚、汉人贤相王猛的英明睿智、合力同心密不可分。

可惜，这种状况并未持久。建元十一年（375年），正当盛年的王猛身染沉疴。苻坚心忧如焚。他又是祈祷，又是大赦天下，并多次亲临探视，但终究未能挽救王猛的性命。

王猛之死，对苻坚打击巨大，他失声痛哭，多次亲临吊唁。他难过地叹道："老天难道不让我统一天下，为什么这么早就夺去我的王景略呢？"的确，像苻坚与王猛这样君臣相得，在历史上是罕见的。人们曾盛赞刘备与诸葛亮如鱼得水，以苻坚与王猛的关系而论，则有过之而无不及。尤其是，作为出身不同民族的君臣，他们的合作更带有特别的意义，在历史上焕发出异样的光彩。

骄态初露

一代良相王猛溘然长逝，前秦的一些有见识的大臣无不忧心忡忡。

王猛在世时，竭尽心智地辅佐苻坚，而苻坚对王猛也深信不疑，君臣如鱼水一般，相得甚欢。而王猛一死，前秦的历史命运走到了一个十字路口。《诗》云："人之云亡，邦国殄瘁。"此之谓也！

王猛临终前，无限眷念着前秦的前途。他上疏苻坚，诚恳地说："陛下对臣的恩德，臣今生无以为报了，不过，臣听说'报德莫若尽言'。臣知自己将不久于人世，请让我说说心里话吧！陛下威烈振于八荒，声教光乎六合，天下九州十郡，已十居其七，至于平燕定蜀，有如俯身拾芥。然而，善作者不一定善成，善始者不一定善终。过去的贤君哲王因为深知建功立业不易，所以战战兢兢，如临深渊，如履薄冰。如果陛下也能这样，则大秦幸甚，天下幸甚！"当苻坚亲自到病榻前去探视他时，他又语重心长地说："晋朝虽然处在江南偏僻之地，但乃是历代相承的正统皇朝，且上下和睦。臣死之后，愿陛下不要对它用兵，鲜卑、西羌才是我们的敌人，终究有一天会闹事，应当逐渐清除他们，以利于国家的安全。"

王猛的忧虑并非多余，鼎盛的前秦已经潜伏着社会危机。当局者迷，旁观者清。苻坚对王猛逝世深感悲痛，但对王猛的忧虑甚不以为然。原后赵将作功曹熊邈经常在他面前炫耀石氏的宫室如何富丽堂皇，奇珍异宝如何丰富精美，被他提拔为将作丞。于是前秦大修船舰，制造兵器，都用金银为饰，穷极华丽。阳平国常侍慕容绍已察觉到前秦的危机，对其兄慕容楷说："秦自恃强大，连年对外用兵。既要北戍云中，又要南守蜀汉，万里转输，饿死了多少人！现在士兵在外疲惫不堪，百姓在内日益穷困，这样下去，亡国之日不远了。冠军叔父（慕容垂）智慧过人，一定能够恢复燕国社稷，我们要各自珍重，等待那一天的到来。"慕容农也悄悄对父亲慕容垂说："自从王猛死后，秦的法制日益毁坏，如今又追求奢侈，祸乱就要来了。大王应该结交英雄豪杰，顺承天意，这个大好时机不能错过。"

苻坚胸怀"混一六合"之志，不满足于称雄半壁江山，而要当统一天下的皇帝。建元十四年（378年）二月。苻坚开始发动对东晋的进攻，派出三路大军会攻襄阳。四月，秦军到达沔水北岸，开始对襄阳的围攻。七月，前秦兖州刺史彭越请求攻击东晋彭城和淮南诸城。苻坚又开辟了东部战场，任命彭越为都督东讨诸军事，攻彭城；后将军俱难等攻淮阴、盱眙。

由于晋军的奋力抵抗，西部战场的秦军拖延了近一年才攻下襄阳。东部战场上的秦军起初进展顺利，在连克彭城、盱眙、淮阴、魏兴之后，六万秦军包围了三阿。三阿距离东晋江防重镇广陵只有三百里之遥，三阿告急，建康大震。东晋宰相谢安派兖州刺史谢玄率领组建不久的新军——北府兵——去解三阿之围。秦将俱难、彭越力战不敌，节节败退。一个月内，秦军就丢掉了盱眙、淮阴，一直退到淮北。谢玄与诸将领追至君川，俱、彭全军覆没，二将落荒而逃。苻坚大怒，追究他们的责任。彭越自杀，俱难被免了官。

建元十六年（380年），前秦发生内乱。征北将军、幽州刺史苻洛因不满迁任益州，举兵造反。苻洛膂力过人，勇猛异常，受到苻坚的猜忌，一直任职边州。在灭代时，他立有大功，要求加开府仪同三司之号，又遭苻坚拒绝。这年三月，苻坚调他镇守西南，令他不必经过京师。他接到诏命，大为光火，说："我身为帝室至亲，不能入朝为将相，长年被摈弃在外；如今发配我到西南边鄙，还不让路过京师，一定是要置我于死地了。"于是，他在和龙举七万之众叛乱。苻洛之兄、镇北大将军苻重，曾因谋反被长史吕光收捕，苻坚赦免了他，这时刚刚出镇蓟城，立刻举兵响应苻洛。苻坚派使者劝降，苻洛不从，苻坚这才派苻融节度窦冲、吕光诸军进讨。苻洛兵败被俘，苻坚并没有杀掉他，只是把他迁徙到凉州。

司马光在评论这件事时说："夫有功不赏，有罪不诛，虽尧、舜不能为治，况他人乎！秦王坚每得反者辄宥之，使其臣狃于为逆，行险侥幸，虽力屈被谪，犹不忧死，乱何自而息哉！"对氐族豪强，苻坚能够严厉打击；对宗室至亲，他却心慈手软，企图维系血亲关系以巩固自己的统治。正是在这种思想的指导下，苻坚作出了一个分封宗室和亲信出镇关东的错误决策。

这年七月，骄阳高悬，热浪蒸腾，高温烘烤着长安城。苻坚亲自到灞上送别以苻丕为首的出镇关东的氐族子弟。氐族父老都冒着酷暑，涌向灞桥，一路上哭声不绝于耳，呈现出一幅生离死别的惨象。在送别的盛宴上，君臣频频举杯相祝，而侍臣赵整抚琴吟唱道："远徙种人留鲜卑，一旦缓急当语谁？"歌声如怨如诉，有人低声而泣。苻坚当然明白其中的讽谏之意，却笑而不语。

十六国时期由少数民族建立的政权，统治民族与被统治各民族相比，在人数上本来就处于劣势。而苻坚让宗室子弟和亲信统率氐族人出镇关东，使氐族人分散到各地，意在加强对各民族的控制，但结果却适得其反。在策划此事时，苻坚曾经对臣下说："我们氐族的后代枝叶繁茂，朕准备把三原、武都、九嵕、汧、雍等地的15万户分配到各地重镇，结成磐石一样牢固的关系，大家以为如何？"人们即便心里不愿意，也不敢公开反对，有人附和说："这正是周朝绵延800年的缘故，于国家大有好处呀！"于是，苻坚以苻丕为都督关东诸军事、征东大将军、冀州牧，镇邺城，领氐族3000户；以仇池氐帅杨膺为征东大将军府左司马，领氐族1500户；以九嵕氐族部落贵族齐午为右司马，同样领氐族1500户；又以苻晖为都督豫洛等六州诸军事、镇东大将军、豫州牧，镇洛阳；以苻叡为雍州刺史，镇蒲阪，各领氐族3200户；以石越、梁谠、毛兴、王腾等为其他诸州刺史，各领氐族3000户。

东去人马的尘埃渐渐落定，意味着原来强大的氐人武装被肢解、被分割了。对于像前秦这样的少数民族政权来说，政权主要是由本民族的武装支撑起来的。本民族武装力量相对集中，才能显示他们的军事优势；而把本民族武装力量分散了，实际上就陷入被统治民族的汪洋大海的包围之中。

一意孤行

这时，秦晋之间的一场大战在酝酿着。兼并东晋、统一全国，是苻坚由来已久的愿望。北方统一后，他的这一愿望越来越强烈了。

建元十八年（382年）十月，苻坚在太极殿大会群臣，商讨南伐大计。

他踌躇满志地说:"自从朕继承大业以来,至今已经将近30年了。现在四方大体平安,唯有东南一隅不肯归降。每当想起天下尚未统一,朕连饭都吃不下去。估计我们现在的兵力有97万,朕准备亲自领兵伐晋,大家意下如何?"秘书监朱肜立即随声应和道:"陛下应乎天道,顺乎时势,恭行天罚,叱咤则五岳摧毁,呼吸则江海绝流,如果百万大军齐发,必然有征无战,晋主不望风投降,只有逃窜大海。中州之民,得以返归乡梓。然后陛下大驾东巡,封禅泰山,这真乃千载一时之功。"苻坚听了,高兴地说:"朕正是这样想的!"奇怪的是,殿中群臣反应并不热烈。少顷,左仆射权翼站出来说:"臣以为现在还不是伐晋的时候。如今晋廷虽然微弱,但未闻丧德失行,相反君臣和睦,上下同心。谢安、桓冲是江南的俊才,说明晋朝是有能人的。"苻坚沉默良久,才说:"大家各抒己见吧!"太子左卫率石越说:"吴人恃险,竟敢抗拒王命,陛下亲率六师问罪,当然符合天人的愿望。然而,今年的岁、镇星紧守牛斗,福运在晋的一方;而夷夏的人情,也还向着晋主,晋朝的遗爱还在人间。他们有长江的天险,而无分裂的气象。臣以为我们只能保境养民,等待时机。"苻坚立刻反驳说:"听说武王伐纣,也是逆岁犯星,可见天道幽远,难于预测。夫差威陵上国,终被勾践所灭;孙吴虽有长江,亦不免灭亡。如今我有百万之众,投鞭足以使长江断流,南方还有什么天险可以依恃呢?"群臣在廷议中争论了半天,也没有结果。苻坚不耐烦地说:"这就是所谓'筑室于道,沮计万端',房子怎么也盖不成。朕只有自己做决断了。"

群臣散后,苻坚留下苻融,对他说:"自古以来,决定大事的常常是一二人而已,廷议七嘴八舌,徒乱大意,还是由我和你来决定吧!"不料,苻融却说:"现在不可伐晋有三条理由:一是岁、镇星在牛斗,福运在吴;二是晋主英明,朝臣用命;三是我兵将疲惫,有畏敌情绪。所以不伐晋才是上策,愿陛下加以采纳。"半年前,苻坚任命苻融为征南大将军,就是委以伐晋统帅的重任。而这位统帅却对伐晋持反对态度,苻坚勃然作色，叱道："连你都是这种说法，我还能和谁商量！如今我强兵百万，粮草器仗如山，朕不敢自称明主，但也不是昏庸之君，乘连战连胜之势，攻击垂死之寇，还愁攻不下来吗？朕不能把贼寇留给子孙，不能让它成为宗庙社稷的祸患！"苻融跪倒在地，哭谏道："晋不可伐，是很显然的。大举出兵，必将无功而返。但臣所忧虑的，还不只是这个。陛下宠遇鲜卑、羌、羯诸族人，使之遍布京师周围；可是国族旧人，反而迁徙远方。如果陛下举国南伐，只剩数万孱兵弱卒留守京师，一旦发生风尘之变，将置国家于何地！臣见识浅陋，说话没有轻重，诚不足采纳；而王景略是一代奇士，陛下每每把他比作孔明，他临终之言陛下不应该忘记呀！"

苻坚本不是刚愎自用的人，但这时却变得格外固执，听不进任何不同意见。有一天，他驾游东苑，命僧人释道安陪辇。这个道安是当时名满南北的高僧，精通佛理，广蓄徒众。苻坚攻占襄阳后，写信给诸征镇说："昔晋氏平吴，利在二陆（指陆机、陆云）；今破汉南，获士才一人有半耳。""一人"即指道安。随即，苻坚把他挟持到长安，优礼有加。苻坚对道安说："朕将要与公南游吴越，率六师巡狩，到嶷岭拜谒虞陵，到会稽瞻仰禹穴，泛舟长江，东临沧海，不亦乐乎！"道安委婉地劝谏说："陛下应天御世，居于中土而控制四维。何必上劳神驾，下困苍生！《诗》云：'惠此中国，以绥四方。'如果文德足以抚绥远土，就可以不费一兵一卒而宾服百越。"苻坚说："朕之所以要出兵南伐，不是因为土地不广、人口不多，只是想统一天下、拯救苍生，不想穷兵黩武。"是后，苻融、石越及尚书原绍等数十次上书切谏，苻坚都不理睬。太子苻宏、宠妃张夫人、爱子苻诜也一再进谏，但苻坚主意已定，不为所动。

倘若宰相王猛健在，他必是谏阻南伐的第一人。王猛劝谏，苻坚或许尚能考虑。王猛不在，苻坚则一意孤行。朝臣中，唯有慕容垂有意迎合苻坚，他说："陛下德侔五帝，功高汤武，八方敬仰，远夷来归。而司马氏的残兵败将，竟敢抗拒王命，如不加诛，法度安在！以小事大，以弱事强,是天经地义的。何况大秦顺应天命,陛下圣明英武,雄兵百万,良将满朝,岂能容忍他们!陛下只要自己下决心就够了,不必询问众人的意见。"苻坚以为终于找到一个知音,高兴地说:"与朕共同平定天下的,只有卿一人而已。"

司马光曾经引用古人的话评论说:"数战则民疲,数胜则主骄,以骄主御疲民,未有不亡者也。秦王似之矣。"司马光的评论是有道理的。苻坚有统一天下的大志,但因为骄傲而不恤不顾民之疲疾,终于一步步地陷入灭顶之灾,不能自拔。

建元十九年(383年)一月,在伐晋之前,苻坚先行派兵远征西域。他任命吕光为都督西讨诸军事,率领大军从长安出发。

同年七月,他正式颁布进攻东晋的诏令,规定百姓每10人抽1人当兵;良家子20岁以上有武艺者为羽林郎,共征得三万余骑,又任命秦州主簿赵盛之为建威将军、少年都统。征调各州公私马匹,一律充作军马。随即,派遣阳平公、征南大将军苻融督骠骑将军张蚝、抚军将军苻方及冠军将军慕容垂等步骑25万为前锋,全军步兵60余万、骑兵27万,前后千里,旗鼓相望。当苻坚大驾从长安出发至项城(今河南省沈丘县)时,幽冀兵到达彭城(今江苏省徐州市),但凉州兵才到达咸阳,蜀汉兵才顺流而下,东西万里。前秦大军表面上声势浩大,旷古未闻,实际上面铺得太大,战线拉得过长,力量过于分散。

东晋备战

当前秦大军南下时,东晋进行紧急部署。宰相谢安居中调度全局,任命尚书仆射谢石为征虏将军、征讨大都督,冠军将军、徐兖二州刺史谢玄为前锋都督,与辅国将军谢琰、西中郎将桓伊等率军八万御敌。

这时的东晋，是门阀政治比较缓和、统治集团内部比较稳定的时期。由于桓温篡夺帝位而造成的危机过去了，门阀大族之间、门阀大族与帝室之间的均衡关系得以修复。桓温死后，桓温弟桓冲退出中央，原来以韬晦自处的谢安执掌东晋朝政。

谢安出自东晋的高门大族谢氏。唐朝著名诗人刘禹锡写道：

　　朱雀桥边野草花，
　　乌衣巷口夕阳斜。
　　旧时王谢堂前燕，
　　飞入寻常百姓家。

刘禹锡这首怀古诗，缅怀的就是显赫于东晋、宋、齐、梁、陈五朝的高门大族琅琊王氏和陈郡谢氏。这是建康秦淮河畔、朱雀桥边的乌衣巷里两个钟鸣鼎食的家族。王氏扶植南逃过江的司马睿建立东晋政权，王导是其代表人物；而谢氏则辅佐东晋政权渡过难关，谢安是其代表人物。

谢安，字安石。他聪慧优雅，风流倜傥，幼年即负盛名，在家族内外都被看好。但他却一直"高卧东山"，隐居不仕。司徒府辟召，吏部授佐著作郎，他都声言有病不就。他寓居会稽，整天与王羲之等人逍遥于山水之间，吟诗作文，不问世事。扬州刺史庾冰必欲得其为掾属，多次下令郡县敦逼，谢安不得已应召，也只是敷衍了一个多月就跑了回来。以后朝廷不管授予什么职务，他一概置之不理，"六七年间征召不至，虽弹奏相属，继以禁锢，而晏然不屑"。许多人十分惋惜，慨叹说："安石不肯出，将如苍生何！"

然而，谢安终于出山了。当其担任尚书仆射的从兄谢尚、担任豫州刺史兼都督的长兄谢奕先后死去，其继任豫州刺史都督的弟弟谢万又因北伐失败被废为庶人之后，谢氏家族面临着沦落的危机。为了保持家族地位不坠，谢安终于应征西大将军桓温的辟召，进入了桓府担任司马。这是东晋升平四年（360年），这年谢安已41岁。有一天，桓温有意调侃谢安，问道："有一种草药，名字又叫'远志'，又叫'小草'，为什么？"谢安还没有开口，在座的参军郝隆抢着回答说："'处'就叫'远志'，'出'就叫'小草'。"原来，这种草药的地下部分名叫"远志"，地上部分则叫"小草"。而"处"和"出"，是"隐居"和"出仕"的意思。这里讥讽谢安出仕是丧失远大志向，成了小草了。谢安非常尴尬，但也只能忍受下来。

此后十余年中，桓温成为继王、庾之后东晋政治的当轴门阀。桓温出镇荆州，西灭成汉，进为征西大将军，逐渐不把朝廷放在眼里。后来，他率军北伐，曾经攻占洛阳，逼近长安。太和六年（371年），桓温入京，废晋帝司马奕，另立司马昱为帝，自此威权达到顶点。这个时期，谢安的官位不断升迁，由吴兴太守而侍中而吏部尚书、中护军，虽然没有什么实权，但也没有成为桓温的眼中钉。这是他善于韬晦，事事小心谨慎的结果。有一次他遇见桓温，远远就倒地而拜。又有一次，他和王坦之去拜会桓温的心腹郗超。郗超门庭若市，等了许久也见不到，王坦之不耐烦了，便欲离去，谢安说："卿就不能为这条命忍一会儿吗？"

桓温死后，谢安终于执掌了朝政大权。他雄才大略，精明干练，对外"镇之和靖，御以长算"，对内"不存小察，弘以大纲"，使东晋形势大有好转。

当时南北关系日趋紧张。前秦统一北方，国力强盛，不断派兵侵扰东晋的北境。作为建康北面门户的广陵（今江苏省扬州市），这时承受着很大的压力，却无良将出镇。谢安推荐自己的侄子谢玄为兖州刺史、广陵相、监江北诸军事。谢安这样做，固然有他的私心。在东晋门阀政治时代，先后执政的王导、庾亮、桓温等人无不安置自己的家族子弟掌握军政大权，谢安也未始不是如此，所以朝野颇有非议。倒是谢安的政敌郗超出来说了句公道话，他说："谢安明察，所以敢于违众举亲；谢玄有才，必定不负所举。"众人不以为然，郗超又说："我曾经和谢玄同府中共事，了解他很有才干。"谢玄确实有良将之才，他到任后首先在京口（今江苏省镇江市）附近重新组建"北府兵"（东晋称京口为北府），"多募劲勇，（刘）牢之与东海何谦、琅琊诸葛侃、乐安高衡、东平刘轨、西河田洛及竟陵孙无终等以骁猛入选"。刘牢之等人都是流落在江淮间的流民帅，他们有的原来就是北府旧将，大多拥有数量不等的由流民组成的武装，他们带着自己的流民武装归附谢玄，成为谢玄重新组建的北府军的将领。北府兵虽然没有经过严格训练和补给精良武器就仓促上阵，但由于流民能吃苦，具有战斗经验，复仇愿望强烈，求战心切，只要统御有方、指挥得当，就能发挥出巨大的战斗力。在三阿战役中，北府军已经初露锋芒。

谢安人称风流宰相，大敌当前，建康震恐，而他神态自若、安之若素。谢玄出兵之前，因敌我力量悬殊，再一次进宰相府，问计于谢安。谢安只淡淡然说："已另有旨意。"说罢就不吭声了。谢玄不敢再问，悄悄退出，但心里还是不踏实，又派人来请示，谢安仍不理睬，却让下人准备好车马，拉上亲朋好友去游览山野风光。他兴趣盎然，谈笑风生，还要谢玄与他下围棋，以别墅作赌注。谢玄不好推辞，但正为战事忐忑不安。他的棋艺本来比谢安高明，却连连出错，不得不放出胜负手，但最终还是输了。见叔父如此沉着冷静，谢玄的心情也渐渐放松了。直到天黑，他们才尽兴而归。荆州刺史桓冲对建康的安全甚为担心，准备拨出精锐三千人入卫京师，派人向谢安请示。谢安坚决回绝，让人转告桓冲说："朝廷自有安排，兵甲不缺，不必担忧，西藩防务不可松懈。"

后来的战争结果证明，谢安对战局并非强作镇静，而是成竹在胸了。

淝水惨败

战争刚开始的时候，前秦明显占据优势。前秦前锋苻融很快攻克寿阳（今安徽省寿县），擒获晋将徐元喜等人。晋将胡彬听说寿阳陷落，领军退据硖石（今安徽省寿县西北）。苻融一面派兵急攻硖石，一面派将军梁成率领五万大军屯守洛涧（今安徽省淮南市东淮河支流洛河），以截断胡彬的退路，同时遏制东面的援军。谢石、谢玄率领的晋军主力果然忌惮秦军，在距离洛涧25里处停了下来。胡彬困守硖石，粮食已经吃光，派人送信向谢石告急求援，送信的人被秦军捉住，押送苻融。苻融见信上写道："今贼（指秦军）盛而粮尽，恐怕再也见不到大军了！"不禁大喜，连忙派使者驰报苻坚说："贼军（指晋军）势弱，容易擒获，但恐逃逸而去，应该迅速发动总攻。"苻坚接到报告，求胜心切，便把大军留在项城，只带着轻骑八千，日夜兼程赶往寿阳。

苻坚到达寿阳，竟想不战而胜。他没有立刻发动进攻，派东晋的降将朱序去谢石营中劝降。朱序见到谢石，在随从面前一本正经地对谢石说："强弱异势，你们晚降不如早降。"等到随从不在时，便悄悄地说："如果等百万秦军都开到前线，势必难以为敌，乘现在秦军尚未集结，你们应该赶快出击，只要打败它的前锋，挫折其锐气，就能够打胜。"本来，谢石听说苻坚已到寿阳，心里甚为害怕，准备采取只守不攻的策略，这时接受了朱序的建议，请朱序为内应。十一月，谢玄派遣将军刘牢之带领精兵5000人急行军赴洛涧，秦将梁成在对岸严阵以待。刘牢之乘黑夜挥师强渡洛水，袭击梁成军营，临阵斩杀梁成等十员将领，又分兵截断秦军退路的渡口。秦军步骑溃散，争着下水逃跑，淹死在水中的有15000人。刘牢之继而纵兵追击，俘虏秦将王显等人，缴获大批秦军丢弃的军资器仗。洛涧之战以后，晋军水陆并进，声威大振。

寒风飒飒，苻坚登上寿阳城头巡视，只见远处晋军阵容严整，气势不凡，遥望八公山（距寿阳城北四里）上影影绰绰的草木，以为都是晋军，不禁一惊，回头对苻融说："这明明是一支劲旅，怎么能说是弱呢？"大有责难之意。秦、晋二军在淝水两岸排兵布阵。晋军兵少，意在速战。谢玄遣使向苻融提议说："将军领兵远道而来，却在岸边列阵，这是作持久战的打算，难道不准备快些打？如若将军能够稍稍地往后移动一下阵地，使我军渡过淝水，一决胜负，不是更好吗？"秦军诸将都认为，我众敌寡，不如遏制敌军，不让他们过河，这才是万全之策。然而，苻坚却说："可以将计就计，我军只要稍退，等晋兵渡到河中间，我则以铁骑突然出击，岂有不胜之理！"于是，下令全军稍向后撤。秦军将士大多不了解撤军命令的意图，队伍刚刚移动，突然阵后传来"秦军败了，秦军败了"的喊声，前面不明真相的士兵们撒腿就跑，后面的也跟着跑了起来，顿时阵脚大乱。原来，喊"秦军败了"的人正是朱序，他指挥自己的部下反戈一击。晋将谢玄及谢琰、桓伊等趁机率晋军渡河猛攻，秦兵已经无心恋战，争相逃命。狂奔的秦兵如汹涌的潮水，苻坚、苻融想拦也拦不住了。苻融飞骑驰入溃退的队伍中，大喊"站住"，结果坐骑让乱兵冲倒，摔下马来，被赶到的晋兵杀死。晋军一鼓作气，追击秦军至寿阳三十里外的青冈。秦军大败，自相践踏而死者不计其数。侥幸脱逃者则丢盔弃甲，日夜狂奔，听见风声鹤唳都以为是追兵到了。这些人风餐露宿挨饿受冻，大半也丧生了。

苻坚在逃命中身中流箭，挣扎着回到淮北，见到宠幸的张夫人，想自己半生心血付诸东流，潸然泪下，哽咽道："朕今日还有何面目治理天下呵！"

苻坚是十六国时代少数民族领袖中的佼佼者。他统一北方，把前秦治理得井井有条，使之成为十六国以来最好的时期。他较少民族偏见，不偏袒本民族的不法豪强，对其他民族的政策是相对开明的。他还以统一全国为己任，可惜的是，当时前秦国内的民族矛盾仍然比较尖锐，统治秩序远未稳定，近百万的军队其实是一群乌合之众，最终出现淝水惨败的结局，这不仅是苻坚本人的局限，也是时代的局限。

千古遗恨

前秦皇朝是建立在军事统治的基础上的,一旦它的军事力量被摧毁,皇朝立刻濒临瓦解的境地。

回到淮北,苻坚的手下只剩下千余骑,他带着这千余骑奔赴慕容垂。淝水之战中,唯有慕容垂统领的三万人马安然无恙,慕容垂的子侄和亲党都主张以此作为复国的资本,要求杀掉苻坚。出于感恩,慕容垂没有对苻坚下手,相反,他把军队悉数交还给苻坚。苻坚一路上收拾残部,到洛阳时,已有十万余众,"百官、仪物、军容粗备",元气略有恢复。

但是,慕容垂最终还是找借口走了。在返回长安途经渑池时,慕容垂请求北上,去抚慰北境,并祭祀祖先陵墓,苻坚答应了。当时,权翼提醒道:"慕容垂智勇过人,其先世称雄东夏,他为避祸而来,他的本心岂是当一个冠军将军,此去恐怕不复返了。譬如养鹰,不能让它吃饱,它才能依恋于主人。而每当风暴来临,它就想凌空而去,因而要加固鸟笼,哪能放纵和随其所欲呢!"苻坚说:"卿说得有理,只是朕已经答应了,匹夫尚且不可食言,何况朕是万乘之主,岂能出尔反尔!"权翼痛心地说:"陛下这样做是重小信而轻国家,臣唯恐关东之乱就要从此开始了。"

诚如权翼所料,苻坚放走慕容垂这一失误导致了非常严重的结果。虽然苻坚后来派骁骑将军石越率领3000兵戍守邺城,骠骑将军张蚝率领5000羽林戍守并州,镇军将军毛当率领4000兵戍守洛阳,以防范慕容垂。但诸将兵力单薄,无济于事。建元二十年(384年)初,慕容垂与丁零族翟斌相呼应,重新树起燕国旗帜,史称后燕。他引丁零、乌丸二十余万众长驱进攻邺城,关东六州的郡县大多望风而降。不久,原北地郡长史慕容泓聚数千鲜卑人,驻屯华阴,打败秦将强永,势力渐盛。原平阳太守慕容冲也起兵平阴,率众两万进攻蒲坂。

继慕容鲜卑而起的是羌族姚苌。苻坚无力顾及关东，只想全力保住关中。他以苻熙为雍州刺史，镇蒲坂；以苻叡为都督中外诸军事、录尚书事，配兵五万，进讨慕容泓。龙骧将军姚苌充任司马，随苻叡出征。苻叡好大喜功，有勇无谋。姚苌建议采取驱赶慕容泓出关的策略，苻叡不以为然，领兵截击，结果败死在华泽。打了败仗以后，姚苌派参佐谢罪，不意被苻坚怒杀。姚苌惧罪，逃奔渭北纠集羌人五万余家，自称万年秦王，史称后秦。姚苌的背叛，是羌族贵族与前秦皇朝矛盾尖锐化的表现，而苻坚处置不当则是直接因素。在危难之际，姚苌倒戈使苻坚陷入腹背受敌、四面楚歌的困境。

苻坚亲率步骑兵两万攻姚苌，起初获得小胜，而后姚苌军越战越强，发展到七万多人，俘虏前秦将吏杨璧、徐成等数十人。与此同时，慕容泓谋士高盖杀慕容泓，奉战败来奔的慕容冲为主。为了共同对付前秦，姚苌与慕容冲联合，苻坚则不得不两面作战，东奔西跑。慕容冲占据阿房宫，进逼长安。长安城内的鲜卑人策划为内应。慕容晞以其子新婚为名大摆宴席，准备请苻坚赴宴，在宴席上动手。恰巧那天下雨，苻坚没有去成。事后有人告发，苻坚大怒，下令杀慕容晞及其宗族，于是城内的鲜卑人不分男女老幼都被斩尽杀绝。

建元二十一年（385年），长安断粮，出现了人吃人的现象，防守更加困难了。苻坚顽强抵抗，虽也打过两次胜仗，但在白渠战役中，苻坚被燕兵包围，几乎丧命。五月，城中流传谶书《古符传贾录》，说："帝出五将长久得。"此前，已有"帝入五将山长得"的谣言。苻坚刚刚失去骁将杨定，对前景十分悲观，便对谶书、谣言信以为真。他匆匆吩咐太子苻宏说："上天或者要引导朕，你镇守城池，不要与敌人争一日之短长，朕会从陇中征兵运粮来支援你的。"然后带着几百骑兵并张夫人、子女数人遁入五将山中。确如胡三省在《资治通鉴》注中所评说："秦王坚始也禁人学谶，及丧败之极，乃欲用谶书，奔五将山以求免，其颠倒错缪甚矣，盖死期将至也。"

七月，姚苌遣将领吴忠进五将山围捕苻坚。秦兵四散逃窜，只剩下侍从十余人留在苻坚身边。苻坚神色自若，端坐在地上进食。不一会儿，吴忠领兵到，捕送苻坚至新平。八月，姚苌向苻坚索取传国玉玺，苻坚横眉怒骂。姚苌又求举行禅让仪式，苻坚仍怒骂不绝，以求速死。姚苌令人于新平佛寺中缢杀苻坚。

苻坚出奔一个多月后，慕容冲攻进长安，苻宏投奔武都氐豪强熙，又辗转归降东晋，前秦皇朝就这样灭亡了。

05

河西风云

凉州人物争霸录

浩浩荡荡的黄河水，润泽着河西走廊两岸；绵延千里的祁连山麓，气候宜人，绿草茵茵，有利于凉州农牧业的发展。中原动乱，大批汉族人士逃亡而来，僻远的凉州竟成人文荟萃之地。在前凉张轨祖孙数代人的惨淡经营下，凉州政治上自保，经济上自立，文教事业有所发展。然而，凉州终究不是世外桃源，这里的局势演变也令人惊心动魄。

西域归师

前秦太安元年（385年）三月的一个黄昏，沿着古老的"丝绸之路"，一支浩浩荡荡的大军正由西向东行进着。七万余人的队伍，驮着奇珍异宝、殊禽异兽的两万头骆驼，万余匹的骏马，逶迤数十里，西天的最后一抹夕照，映在将士们的脸上。将士们虽然衣冠不整、风尘仆仆，但疲惫的脸上都露出笑容，精神格外振奋。

他们是两年前前秦苻坚派出远征西域胜利归来的将士。眼看就要到玉门关了，士兵们一想到回家团聚有日，岂不高兴！然而，作为全军统帅的吕光，这时却紧蹙着眉头，满腹心事，连身旁的侍卫们都疑惑不解。

往事如烟。前秦建元六年（370年），苻坚消灭了前燕。建元十二年（376年），苻坚消灭汉人张轨在河西地区建立了前凉，又灭拓跋鲜卑在今山西北部和内蒙古地区建立的代国，重新统一了北方。这是前秦最辉煌鼎盛的年代，兵强国富，一派升平景象，不过这一切似乎很遥远了。

苻坚好大喜功，统一北方后，他还想"混一六合"，统一天下。他早就关注着西北一带。灭凉时，他迁徙当地的豪右七千余户至关中，对留下来的前凉官员进行分化瓦解，又任命领兵灭凉的原中书令梁熙为凉州刺史，镇守姑臧（今甘肃省武威市），加强对河西的控制和经营。梁熙果然不负所望，不仅把河西治理得井井有条，而且多次派遣使者加强与西域的联系，扩大前秦的影响。于是，西域十余国也派遣使者到长安。大宛国献"天马千里驹，皆汗血、朱鬣、五色、凤膺、麟身，及诸珍异五百余种"，其他各国也都贡献他们的特产。但是，也有一些西域国家，如龟兹、焉耆等不称臣纳贡，不通使往来。

建元十八年（382年），苻坚决定出兵西域。这时，恰好车师前部王弥寘、鄯善王休密驮到长安朝觐，愿意担任西征军的向导，苻坚大喜。于是，任命吕光为使持节、都督西域征讨诸军事，作为西征大军的统帅。

吕光是苻坚的爱将，出身略阳临渭（今甘肃省秦安县东南）氐人，世为豪酋。吕氏与苻氏在后赵时被石虎从略阳迁出，颠沛流离到了枋头（今河南省浚县西南）。吕光就是在枋头出生的。父吕婆楼，辅佐苻坚发动政变，夺取前秦王位，深得苻坚的信赖，历任司隶校尉、太尉。吕光少年时性格粗犷，不喜欢读书，一味飞鹰走马。长大后却刚毅沉稳，宽宏大度，喜怒不形于色，很受王猛的器重。王猛觉得这个小伙子将来一定非同凡响，便把他举荐给苻坚。

吕光当过美阳县令，受到当地夷、汉人民的爱戴。后来，在一系列的战斗中，吕光显示了出众的军事才能：二十岁时，他随从苻坚讨伐张平，作战英勇，临阵刺死张平养子张蚝，从此威名大振。稍后，他奉命与王鉴出征秦州叛将苻双。王鉴主张速战，吕光主张"持重以待其弊"。苻双军队粮尽而退，吕光这才挥师而进，大获全胜。此后，吕光在灭前燕、讨李焉、平苻洛等战役中都立下赫赫战功，累迁至骁骑将军。

建元十九年（383年）一月，苻坚在长安建章宫为吕光送行，嘱咐他说："西戎僻远，风俗不同，不比礼仪之邦。应采取羁縻的办法，只要肯归顺就宽以待之；目的在于宣示国威，引导他们走向王化之道，切不可穷兵黩武，残害掠夺。"苻坚还任命鄯善王休密驮为都督西域诸军事、车师前部王弥寘为西域都护，率领国兵充当向导。

寒风飒飒，战旗猎猎。吕光领兵七万、铁骑五千，踏上了遥远的征程。到达高昌（今新疆维吾尔自治区吐鲁番市东）时，传来了前秦举国南下进攻东晋的消息。吕光准备原地待命，部将杜进说："既已受命，兵贵神速，不可擅留。"于是，吕光率领全军继续西进，穿越三百里大沙漠。赤日当空，沙海茫茫，无处觅水，将士们无不大惊失色。吕光神闲气定，鼓励大家战胜困难。值得庆幸的是，当他们艰难地跋涉"死亡之海"的时候，竟下了一场罕见的大雨，使大军平安走出了大沙漠。

像传说中的天兵天将降临一样，吕光的军队突然出现在焉耆城外，焉耆国王泥流率先带领属国请降。龟兹国王帛纯自恃大国，举兵对抗。吕光陈兵龟兹城南，五里一营，深沟高垒，广设疑兵，然后发起猛攻。帛纯负隅顽抗，倾尽国中金银财宝，派人向狯胡求救。狯胡弟呐龙率领二十余万骑兵，并联合温宿、尉头等国兵直奔龟兹而来。胡人不但兵多势众，而且弓马娴熟，铠如连锁，套人的皮索又准又狠。吕光临战不慌，巧于应对，"迁营相接阵，为勾锁之法，精骑为游军，弥缝其阙"，表现出高超的战争指挥艺术，终于在城西大败敌军，斩获万余首级。帛纯携带着一些珍宝匆匆逃走，其余三十多国的王侯都向吕光投降了。

吕光以胜利者的姿态进入了龟兹城，在金碧辉煌的龟兹宫中大飨将士。优美的西域乐舞使将士们大开眼界，醇厚的葡萄美酒更使将士们心旷神怡。吕光端坐在高高的宫殿之上，脚下跪伏的不仅有西域各国的王侯，还有不远万里前来归附进贡的使臣。参军段业奉命作《龟兹宫赋》，讥刺龟兹王因奢侈而亡国，赞颂前秦将士的勇敢和胜利。

在胜利面前，吕光深深地陶醉了。西域土地的广袤、物产的富饶、诸国的臣服，使他的野心随之滋长，错把他乡当故乡。但是，有一天一个特殊的客人把吕光唤醒了。这个人就是西域高僧鸠摩罗什。鸠摩罗什的父亲是天竺（今印度）人，出家后东渡葱岭，被龟兹国王聘为国师。他的母亲是龟兹王妹。他七岁即随着母亲出家，精通小乘、大乘佛教，具有深厚的佛学修养，声名远播中原。苻坚派吕光远征西域，一个任务就是迎致鸠摩罗什。当吕光流露出要留在西域称王的意思时,鸠摩罗什劝吕光东返。对于这样一个有着传奇色彩的人物的建议,吕光不能不慎重考虑。

吕光思虑良久,仍然拿不定主意。两年来,与朝廷的信息已经完全断绝了。是大军过江无暇顾及西军,还是南征不利已顾不上西军?况且,西征军的军心如何,他们是否愿意留在西域,也得听听将士们的意见。于是,吕光召集文武大员,让大家各抒己见。出乎吕光意料的是,西域的歌舞美酒并没有拴住将士们的心。他们日夜思念着父母妻儿,魂牵梦绕着桑梓故国,异口同声地反对继续滞留西域,要求尽早出发,返回关中。尽管吕光对西域不无留恋,但军心不可侮。军心浮动,如被西域诸国所利用,后果将不堪设想。吕光当机立断,传令各部收拾战利品,班师回朝。

西征大军向凉州进发。尚未进入玉门关,派出的斥候已带来不幸的消息:秦军在淝水大败,长安形势危急。凯旋的大军,不知等待自己的将是什么,作为统帅的吕光,怎么能不心急如焚呢?

艰难时世

凉州之得名,主要因为它地处西北,气候寒凉的缘故。其地域范围大致包括今天甘肃河西走廊和青海湟水流域,又因这一地区位于黄河以西,所以常被称作河西。与中原相比,这里的自然条件略显逊色,但在整个西北地区,却又是一块黄金福地。巍峨高耸的祁连山和北部以龙首山、合黎山为主脉的一系列山脉像两面墙壁,中间就是天然形成的"河西走廊"了。由于大黄山、黑山等零星山脉的阻隔,在河西走廊中形成了三块"小平原"。终年积雪的祁连山,是一个固体的"大水库",从那里流下的潺潺雪水形成三条主要河流,各自浇灌着一块平原,它们成为滋养河西走廊生命的血脉。张掖、姑臧、敦煌等名城像一颗颗璀璨的珍珠镶嵌在这些河流边。同时，平坦的地形，便利的给养和地处中西交通要道的独特位置，使这里成为著名的"丝绸之路"上的军事要冲。西晋末年战乱，大批中原士民流聚至此，把它作为避难之所。无疑河西地区的地位越来越重要了。

吕光在路途上已隐约听说了前秦在淝水败亡的消息，一路上他虽然在紧张地思索着，但是，快要到河西了，仍没有明确的计划。

这时，河西地区已乱作一团。前秦自淝水战败后，已无暇顾及各地，凉州刺史梁熙独立控制了凉州。吕光来势汹汹，谁也不知道事情的发展将会怎样。高昌太守杨翰与美水令张统分别向梁熙提出建议，杨翰劝说梁熙效法前凉，据地自保，阻挡西征军东向。张统则劝梁熙效忠前秦，扶立宗室苻洛为盟主，使吕光不敢心存异志。然而，这两条计策梁熙均未采用。他优柔寡断，对杨翰提出的立即封锁高梧谷口和伊吾关（今新疆维吾尔自治区哈密市）的建议也没有付诸实施。而大乱之中，其他的政治势力纷纷复活，其中最主要的是原前凉张天锡之子张大豫联合河西鲜卑秃发思复鞬、汉人焦松、张济等前凉复国势力。内外交困中，梁熙已穷于应付了。

吕光进军河西时，听说杨翰劝梁熙把住二关的消息，他有些举棋不定。在这关键时刻，部将杜进再次走上前来，劝他大胆出击，不要顾虑太多。杜进很有把握地说："梁熙为人，文雅有余，但机鉴不足，杨翰的建议，他是不会听从的。"事实果然如此，吕光的军队迅速穿过二关，惊慌失措的梁熙这才传檄州郡，发兵抵抗，但无奈大势已去，反而为吕光抓住把柄，指责他不仅不发兵勤王，反而阻遏归师，罪不可恕。

前秦太安元年（385年）九月，吕光进入姑臧，杀梁熙，自称凉州刺史、护羌校尉。次年九月，吕光听说苻坚已为姚苌所害的确切消息，哀号大恸，下令三军缟素。其实，这不过是收买人心的手段。不久，他就自称使持节、侍中、中外大都督、督陇右河西诸军事、大将军、凉州牧、酒泉公。四年后，他自称三河王，改元麟嘉元年。麟嘉八年（396年），吕光自立为大凉天王，署置百官，这就是历史上的后凉。

所谓后凉,是和前凉对举而称的。前凉是由汉人张轨在西晋末年所建的河西政权。张轨,字士彦,安定乌氏(今甘肃省平凉市西北)人。他出生于西北士族之家,自幼即聪明好学,在晋惠帝时已颇有权势。西晋末年,皇室内部斗争加剧,当时的明智者都已看出了时局危殆的征兆。为了躲避即将到来的战乱,张轨想出了一个明哲保身的办法,他向西晋朝廷提出去河西任职的请求后,在晋惠帝永宁元年(301年)正式得到了批准,被任命为护羌校尉、凉州刺史。

张轨出身于河西大族,本人又才德兼备,因而深得河西人的拥护。张氏前凉政权治理河西的主要特点一是笼络河西大族,二是采取绥宁安抚政策,应该说,在战乱割据的河西地区,这是最有效的统治政策了。事实证明,后来的前凉政权能否长久是与这两项政策执行的有效程度密切相关的。自魏晋以来,全国各地世家大族的势力不断扩张,河西地区也不例外。大族占有土地与劳动力,政治上垄断权力,文化上学在私门,完全是翻云覆雨的势头。张轨到达河西,立即"以宋配、阴充、氾瑗、阴澹为股肱谋主",拉拢他们参与地方政权;其他的一些在敦煌累世为官的宗族,如令狐氏、张氏、宋氏、阴氏、氾氏及陇西辛氏、武威贾氏等都在张氏政权中占有一席之地,成为张氏政权的得力助手。张氏的子孙也大多勤于政事,自张轨始,到以后的张寔、张骏、张重华等,都注意发展生产,劝课农桑,轻徭薄赋。在中原混战时,河西一地却保持了安定发展的局面。

那么,吕光建立的后凉能否达到前凉的鼎盛,为河西人民谋得福利呢?

后凉主吕光之所以能称霸河西,主要依靠的是属下的7.5万军队。这支军队以氐人为骨干。但河西走廊原非氐人居住区,前秦败后,苻坚部将羌人姚苌、鲜卑人慕容泓、慕容垂、乞伏国仁等纷纷割据称雄,氐人的力量更是遭到了削弱,因而,一旦军队损耗,兵源补充是很困难的。在这种情况下,吕光要想在河西地区站稳脚跟,首要之举是保证内和外睦,对内团结自己的亲信将领，对外拉拢河西大族和其他少数民族上层人物。但吕光只是一介武夫，治国伊始，处置失当，成为后凉二世而亡的重要原因。

杜进是吕光的部将，多年来跟随他征讨西域，又辅助他称王河西，常常在关键时刻给予他有益的劝告，是吕光最得力的助手。但随着杜进权力的加重与威望的提高，吕光逐渐对他产生了猜忌。一天，吕光的外甥吕聪从关中到来，吕光随口问他关中的人对他的治绩有何评价。吕聪却说："关中人只听说有个杜进，哪里还知道舅舅的大名？"吕光听后默不作声，竟派人杀死了杜进。

这种"狡兔死，走狗烹"的做法引起了其他将领的恐慌与不安。杜进富有谋略，又屡立大功，他的死直接导致了吕光集团内部的分裂涣散。部将徐炅与张掖太守彭晃起兵反对吕光，并且东结康宁、西连前凉残余王穆，一时声势很大。吕光亲率步骑三万，才将这次叛乱镇压下去。吕光对自己部将的不信任必将导致其亲近谗佞小人。进入姑臧后，他最亲幸的人是主簿尉祐。尉祐因出谋抓捕梁熙而深受吕光信任，吕光对他言听计从，杀了姚皓、尹景等十几个名士，招致远近大族的愤慨，人怀离贰。而正是这个尉祐，后来却举起了反叛吕光的旗帜，搞得他狼狈不堪。

军事力量并不雄厚，内部政权也不稳固，好大喜功的吕光却无视这些致命缺陷，仍不断挑起对四方的征服战争。后凉麟嘉八年（396年），就在吕光称天王后不久，西秦王乞伏乾归的弟弟轲弹前来投奔。轲弹因与其兄不和，于是向吕光报告其兄的勃勃野心，并怂恿吕光出兵西秦。吕光对轲弹的话不加深思，勃然大怒，又自认为西秦兄弟内争不和，有机可乘，当即点兵出袭。起初，西秦力不能敌，在后凉大军的逼迫下，步步后退，眼看胜利在即，吕光大为得意。但战场上风云变幻，由不得半点疏忽与大意。西秦主乞伏乾归放出风声，假称自己已兵败溃逃。吕光信以为真，遂不加防范。这时西秦军队突然发起反攻，后凉军大败而归。

对西秦战事的失败，不仅损耗了后凉大量的人力、物力，而且对后凉的士气也是一次沉重的打击。为转嫁战后的危机，吕光又听信谗言，将战败责任推到尚书沮渠罗仇和三河（今青海省乐都区南）太守沮渠麹粥兄弟二人身上，下令将二人处死。

沮渠氏事件将后凉政权推向毁灭的深渊。沮渠罗仇和沮渠麹粥都是卢水胡人，沮渠氏"世居卢水为酋豪"，属于西北少数民族上层人物，势力极为强大。沮渠氏兄弟无罪被杀，激起了卢水胡族人的极大愤慨。罗仇与麹粥的侄儿沮渠蒙逊是个很有谋略的年轻人，在安葬伯父的葬礼上，他慷慨陈词，号召族人起来反对后凉，得到了卢水胡族各部近万人的响应。沮渠大军迅速攻下了后凉临松郡，屯据金山（今甘肃省山丹县西南）。蒙逊的从兄沮渠男成闻讯后，也聚兵数千拥立段业响应。不久，段业进据张掖，自称凉王，史称北凉，与吕光抗衡。

早在沮渠氏起兵之前，吕光已听说了一个不幸的消息：河西鲜卑秃发乌孤自称西平王，建元太初，对抗后凉，这就是后来的南凉。鲜卑秃发乌孤的部众主要活动于湟水流域，在那里有牢固的根基。后凉建立伊始，吕光曾在湟水设乐都（今青海省乐都区）、湟河（今青海省乐都区南）、浇河（今青海省西宁市南）三郡，任命秃发乌孤为冠军大将军、河西鲜卑大都统、广武县侯，管理当地各族人民。这说明，秃发乌孤势力雄厚，吕光对其无可奈何，只得进行拉拢。现在，吕光一旦战败，势力削弱，秃发乌孤也就没有理由不脱离吕光了。

北凉、南凉再加上早已占据金城、陇西、大夏、安固、武始等湟水流域诸郡的鲜卑乞伏氏建立的西秦，他们对后凉形成了四面包围。后凉正如一片桑叶，将被毫不留情地蚕食。

外部攻击不断，吕光疲于奔命。祸不单行，吕光集团又发生了内讧。这时，原吕光的散骑常侍、太常郭麿与侍中房晷、仆射王详也反对吕光。郭麿占据姑臧东苑，与吕光对抗。吕光的八个孙子未来得及撤离，竟被郭麿用刀剑残忍地肢分节解。为了壮大自己的实力，郭麿还把吕光的后将军、氐人杨轨也拉拢了过来。

郭黁的叛乱虽被平息了，但内忧外患的打击使吕光一病不起。昔日不可一世的后凉王此刻双目无神，躺在病榻上，如烟的往事一一掠过眼前：征服西域的胜利与辉煌，创建后凉的艰难苦辛，建国后一连串的打击……他痛苦地闭上了眼睛，是悔恨还是懊丧？纵观后凉统治河西的短短几年，除了四处攻战，并无多少政绩可言，没有能像前凉那样给河西的老百姓带来任何实利，相反，战争使生产荒残，后凉屡次发生饿死人的大饥荒。吕光得不到河西人的拥护也是必然的。

后凉龙飞三年（398年），吕光病死，时年63岁。

兄弟阋墙

吕光临终前，在继承人问题上颇为踌躇。嫡长子吕绍，早年与其母亲失陷于仇池，吕光称三河王时，方才归回。多年来随同吕光四处征战的则是庶长子吕纂、次子吕弘。他们的能力显然大大超过吕绍。但吕光最终仍囿于嫡庶之见，册立吕绍为继承人。他告诫吕绍说："我的疾病日益加重，恐怕无药可救了。乞伏氏、沮渠氏、秃发氏三寇势力越来越大，时刻窥探，希望我们国内出现缝隙。我死后，可以让吕纂统六军，让吕弘掌朝政，你恭己无为，凡事委任两个兄弟就可以了。如果互相猜忌，祸起萧墙，那么，晋赵变故很快就会发生。"同时，他又对吕纂、吕弘说："吕绍并非拨乱之才，只因为有嫡庶之别才得以居元首之位，现在外有强敌，人心不宁，倘若兄弟和睦，则贻福万世，一旦内自相图，那么祸不旋踵。"吕纂、吕弘慑于父亲的余威，都信誓旦旦，声称不敢有二心，吕光这才放下心来。

其实，吕光的临终遗诏实在是自欺欺人，他让吕弘任司徒、掌政事，让吕纂统管六军，作为皇帝的吕绍权力已被架空，而掌握军政重权的吕弘、吕纂又岂甘久居人下？所以，吕光一死，一场同室操戈的惨剧就在后凉发生，内争导致后凉迅速走向覆亡。

吕纂、吕弘素以"凶狡"见称，吕绍虽屡次被父亲告诫要维持兄弟和睦，但对他们仍心存疑忌。吕光死时，吕绍封锁消息，秘不发丧，吕纂得知后，大为不满。这时，一批投机者又趁机挑拨离间。吕光弟吕宝子吕超支持吕绍，劝他干掉吕纂。他说："吕纂多年统兵，威震内外，临丧不哀，举止非常，应该当机立断杀掉他，以防不测。"吕绍犹豫不决。在一次议政会上，吕超屡次示意吕绍下手，被吕纂发现后产生了戒心。而吕弘因吕光当年曾有意立他当太子，后来改立吕绍，心中极为不满，于是劝吕纂废吕绍自立。当年年底，吕纂便发动政变，率数百壮士攻入宫中。吕绍见大势已去，登阁自杀。吕超也出逃了。这样，吕纂登上了皇帝的宝座。

吕纂夺位不久，与吕弘的矛盾又激化了。吕弘助吕纂起兵，自以为功崇名重，内不自安，而吕纂也因为吕弘拥有重兵而疑虑重重。不久，吕弘起兵东苑，并强迫一批老臣跟从。不过，叛军维持未久，吕弘便被捕杀。吕纂放纵士兵掠夺东苑，把虏获的妇女赏赐给部下，连吕弘的妻子也未能幸免。对于这种兄弟相残的行为，一些老臣早伤透了心。宗燮指责吕弘叛军不义，而侍中房晷干脆当着吕纂的面骂他："父亲新死，便祸起萧墙。兄弟内争，令无辜百姓受难，丧失了廉耻仁义，为天地所不容。"

但是，大乱并未到此结束。神鼎二年（402年），已经归顺吕纂的番禾太守吕超擅伐鲜卑思盘部落。思盘遣弟乞珍诉于吕纂。吕纂召吕超回姑臧。吕超接到敕令后非常害怕，便勾结殿中监杜尚和兄吕隆等，准备见机弑杀吕纂。吕超装出服罪的样子，得到了吕纂的原谅。二人欢宴后同车出游，吕超伺机刺杀了吕纂。消息传出后，有人劝在水城掌兵的吕光兄弟、巴西公吕他，吕纂弟弟、陇西公吕纬出面干涉。吕他为妻子梁氏制止。吕超又派人诱骗吕纬进城，除掉了他。

吕纂死后，吕隆为弟弟吕超所推即位。吕隆封吕超为使持节、侍中、都督中外诸军事、辅国大将军、司隶校尉、录尚书事，封安定公。至此，吕氏皇室内部残杀方才告一段落。

吕氏阋墙的惨剧虽然结束了，后凉的国力也一落千丈，积贫积弱。四周的北凉、南凉、西秦的势力却迅速壮大起来。自吕光至吕隆，都是好大喜功、刚愎自用的君主，他们一上台，便频频对外用兵，希望借此加强统治。而后凉的国史中也记载了累累败绩：咸宁二年（400年）二月，吕纂攻秃发利鹿孤，败还；六月，吕纂袭段业，无功，其后方却反为利鹿孤所袭……无休止的战争，耗费了国力，到吕隆时，姑臧地区物价飞涨，斗米值钱五千，"人相食，饿死者大半"。吕氏的政权已维持不下去了。

这时，关中地区由羌人姚兴建立的后秦，势力直逼河西。姚兴叔父姚硕德派出先锋部队大败吕超，并进抵姑臧城下，将它团团包围。不久，吕隆向姚硕德请降，被封为使持节、镇西大将军、凉州刺史、建康公。

神鼎三年（403年），后凉发生大饥荒，饿死十余万口。姑臧城内，人人心情沮丧，一片死气沉沉。这时，南凉秃发傉檀和北凉沮渠蒙逊乘虚而入，频繁侵扰。为保全性命，万般无奈之下，七月，吕隆派人与姚兴联系，请求归降，入居长安。姚兴派出齐难等大将率四万大军受降，后凉灭亡。十八年前，从长安出发的一支意气风发的西征大军，他们的后代却以俘虏的身份沮丧地返回桑梓故园。

拒受封爵

后凉龙飞元年（396年），在后凉都城姑臧南去的驿道上，一支使者队伍向湟水流域的廉川堡（今青海省乐都区东）方向匆匆南行。使者的坐骑后，跟着十来匹驮着各色礼物的骆驼。使者到达廉川堡，被后凉河西鲜卑大都统秃发乌孤迎至府中。双方客气地寒暄，而心里却相互戒备。少顷，使者向乌孤传达后凉王吕光的旨意：拜乌孤为征南大将军、益州牧、左贤王。传旨毕，乌孤既没有谢恩，堂上也没有出现预想中的热烈气氛，使者十分尴尬地看着端坐堂上的乌孤和周围戎服齐整的将领们。

使者心里暗暗叫苦：大概凉王的一番心思就要化为泡影了。果然，乌孤站了起来，朗声说道："吕王以专征之威，占据凉州，却不能以德柔远，安定民庶。几个儿子贪婪荒淫，三个外甥肆行暴虐，郡县为之土崩，民众生活无着。我安能违背天下人之心愿，接受这等不义的封爵！帝王之兴起，岂有常数？无道者灭亡，有道者昌盛。我将顺天应人，为天下之主。"说罢，堂上响起秃发氏部属的笑声。这笑声，不啻是对后凉的一纸绝交书，宣告秃发氏对后凉臣属关系的结束。

翌年，后凉败于西秦的消息传来，乌孤首起发难，自称大都督、大将军、大单于、西平王，建元太初，在湟水流域建立了政权，史称南凉。

浩荡的湟水，发源于祁连山，曲曲折折，由西向东，一路奔腾而下。丰沛的水源，如同宝贵的乳汁，哺育了两岸的土地和各族人民。在缺水的西北地区，水就是生命。而湟水谷地水源充足，土地肥沃，是宜耕宜牧的好地方。许多过着游牧生活的少数民族，在湟水两岸从事生产，创造文明。秃发南凉政权的建立，对湟水流域的进一步开发发挥了重要的作用。

秃发氏是拓跋鲜卑的一支，其先祖来自遥远的北方大草原。根据文献记载，秃发乌孤的八世祖匹孤，与北魏始祖拓跋力微同出于拓跋鲜卑的诘汾部落。"秃发"与"拓跋"，乃同音异译。诘汾死时，值汉魏易代之际，两人为争夺牧地发生了激烈的冲突，匹孤于是率领一部分部众南下。他们辗转到达河西，成为河西秃发鲜卑。后来，南凉亡国后，一些南凉宗室子弟投奔了北魏，他们为北魏太武帝亲待，赐姓"源"氏，意即他们与北魏宗室同源。同源而分为两支的鲜卑族人最终又会合了——这是后话。

匹孤到达河西时，他们的牧地范围大致为"东至麦田（今甘肃省靖远县东北）、牵屯（山名，在今甘肃省平凉市），西至湿罗（今青海湖东），南至浇河（今青海省贵德县），北接大漠"。他们在这儿居住了近两个世纪，原来的游牧部落开始定居下来，原来纯粹的畜牧业的生活也逐渐增添了农业的成分。匹孤迁到河西不久就死了，其子寿阗继领部众。匹孤孙子秃发树机能担任首领时，是公元三世纪下半叶。秃发氏的势力一度强盛，活跃于西北凉、秦、雍州之地，成为当地少数民族的中坚力量。树机能起兵反晋被镇压后，秃发部沉寂多年，直到思复鞬领部时，才再度兴盛。乌孤即思复鞬之子。

思复鞬时，正值河西风云变幻之际。先是前秦灭前凉，控制了河西。之后前秦瓦解，河西从此进入多事之秋。在这块远离中原的地方，梁熙、吕光、张大豫等先后起来争夺河西的控制权。思复鞬也率领秃发部落，加入这场逐鹿之战，他出兵支持张大豫进攻吕光，遭到失败。不久，思复鞬死，乌孤继领其众。

这时，吕光的后凉政权是河西一个比较强大的政权。不过，在吕光看来，秃发氏盘踞河西多年，根深蒂固，虽然新遭挫败，但元气未伤，毕竟不可轻视；另外，自己即使控制了河西，毕竟是初来乍到，根基不稳；而且，后凉正是立国之初，百废待举，需要大量的时间和精力，无暇他顾。基于种种考虑，吕光于是特意在湟水流域设立了乐都、浇河和湟河三郡，遣使委任秃发乌孤为冠军大将军、河西鲜卑大都统，封广武县侯，管辖当地胡汉民众。在秃发乌孤一方，不久前败于吕光，又发生诸部叛离事件，势力有所削弱，秃发部正面临着外患内忧的困窘局面。在这种情况下，如何处理与后凉的关系，有关今后的生死存亡。乌孤召集诸将商议，他说："吕氏远道遣使相授，我们该不该接受呢？"只听见帐下一阵鼓噪声，许多人激动地说："我们士众不少，为何要受制于人？"这时，部将石真若留说："如今我们尚未站稳脚跟，行事理应应时而动。吕光德行修明，境内安定。倘若我们拒绝接受，他倾国而来，我寡不敌众，则悔之无及。不如暂且接受以麻痹他，再相机行事。"乌孤觉得甚有道理，便采纳他的意见。这一举措，对后来南凉的立国产生了深远的影响。

自这时乌孤受封到龙飞元年的拒封，时光过去了近十年。这十年，对乌孤来说，是极为宝贵的十年，秃发氏经历了从混乱到统一强大的历程。

乌孤接受后凉的封爵，外部压力大大减轻。他趁机讨伐西部的乙弗、折掘二部，打了一个大胜仗。然后，他派部将石亦干修筑廉川堡，预备在那里建都。他还想继续讨伐叛离的其他部落，可是不知诸将的态度如何。有一次，他和诸将登上廉川山，俯瞰远山近水，神情郁郁，沉默不言，竟然流下了眼泪。诸将大感不解，面面相觑。石亦干上前问道："臣听说主忧臣辱，主辱臣死。主公为何不乐，难道是因为吕光吗？如今我们兵马强盛，保据大川；而吕光已经年老，屡战屡败，有何可怕呢？"乌孤摇了摇头，说："吕光衰老，我是知道的。只是我们的祖先以德怀远，使其他部落如卢陵、契汗都万里归顺。可是自我承继大业，却出现诸部背叛。近处尚且不宾服，远处如何能来归附？我是为此感到难过！"其实，乌孤不过是投石问路，试探诸将的反映。将领苻浑说："那么，主公为何不振师誓众，讨伐不宾？"众将也纷纷附议。乌孤要的就是这句话，于是点兵出征，先后降服了卢陵、契汗、意云河南鲜卑等，成为湟河流域的小霸主。

军事征服的同时，乌孤也注意加强内政建设，实行"养民务农"的政策。湟水流域自然条件比较好，秃发氏进入河西后，已部分从事农业生产。西晋末年大乱，有大批中原士人迁居河西，他们带来先进的生产技术和文化知识，促进了西北地区经济文化的飞跃。在这种氛围中，秃发氏不能不受到影响。早在思复鞬时，其部落即已进入军事联盟阶段，游牧性大为减弱。而乌孤将"养民务农"作为一项国策提出来，显示了他的远见，这无疑将对湟水流域的开发产生很大的促进作用。因此可以说，秃发乌孤与后凉的决裂，绝非一时的意气用事，而是十年经济、军事发展积累的必然结果。

吕光得到乌孤叛离的消息后，勃然大怒，派将军窦苟率军讨伐，在街亭（今甘肃省永登县北）击败乌孤的军队。但这时后凉内部斗争日趋激烈，大将杨轨、王乞基发动兵变，失败后率户数千归附乌孤，乌孤力量大增。后来，乌孤更称武威王，迁都乐都，署置其弟秃发利鹿孤为骠骑大将军、西平公，镇安夷（今青海省西宁市东）；弟秃发傉檀为车骑大将军、广武公，镇西平（今青海省西宁市）。这样，南凉政权终于站稳了脚跟。

文治武功

乌孤南凉政权的一个重要特征，是对河西大族的笼络。从前凉时起，凉州大姓实力很大，左右当地的政局。任何一种势力，若想占据河西、在河西有所作为，都不可忽视河西的大族。乌孤在河西鲜卑中拥有坚实的基础，登高一呼，群从响应。在大族右姓面前，乌孤又比较谦逊，能礼贤下士，从而罗致了出自各族的人才。史称："金石生、时连珍，四夷之豪俊；阴训、郭倖，西州之德望；杨统、杨贞、卫殷、麴丞明、郭奋、史暠、鹿嵩，文武之秀杰；梁昶、韩匹、张昶、郭韶，中州之才令；金树、薛翘、赵振、王忠、赵晁、苏霸，秦、雍之世门，皆内居显位，外宰郡县。官方授才，咸得其所。"此外，归附者也得到适当的安排，后凉大将杨轨来降，被奉为上宾。这些河西大族人士，已经把他们自己的命运与南凉连在一起了。河西名士宗敞的父亲宗燮，曾拜见思复鞬的小儿子傉檀。傉檀还很年轻，宗燮与之一见如故，赞叹他"神爽宏拔，逸气陵云，命世之杰也"，表示要把自己的儿子们托付给他。

在河西竞争如此激烈的时代，人才是取胜的筹码。人才越多，取胜的可能性就越大。秃发氏幕下群僚不仅以其人力、物力支持南凉，而且不遗余力地筹谋划策，在河西混战中为南凉立下了汗马功劳。杨统曾经献上对南凉具有战略意义的谋策。当时，后凉已呈四分五裂之势，内乱迭起。乌孤立国不久，沮渠蒙逊、段业先后起兵，建立了北凉。南凉周围的割据政权西秦、后秦、大夏等都企图染指南凉。在这种情况下，秃发乌孤不免对南凉的前途觉得渺茫。他召集群臣询问道："河西本只有数郡之地，现在因乱分裂至十几郡。乞伏乾归割据河南，段业割据张掖，吕氏仍在姑臧苟延残喘。孤凭借父兄遗烈，有意廓清西夏，兼弱攻昧。那么，在这三方中，应选择何者为首攻目标？"杨统建议先灭后凉，他分析说："乞伏乾归本来就是我们的部属，终必臣服；段业儒生，没有经世之才，其下权臣擅命，政不由己。倘若我们千里兴兵致讨，粮运不断，后果难测。何况双方互为友邻，相约分灾共患，而乘人之危，不是义举。比较之下，吕光衰老，嗣子吕绍愚蠢，另外两儿子吕纂、吕弘虽颇有文武，但互相猜忌。我以大军讨伐，必然望风而溃。现在我们只要不断派兵骚扰，使之不得安宁，然后见机出击，不到二年，姑臧必然为我所有。"杨统一席话，对河西局势的分析异常深刻，乌孤听后十分赞同。以后南凉如果能够按照这一战略思想走下去，局面必定会大有改观。

可惜，正在南凉国势迅速发展之际，秃发乌孤却因酒后坠马而亡，时为南凉太初三年（399年）。乌孤临终时，世子羌奴年幼，他断然决定册立长君，遗命以其弟秃发利鹿孤继位。

乌孤的遗命是明智的。当然，这种"兄终弟及"的传位方式与游牧民族的传统习惯也有一定关系。在河西先后建立的政权中，唯有南凉在兄弟之间传位并且是以和平的方式实现交接的。史书解释说，这是由于思复鞬钟爱秃发傉檀，所以长兄便相约传弟不传子，以实现父亲的遗愿。这种说法不免有美化的成分，但也在一定程度上反映了南凉君主宽厚的胸怀与明智的眼光。后凉以来，河西地区的局势错综复杂，变化莫测。各个政权如在惊涛骇浪中逆水行舟，稍不小心，就会有舟覆人亡的危险。南凉以兄弟相继平稳过渡，既避免了骨肉相残的惨剧，也保证大政方针的实施及其连贯性。

秃发利鹿孤即位后，果然没有辜负哥哥的期望。他继承了乌孤的内外政策，最辉煌的成果便是沉重地打击了吕氏，促成后凉政权的灭亡。399年，吕光病死，诸子自相残杀，正是取乱侮亡的好时机。利鹿孤抓住这个机会，进兵漠口（今甘肃省天祝县、古浪县之间），向姑臧城逼近。次年，吕纂在内争中取得胜利，腾出手来反击南凉，双方在三堆（今甘肃省永登县境内大通河南岸）大战。这一仗，利鹿孤任命傉檀为统帅，以弱抗强，大败吕纂，斩首级两千余。不久，吕纂西击段业，傉檀又乘吕纂后方空虚，掩袭姑臧，掠得城南八千户而还。南凉弘昌二年（403年），后凉最终为姚氏后秦所灭，而南凉是促成其灭亡的主要力量之一。

后凉灭亡的同一年，河西走廊另一割据政权西秦也被后秦消灭。西秦，后凉麟嘉二年（390年）鲜卑族乞伏乾归所建，主要活动于苑川水（今甘肃省榆中县东北）一带。乞伏乾归及其子炽磐亡国后，一度准备投奔南凉。当时有人劝利鹿孤，认为乾归父子"理穷归命，非有诚款"，不可养虎遗患，应乘其势穷，发遣至西海以西的乙弗游牧地。但利鹿孤却认为，当下正是收揽人心的时候，这样做将失去四海之人的信任。于是，他以上宾之礼接纳了乾归父子。然而，可悲的是，数年之后，南凉果真养虎遗患，败在了乞伏氏的手中。

至此，河西地区便形成了一个三角权力地带，居于三个顶点的分别是西凉、南凉和北凉。政治关系简化了，而冲突却更加激烈。其时，利鹿孤外交手段的主要特点是抓住矛盾，分清主次，重点进攻。

南凉与西凉之间，距离甚远，较少发生利害冲突，如果他们搞好关系，还可以结成夹攻北凉的联盟。而南凉和北凉之间，则已形成水火不容之势。北凉永安元年（401年），沮渠蒙逊取代段业自立，北凉的发展大大加快，不断向西、向东扩张。后凉灭亡后，南、北凉之间已没有缓冲地带。利鹿孤对北凉的扩张寸步不让，双方战事不断。在战争初期，沮渠蒙逊的力量稍显逊色，因而采取比较忍让的态度。同年，蒙逊表示愿意将儿子奚忿送至南凉作为人质,求得和解。但利鹿孤既有吞并河西的打算,故百般刁难,他借口奚忿年幼不接受,要求蒙逊改派其弟沮渠孥来。沮渠孥是蒙逊的得力助手,但被迫无奈,蒙逊勉强答应了利鹿孤的条件。由此可见,利鹿孤时期的南凉势力之盛。

然而,利鹿孤虽在河西志得意满,仍不能不顾及关中的后秦对它形成的掣肘之忧。淝水之战后,后秦代替了前秦,后秦主姚兴重视发展经济、文化,进攻四邻连连获得胜利,势力盛极一时。对于这样一个强大的政权,利鹿孤有自知之明,绝不与之对抗蛮干,而是采取明面上称臣、暗地里观变的策略,对后秦的要求尽量满足。当时姚兴听说西州有一个名叫杨桓的名士在利鹿孤处,下令征召。利鹿孤虽然很不情愿,也不得不忍痛割爱,流着泪送杨桓上路。

利鹿孤时的内政建设取得了一定的成绩,比乌孤时有了显著的进步。乌孤是秃发氏历史上一个重要的人物,他自称武都王,模仿汉制内设台省、外置郡县,组成了以秃发氏为核心、以河西士人为骨干的南凉统治集团,使得秃发氏由部落联盟进一步向王权制的国家转化。利鹿孤即位不久,便将都城从乐都迁往西平。西平正当东西交通的要道口,经济、文化都很发达,这对秃发氏的发展是有利的。迁都西平后,南凉的统治机构逐步得到完善。史称,利鹿孤"私置百官自丞相以下",又下令二千石长吏有政绩的人都加封亭侯、关内侯,以此来笼络在南凉任职的河西大族及酋豪,稳定南凉内部的统治。利鹿孤的人才集团也从而更加扩大,许多人为国家建设提出有益的建议。

利鹿孤即位的第三年,在一次朝会上,他诚恳地向群臣征询意见。他说:"孤无经国济世之才,三年来勤劳国事,夙夜忙碌,但收效甚微,在内行政多有阙失,在外辟地少有成就。这是因任人非才,还是因我不明所致?请大家直言无讳。"大臣史暠进谏说:"现在国家只看重武功,把文章、学艺当作无用的东西,这不利于招徕远方人士,也不利于经国远图。

孔子说：'不学礼，无以立。'应该兴办学校，招收学生，选用有德硕儒以教育贵族子弟。这才是长远之道。"利鹿孤当即采纳这个建议，任命田玄冲、赵诞为博士祭酒，开课授徒。

同一历史时期，与秃发氏同源的拓跋氏建立北魏，设置台省，任命百官。又在都城平城（今山西省大同市）大力兴学。道武帝拓跋珪下令"五经"群书各置博士，将国子太学的生员增加至3000人。东西两支鲜卑族人远隔千里，步调却如此一致！正由于他们都热心学习和继承中华传统文化，所以中华文脉不仅没有因少数民族的南下而中断，而是进一步发扬光大了。

在历史的长河中，政治权力的倾轧、一城一地的争夺，这些当时人们不厌疲倦置身其中的"文治武功"，经过历史的沉淀，也许不会留下多少痕迹。但是，人类因文明创造向前迈进的足迹，却如同一条闪耀着光辉的项链，贯通古今。对于那些创造者来说，即使他们的骸骨早已化为尘土，他们的名字仍会同他们的业绩一道永垂青史。

穷兵黩武

南凉建和三年（402年），秃发利鹿孤病死，传位于其弟秃发傉檀。

和乌孤、利鹿孤两个兄长相比，傉檀显得更加精明强干。他从小机警有才略，在几个兄弟中，最受父亲的喜爱。思复鞬常对诸子说："傉檀的见识和干练，不是你们比得上的。"乌孤、利鹿孤对这位小弟也很敬重。但是，人们没有料到，这位被其父、其兄及河西名士看好的接班人，竟是使南凉陷入亡国灭族地步的罪人。

傉檀即位后，念念不忘的是占据"地居形胜，河西一都之会"的姑臧，从而称霸凉州。不过，南凉弘昌二年（403年），后凉被姚兴所灭，姑臧已经划入后秦的版图。在傉檀看来，姑臧无疑是块肥肉，而快要到嘴的肥肉又被别人抢去，实在很不甘心。无奈当时后秦国大势强，自己难以抗衡。傉檀只好忍气吞声，卑辞厚礼地向后秦称臣纳贡。翌年，傉檀又取消自己弘昌的年号，废除尚书丞郎官职，以表示对后秦的虔诚尊敬，因此被姚兴封为车骑将军、封广武公。此后，傉檀又连连遣使报聘于姚兴，并求接管凉州，进驻姑臧，姚兴都未答应。三年后，傉檀出兵进攻沮渠蒙逊获胜，将战利品马三千匹、羊三万头进献给姚兴，再次请求凉州之地。其实，对于姑臧的归属，双方都有一个算盘。姚兴虽占有姑臧，但身在关中，对河西鞭长莫及，势难长久。于是，姚兴最终同意了傉檀的请求，正式任命他为使持节、都督河右诸军事、车骑大将军、领护匈奴中郎将、凉州刺史，坐镇姑臧。

南凉据有姑臧后，国力达到了鼎盛，其版图"东有金城，西至青海，南有河湟，北据广武"。向来看重傉檀的宗燮、宗敞父子不遗余力，为他推荐一批人才，如武威宿望段懿、孟祎，秦陇冠冕辛晁、彭敏，中州令族裴敏、马辅，凉州旧胤张昶以及文可比扬雄、班固的张穆、边宪，武可比张飞、关羽的梁崧、赵昌等，可见傉檀属下人才之盛，不减乌孤、利鹿孤之时。宗敞还提出"抚之以威信，农战并修，文武兼设"的战略方针。有一天，傉檀在宣德堂大宴群臣，仰视着宽敞的殿堂，也叹道："古人云，作者不居，居者不作。信哉斯言！"孟祎提出以儒术治国的建议，他进言说："当年张骏修筑城苑，建造宗庙，准备留给子孙，为万世基业，然而秦师渡河，张氏的凉国就瓦解了。其后梁熙据有凉州全州之地，拥有十万之众，却兵败在酒泉，身死在彭济。后来又有吕氏，以排山倒海之势，称王河西，也不免毁于一旦，投降姚秦。古人有言：'富贵无常，忽辄易人。'这个殿堂修建了近百年，已换了十二个主人。所以唯有信顺，社稷才能久安；唯有仁义，国家才能永固。"

但是，对傉檀来说，这些语重心长的话他已经听不进去了。也许自幼听惯了赞扬，养成他刚愎自用的性格；也许即位后一帆风顺膨胀了他好大喜功的心理，总之，他自以为是，固执己见，将南凉带上了穷兵黩武的道路。

傉檀接连打了四场大战。

均石之战。弘昌六年（407年），傉檀征集戎夏之兵五万余人，在方亭（今甘肃省永昌县东）举行大检阅，然后率军进入西陕，讨伐沮渠蒙逊。蒙逊领兵抵抗，双方战于均石（今甘肃省张掖市东），傉檀轻敌败北，蒙逊乘胜攻陷西郡。

阳武之战。均石败后，大夏王赫连勃勃求与傉檀联姻，傉檀不许。赫连勃勃率领两万大军，对南凉发起攻击。傉檀大怒，点兵迎击。将领焦朗劝他不要直接进攻大夏军，而应阻敌咽喉，才是制胜之术。傉檀盛怒之下，根本听不进别人的意见，结果在阳武（今甘肃省靖远县）误落入大夏的埋伏，南凉军被杀伤万计，"名臣勇将死者十六七"。赫连勃勃把南凉阵亡将士的骷髅堆积在一起，起名为"骷髅台"。

姑臧之战。也是在嘉平元年（408年），姚兴见秃发傉檀对外屡败，在内又有叛乱，认为有机可乘，派尚书郎韦宗出使南凉，探听虚实。傉檀亲自接待他，与他谈论六国纵横之术、三国战争之略，"远言天命兴废，近陈人事成败，机变无穷，辞致清辩"。韦宗佩服得五体投地，赞叹说："所谓命世大才、经纶名教者，不必是华夏人士；拨烦理乱、澄气济世者，也未必非儒家经典不可。世族以外，大有人在，傉檀就是一代伟人！"他回去后坚决反对出兵南凉，姚兴不从，派兵三万前来讨伐。双方在姑臧附近展开了长时间的攻防争夺，姚兴最终以失败而告终。姑臧之战一度使南凉元气得到恢复，国威重振。

穷泉之战。姑臧之战获胜，傉檀又骄傲起来，派兵向北凉挑衅，掠夺临松一千余户。嘉平三年（410年），傉檀不听尚书左仆射赵晁、太史令景保的劝阻，征兵五万，与沮渠蒙逊会战于穷泉（今甘肃省武威市南）。由于傉檀轻敌，北凉军乘南凉壁垒未成即发动进攻，南凉军大败，傉檀单马奔还。蒙逊乘胜围逼姑臧。次年，傉檀无奈，把都城迁至乐都。傉檀苦苦谋求的姑臧最终落入了蒙逊之手。

自傉檀即位以来，南凉无年不战，且败多胜少，国内生产遭破坏，人心不稳，叛乱时有发生。然而，这一切并没有使他从好大喜功、穷兵黩武的狂热中清醒过来。穷泉败后，他竟再次出兵北凉，又一次遭到惨败。这时河西地区乞伏炽磐的势力得到复兴，并与北凉联合，对南凉形成了夹攻之势。

傉檀企图通过西征乙弗部，掠取军资，提高士气。邯川护军孟恺提议不如与乞伏炽磐结盟，并组织生产，再相时而动。傉檀则认为"今不种多年，内外俱窘，事宜西行，以拯此弊"，坚持率军西进。他前脚刚刚离开乐都，西秦便发兵两万来袭。留守乐都的太子武台不敌对手，不过十天乐都就陷落了。

消息传来之日，正是傉檀进攻乙弗取得了大胜、掠夺了牛马羊四十余万之时。这不啻是一个极大的讽刺！日夜做梦都想以战争成就霸业的傉檀，结果却因战争而成了无家可归的可怜虫，只得向西秦乞降。嘉平九年（416年），傉檀被炽磐所杀，这就是一个战争狂人的可耻下场！

被俘的秃发武台等人在西秦曾经打算发动兵变，但因事机不密，反被炽磐所杀。残存的人纷纷逃往他乡，后来都归于北魏。

誓师卢水

四月的卢水（今甘肃省境内的黑河），春意盎然。高山上消融的雪水涨满了河床，发出喧嚣的声响。发源于祁连山的卢水，是河西走廊的三条主要河流之一。它的上游流经青海、甘肃的一些郡县，其下游则被称为弱水，流至内蒙古注入流沙时分为两支：纳林河和木林河。木林河注入居延海；纳林河有时注入居延海，有时注入索果诺尔。

卢水畔的临松郡临松山下，此刻正在举行一场特殊的葬礼。万余人的送葬队伍，人人脸上都露出悲愤交加的神情。主持葬礼的是一个年轻人，他神色冷峻，目光如电，注视着滔滔卢水。这时是后凉龙飞二年（397年）。

这场特殊的葬礼就是卢水胡人为被吕光冤杀的沮渠罗仇、沮渠麹粥兄弟二人举行的。那个年轻人是沮渠氏兄弟的侄儿沮渠蒙逊。当两位伯父被无辜杀害的消息传出来的时候，沮渠蒙逊正在吕光的姑臧官中担任宿卫将领。蒙逊素有雄才英略，博涉经史，通晓天文，善于权谋。吕光对他甚不放心。为此，蒙逊便采取韬光养晦的策略，经常酗饮大醉，不通人事。天长日久，吕光也就对他解除了戒心。吕光杀了沮渠氏兄弟后，又对蒙逊提高了警惕。蒙逊于是强压心中的悲痛，装出若无其事的样子，对吕光更加殷勤。但是，他的内心深处，却时刻响着一个声音："报仇雪恨！"机会终于来了。吕光对蒙逊观察了一段时间以后，见他并无异样，于是放下心来。这时，蒙逊趁机提出护送两位伯父的灵柩返回家乡安葬，吕光答应了他的请求。

这样，蒙逊回到临松，终于摆脱了吕光的控制。临松郡得名于境内的临松山，前凉张天锡时设置。这里是卢水胡人的聚居地。沮渠蒙逊就是临松的卢水胡人，祖上世居卢水为酋豪。其高祖晖仲归、曾祖遮，"皆雄健有勇名"。祖父祁复延，封伏地王；父亲法弘，袭父爵，在苻秦政权中担任中田护军。吕光占领河西后，蒙逊的家族都在后凉政权任职。伯父罗仇和麹粥分别为尚书和三河太守，堂兄男成为将军。

吕光本一介武夫，他凭借暴力和高压手段来维持统治，搞得境内政治黑暗，经济萧条，百姓流亡，民心离散。吕光不仅不知反省，而且更加猜忌臣下。他进攻西秦乞伏乾归失败后，借故杀害了沮渠氏兄弟。这既是嫁祸诿过，也是因猜忌河西沮渠氏所致。

沮渠氏被认为是继承了卢水胡的血统。其实，他们虽然被称为"胡"，却并非匈奴人。当年，匈奴冒顿单于驰骋蒙古草原，向东灭东胡，向西进入河西走廊，赶走了那里的大月氏，成为河西走廊的新主人。大月氏人大部分被迫西迁西域，只有一小部分老弱妇孺，因行动不便滞留下来。这些人主要分布地域在祁连山到今西宁湟中地区一带的原羌人的居区。当匈奴人称雄河西时，他们一度归属于匈奴，成为匈奴别部。"沮渠氏"的姓就因其祖先担任过匈奴左沮渠之职。在以后长期发展中，卢水胡人成为以月氏人血统为主体并混合了羌、匈奴等多种民族成分的杂胡。卢水胡人在临松地区为数不少，他们是沮渠氏最基本的社会基础。

蒙逊回到临松，便是回到了自己族众之中，回到祖先亡灵的栖息之地。葬礼将毕，他面对全体族众，慷慨激昂地说："吕王昏聩无道，多杀无罪的人。如此下去，我们说不定哪天也得掉了脑袋。我们的祖先在汉朝时曾经翼赞窦融，保宁河西。现在我们岂可不上继先祖之志，安定河右，而使我的二位伯父遗恨于九泉之下！"蒙逊的话音刚落，部众们欢声雷动，高呼万岁，一致推举蒙逊为首领。于是，继南凉秃发氏之后，又有一支反对后凉政权的力量出现了。

蒙逊起兵后，积极组织军队，很快就攻下了临松郡，杀了临松护军和太守，驻军于金山（今甘肃省山丹县西南）。吕光听到消息后，急忙调兵遣将，全力对付蒙逊。五月，后凉大将吕纂引兵与蒙逊战于勿谷（今甘肃省山丹县境内）。蒙逊刚刚拉起队伍，事出仓促，被打得大败，只剩六七人随他逃入山中。

蒙逊起兵时，其从兄后凉将军沮渠男成唯恐吕光下毒手，便逃往"赀虏"（早期曾为匈奴所役属的部落）中，聚众数千，然后率众攻打酒泉，继而进逼建康（今甘肃省酒泉市东南）。他又遣使劝说建康太守段业共图大业。段业，关中京兆人，曾随同吕光出征西域，是后凉政权中的资深官吏。段业通经习史，史称他"博涉史传，有尺牍之才"，因此又以"儒素长者"著称。段业从征龟兹之时所作《龟兹宫赋》，洋洋洒洒，华丽铺张，在河西广为流传；他劝谏吕光所作的《九叹》《七讽》等十六篇表志诗一唱三叹，情真意切，人人争欲一睹为快。在有着浓厚学术空气的河西地区，段业自然受到了众人的仰慕。而沮渠氏兄弟虽出身于少数民族酋豪，但自幼习文，因而，男成对段业的推崇也是可想而知的。所以虽然段业只是一个懦弱无能的书生，男成却千方百计地拉拢他，决意推举他为首领。段业起初不同意，男成在城外以兵相逼。相持二旬，段业见后凉方面终无援军，已经没有退路，又考虑到自己与吕光权臣侍中房晷、仆射王详不和，这才答应了男成的请求。这样，段业便被沮渠男成推举为使持节、大都督、龙骧大将军、凉州牧、建康公，于神玺元年（397年）建元，史称北凉。沮渠男成自任辅国将军，掌握军国大权。不久，沮渠蒙逊从山中前来投奔，被任命为镇西将军、张掖太守。

君臣权术

沮渠蒙逊富有文韬武略，他控制的卢水胡部落以骁勇善战著称，是凉州地区一支很有影响的武装力量。依靠这支力量，他立下赫赫战功。在北凉建立之初，吕光派吕纂率领大军来攻，形势非常危急。时蒙逊新败之后，尚躲在山中。闻讯后，他立即收集离散，进屯临洮，从侧翼牵制后凉的兵力，以减轻男成的压力；又举兵与吕纂战于合离（山名，在今甘肃省张掖市北），大获全胜，为保存新生的北凉政权立下了汗马功劳。后来，段业又派蒙逊率领万人之众，进攻驻屯在西郡的吕光侄子吕纯。这一仗，对北凉的发展具有决定性意义。蒙逊活捉了吕纯，并攻占了西郡，从而打通了通向后凉张掖的道路。此后，北凉对张掖发起猛攻，后凉常山公、张掖守将吕弘被迫弃城东走，张掖落入北凉之手。神玺二年（398年）六月，北凉的都城便由偏僻而狭小的建康迁到西北名城张掖。

蒙逊不仅勇猛善战，而且运筹帷幄，富于谋略。当吕纂由张掖退出时，段业准备乘胜追击。蒙逊劝他"勿遏归师"，段业固执己见，结果几乎送了命，多亏蒙逊及时相救才化险为夷。占领张掖后，段业在西面筑西安城，任命部将臧莫孩为太守。蒙逊认为，臧莫孩有勇无谋，难以担当大任。段业不从，不久臧莫孩便被吕纂击败。两次失败给了段业沉重的打击。后来，吕纂讨伐北凉，南凉派大将杨轨前来，声称救援北凉。蒙逊敏锐地看出南凉亦有觊觎之心，不可信任，劝说段业按兵不动，静以待之，吕纂果真退了兵。

段业是一介儒生，本没有治国才能，而且心胸狭窄，用人多疑，轻信谗言。蒙逊的功劳和才能，引起了段业的猜忌；蒙逊手下那支强悍的武装力量，更使段业寝食不安。他任命蒙逊的从叔益生为酒泉太守，却把蒙逊从张掖太守的要职调开，以武功过人的马权代之。

蒙逊对段业这种小小的权术了如指掌。其实，在这方面，段业根本不是蒙逊的对手。蒙逊本非甘居人下之人，况且时移俗易，现在他有着自己掌握的武装。所以，尽管他依然韬光养晦，避免引起段业的注意，但暗地里一直积极地积蓄力量，寻找办法。

对蒙逊而言，马权是最大的障碍，首先必须铲除。马权自恃得到段业的器重，每每欺凌蒙逊。蒙逊利用段业的多疑，故意在段业的面前说："天下不足虑，只有马权使人担忧。"段业信以为真，不分青红皂白，便把马权杀了。除掉马权后，蒙逊准备发动政变，他与从兄男成商议，说："段公懦弱无能，不是拨乱之主；喜欢佞人，轻信谗言，也不是明主。他所依靠的马权等人，如今都已死了，我想把他推翻，立兄长为主，不知意下如何？"不料，男成却坚决反对。他认为应该以诚待人，不可见利忘义，既然当初推奉段业，就不该出尔反尔。由于男成掌握着北凉的内外军政大权，不得到他的同意，政变无法实施，男成就成了新的障碍。

沮渠蒙逊心想，当断不断、反受其乱，对段业不能如男成那样心存妇人之仁。一条计策已经在他心里形成。蒙逊约男成一起去祭祀玉门山（今甘肃省山丹县西南）。在此之前，他让亲信许咸向段业告密：男成准备在玉门山造反，如果男成提出祭玉门山，那就是行动的信号。多疑而又轻信的性格立刻在段业的身上再度发作，他既不加推勘，又不让男成申辩，下令杀掉男成。男成一死，蒙逊立即召集部众，他那雄浑的声音震荡在原野上："男成对段业何等忠心耿耿，段业竟然残忍地加以杀害。此冤岂能不雪，此仇岂能不报！当初，我们推举他，以为他是陈胜、吴广一流的人物，没料到他却是信谗多忌，枉害忠良的小人。如今凉州兵荒马乱，像段业这样昏庸之人，会把我们领到何处去，我们难道能高枕独卧，眼看生灵涂炭吗？"男成为人忠义厚道，深受部众爱戴；蒙逊的演说又富于煽动性和感染力，说得人人悲恸欲绝，义愤填膺，一致拥戴蒙逊举兵反对段业。接着，张掖镇将臧莫孩及羌胡部众纷纷响应，段业派去攻打蒙逊的将领田昂也在阵前倒戈归附，蒙逊轻而易举地俘获了段业，将他杀死。

北凉天玺三年（401年）五月，一代枭雄沮渠蒙逊自命为使持节、大都督、大将军、凉州牧、张掖公，改元永安，定都张掖。他大封功臣，任命从兄沮渠伏奴为镇军将军、张掖太守，封和平侯；弟沮渠孥为建忠将军，封都谷侯；田昂为镇南将军、西郡太守；臧莫孩为辅国将军；房晷、梁中庸为左、右长史，张鸷、谢正礼为左、右司马。这个政权虽仍名为北凉，实质上已经改朝换代了。

小国明主

蒙逊夺取北凉政权后，凉州境内一时呈现四凉一秦并立的局面，除北凉外，还有南凉秃发傉檀、后凉吕隆、西凉李暠以及西秦乞伏乾归。在河西的军事混战中，其他政权都先后灭亡，唯有北凉延续时间最久。玄始十年（421年），北凉最终统一了凉州。在这种国力与智力等多种因素的综合竞争中，北凉最终能够取胜，是与沮渠蒙逊的个人才能分不开的。

河西地区的各割据政权不可避免地卷入了大混战，但是，如何在连绵的战争中获取给养、维持生存、消灭敌人，是一个根本问题。与其他政权相比，北凉有着自己的特点。它不是像傉檀那样依赖四出掠夺，而是注重督课农桑，发展生产，保证国家的生存有一个比较稳固的物质基础。这就是蒙逊的高明。蒙逊曾正式下诏曰："戎车屡动，干戈未戢，农失三时之业，百姓户不粒粮。可蠲省百繇，专功南亩，明设科条，务尽地利。"也就是说，实行轻繇薄赋的政策，减轻百姓的负担，鼓励人民生产的积极性。因此北凉的经济实力明显强于他国。当其他政权为粮食不足所困时，北凉却能做到自给有余。有了粮食，才会有安定的国内环境，有强大的军事力量。早在北凉永安二年（402年）时，北凉与后凉作战失利，结盟而退，当时后凉的姑臧正遭遇饥荒，北凉一次即送粮万斛，"以赈饥人"。后来，在同西秦的战争中，北凉世子被俘，蒙逊企图以三十万斛谷的代价赎回。这些都说明北凉粮食比较充足。在一些少数民族君主还滞留于原来居无定所的游牧生活之时，蒙逊所部已经勇敢地走上农业定居之路了。

蒙逊的个人品质也颇值得称道，这是他深受部众拥护的主要原因之一。首先，他能广开言路、虚心纳谏。他多次下诏，鼓励群臣直言进谏。有人上书指责官吏或违反朝廷制度，或敷衍塞责。蒙逊委任尚书左丞房晷处置，制定"朝堂制"，取得显著效果。其次，他严于律己，不宽纵亲族。其伯父中田护军沮渠亲信、临松太守沮渠孔笃骄奢侵害百姓，他皆令自裁。再次，他极力营造君臣相互信任的气氛，对待下属比较宽容。部下梁中庸本是段业的尚书左丞，归附后仕至西郡太守，竟又叛逃到西凉。蒙逊知道后，笑着说："我与中庸义深一体，他还不能相信我。这是他辜负自己，我不怪他。"于是，派人把他留在姑臧的妻子儿女送到西凉。张掖太守句呼勒也曾经逃往西凉，他回来后，蒙逊待之如初。当然，这并不是说蒙逊不讲法纪。只是他深受君臣猜忌之苦，深知君臣间缺乏起码信任的后果。

蒙逊在文化事业上也多有建树。他为佛教文化的传播架设起桥梁。佛教起源于印度，东汉初年开始传入中土。魏晋以后，佛教逐渐兴盛起来。当时许多少数民族君主，称佛为"胡神"，大力加以提倡。河西地区建立的几个割据政权，由于地处中西交通的要冲，高僧来去络绎不绝，佛教更是盛行。在少数民族的君主中，蒙逊为佛教文化的传播切切实实地做了几件大事：一是组织僧人翻译佛经，最著名的就是流行于后世的《贤愚经》。二是开凿石窟，为我们中华民族留下了瑰丽的艺术珍宝。

在人类的历史上，个人的创造活动在当时也许是无意识的，其意义也未必能为当时的人们所理解，但随着时间的推移与检验，那些活动的意义和创造的价值越来越清楚地显示出来。所以，时间将最终对每一个具体的生命活动作出切实的评价。今天，当我们的艺术朝圣者们站在神奇的金塔寺、千佛洞等石窟群前，瞻仰那些绝妙的艺术遗产时，他们的心里不能不记起那个卢水胡的国君。在漫长而曲折的民族融合中，我们自然不能也不应忽视这些对本民族的发展以及对整个中华民族的形成和壮大作出过贡献的人们。

但是，当时河西的政局中，战争毕竟是处在主导地位的。为争夺土地、财富、劳动力及河西霸主地位而发动的战争，也一样把蒙逊卷入其中。

在四邻国家之中，蒙逊进攻的矛头首先指向后凉。一方面，这时的后凉由于内忧外患不断，已是日薄西山、奄奄待毙了；另一方面，则因蒙逊与后凉有着不共戴天的杀亲之仇。永安二到三年（402～403年），蒙逊连续两次出兵后凉，给对方以重创。但这时后秦姚兴插手河西，在永安三年（403年）八月进军姑臧，蒙逊自知无力抗衡，虽在局部打了胜仗，最后不得不与后秦的将领齐难结盟而还。不久，南凉秃发傉檀从后秦手中索得姑臧，于是南北凉的关系便骤然紧张起来。

永安七年（407年）九月，秃发傉檀征集胡汉兵员五万余众讨伐北凉。双方大战于均石，傉檀战败，其将军杨统投降北凉。

永安十年（410年）春，双方又起战端。开始是小规模的相互袭击，接着便在穷泉展开大决战，结果南凉再次遭到惨败，傉檀单马奔还，蒙逊则乘胜将姑臧城团团包围。傉檀只得以子秃发他和司隶校尉敬归为人质，蒙逊才应许退兵。自此以后，战争的主动权彻底地转到了蒙逊的手中。

两次大败后，傉檀已经积弱不振。祸不单行，南凉的后方又发生了折掘部叛乱。傉檀因乐都（今青海省乐都区）受到威胁，唯恐南凉国土尽失；又畏惧西秦乞伏炽磐从后面袭击，被迫由姑臧撤出，返回乐都。不久，蒙逊便顺利地占领了双方争夺已久的姑臧。

两年后，蒙逊迁都姑臧，称河西王，改元玄始，设置百官，立子政德为世子，加镇卫大将军、录尚书事。

蒙逊占领姑臧后，又两次发兵进攻乐都。这时的傉檀已经走到了穷途末路，南凉国内"上下饥弊""内外俱窘"，傉檀铤而走险，率七千骑西掠乙弗。西秦乘虚而入，灭了南凉。

南凉的灭亡，使北凉少了一个强劲的竞争对手。北凉的外部环境稍稍宽松，但东仍有西秦、西则有西凉两大敌人。西秦王乞伏炽磐吞并南凉后，继而在对吐谷浑、契汗部的战争中掳掠了大量的牲畜，势力陡增，其疆域"西逾浩亹，东抵垅坻，北拒河，南略吐谷浑"。蒙逊本来就对西秦隔岸观火、从中取利的策略极端不满，这时觉得有必要遏制其发展态势，于是调兵遣将，进讨西秦。渡过湟水，蒙逊且战且前，在勒姐岭大破西秦军。大胜之时，蒙逊却突然回师。原来，北凉与西凉的关系出了问题，蒙逊无暇东顾。

归于统一

西凉是汉族人李暠所建。李暠，字玄盛，陇西狄道（今甘肃省临洮县）人。他出身于世宦之家，据说是汉代名将李广的后裔。高祖李雍，为西晋东莞（今山东省莒县）太守。曾祖李柔，为北地（今陕西省耀州区）太守。祖父李弇，前凉时任武卫将军、天水太守。父李昶，为前凉世子侍讲。李暠自幼酷爱读书，稳重宽和，气度不凡。史称他"通涉经史，尤善文义。及长，颇习武艺，诵孙吴兵法"。他在河西地区具有很高的威望，名士郭黁曾经预言他"有国士之分"。

后凉末年，段业自称凉州牧时，任命李暠为敦煌郡（今甘肃省敦煌市西）效谷县令。敦煌太守病死，李暠被地方势力推奉继任，不久又自号冠军将军，据有敦煌。敦煌位于河西走廊的西端，自两汉以来就是西北名郡。这里水草丰富，宜耕宜牧，有着发展农业的良好基础。西晋末年战乱，中原大批士人扶老携幼，移居河西，其中不少人来到敦煌定居下来。他们带来先进的生产技术和劳动力，加速了敦煌的开发。北凉天玺二年（400年），蒙逊起而反对段业争夺北凉政权时，授李暠为大都督、大将军、凉公、领秦凉二州牧、领护羌校尉。于是，李暠正式脱离段业，建立了独立的西凉政权。

在河西诸政权中，西凉领土最小，兵力也最薄弱，但李暠是一个励精图治的君主。他为政的特点是守境自保，尽量不加入诸国的混战。因而，早年蒙逊对西凉虽时有进犯，但始终未能取胜。直到西凉嘉兴元年（417年）李暠病死，蒙逊以为有机可乘，突然出兵，也同样落得个损兵折将的下场。

李暠之子李歆即位伊始，便违背其父"深慎用兵，保境安民"的遗训，企图偷袭北凉，殊不知却落入蒙逊设下的陷阱。蒙逊先放出风声，佯称发兵攻打西秦，明里引兵向东南方的浩亹进发，暗里将军队调回川岩（今甘肃省张掖市西南）。李歆不知是计，决定偷袭张掖。当时西凉大臣纷纷劝谏，认为蒙逊用兵多诈，如此大张旗鼓地出兵，可能包含着不可告人的阴谋。李歆的母亲尹氏也很不放心，对他说："国家建立不久，地狭人稀，兢兢业业自保，犹恐不足，哪有余力伐人！先王临终，殷殷嘱咐你务必慎于用兵，保境安民，以观时变。今言犹在耳，你难道已经忘得干干净净了吗？蒙逊善于用兵，你并非他的对手，况且他数年以来常有兼并我国的野心。我国虽小，还可以施行善政，修德养民，静以待变。他若昏暴，百姓将归附于你；他若英明，你就事奉于他，岂可轻举妄动，有非分之想？如你不听劝告，不但有丧师之辱，还将有亡国之祸。"

尹氏的这席话，忧国忧民，有理有据，很有见地。它代表反对战争、祈望安定的河西广大各族人民的愿望，是他们渴望和平的呼声。因为河西各族人民在长期的战争中，已经遭受了无以复加的痛苦。而每一次战争，无论胜者一方还是败者一方，都是国力的损耗与人民的灾难。所以，对历史而言，任何战争恐怕都没有根本的胜利者。而且，许多国家在战争机器开动的那一刻，便走上了自我毁灭的道路。河西诸政权之所以大多短命，正因如此。

但是，像李歆这样穷兵黩武、不自量力的统治者，对人民的呼声置若罔闻，连他母亲的话也听不进去。他调动了西凉全部武装力量，共计步骑三万，向张掖进发。当蒙逊听到这一消息，喜上眉梢，他得意地说："李歆已经中了我的计了！"当李歆在都渎涧（在今甘肃省张掖市西）一带进入北凉的包围圈中，蒙逊挥师出击，李歆大败。有人劝李歆退保酒泉，李歆恼羞成怒，竟率残军在蓼泉（在今甘肃省临泽县西北）与蒙逊决战，导致全军覆没，他自己也丢了性命。

蒙逊乘胜追击，占领酒泉，又在北凉玄始十年（421年）占领敦煌，灭西凉。至此，北凉不仅占有全河西，而且原属西凉管辖的西域各国也纷纷遣使贡献。

沮渠蒙逊的一生，颠簸在风高浪急的旋涡里，表现出高超的政治艺术和杰出的军事才能。西凉公府从事中郎张显曾经以政敌蒙逊为榜样规谏李歆说："沮渠蒙逊，胡夷之杰，内修政事，外礼英贤，攻战之际，身先士卒；百姓怀之，乐为之用。"后来，北魏尚书李顺出使河西，归来时向魏太武帝拓跋焘汇报说："蒙逊控制河西逾三十年，经涉艰难，粗识权变，绥集荒裔，群下畏服，虽不能贻厥孙谋，犹足以终其一世。"这些，都是比较客观的评价。

但是，正所谓"生于忧患，死于安乐"。晚年的蒙逊，骄态毕露，耽于享受，史称"荒淫虐乐，群下苦之"。北凉义和三年（433年），蒙逊病逝，北凉很快就衰落了，终于被北魏所灭。

蒙逊在世时，北凉就向北魏称臣，前后派出的贡使不断，蒙逊还派其子安周到北魏为质子。北魏也派使者到河西，拜蒙逊为都督凉州西域羌戎诸军事，行征西大将军、凉州牧、凉州王。双方还实行和亲，蒙逊答应将女儿嫁给北魏太武帝为夫人。蒙逊子牧犍即位后，立刻派丞相宋繇送妹到平城，充太武帝左昭仪。牧犍亦娶太武帝妹武威公主为妻。

当然，北凉与北魏的和亲是一种政治婚姻。对于蒙逊来说，这也是他一贯奉行的远交近攻的策略的一种。他曾经向后秦称臣，以解除后顾之忧；他还向远方东晋、刘宋称臣，接受他们所授官爵。他也尽量与北魏保持友好关系，而北魏当时对地处僻远的北凉一时鞭长莫及，亦与之相周旋。不过，一旦中原略定，北魏进军北凉的日子也就来到了。

这时，一件意外的宫廷事端为北魏提供了进兵的借口。

沮渠牧犍与其嫂李氏私通，李氏又勾结牧犍的姐姐以毒药谋杀武威公主。北魏太武帝消息很灵通，数千里外听说武威公主中毒，立刻派解毒医师驰救，竟然救过来了，这简直是一个奇迹。太武帝以此为由，让牧犍交出李氏。牧犍不但不送，反而将她转移到酒泉藏起来。于是，太武帝大怒，决心出兵消灭北凉。

北魏太延五年（439年）六月，太武帝写信谴责牧犍，列举了十二大罪状，并警告说："当臣子的竟然这样，岂能加以饶恕！如果你能亲率群臣委贽远迎，谒拜于马首，是为上策；等待兵临城下，再面缚出降，则是中策；要是困守穷城，执迷不悟，只能身死族灭，被世人所唾弃。"北魏军以迅雷不及掩耳之势，出现在姑臧城下。北凉兵纷纷叛离，牧犍只得率领文武百官五千人面缚投降。随即，北凉君臣被押送到平城。直到北魏太平真君八年（447年），有人告发牧犍妄图谋反，太武帝令牧犍自尽，平城的沮渠氏家族也遭到了毁灭性的打击。

当北魏占领姑臧以后，北凉余部沮渠无讳、安周兄弟等仍据有酒泉、敦煌，继续与北魏军抵抗。但皮之不存，毛将焉附？沮渠无讳深感大势已去，进退两难，便派弟安周领兵西撤西域。这支数千人的队伍进入西北大漠，他们扶老携幼，穿越三百里流沙，攻打鄯善（今新疆维吾尔自治区若羌县）。稍后，无讳也率领宗族百姓万余家西渡流沙，途中干渴而死者过半，终于攻占了鄯善。沮渠氏进入西域后，北凉残余政权又存在了二十七年，对西域特别是对高昌地区的经济开发和文化发展做出了贡献。

06 北国雄鹰

拓跋珪、元宏：从统一到融合

前秦灭代时，代王拓跋什翼犍因没有文化不懂礼义，被前秦王苻坚送往太学念书。只过了十数年，拓跋鲜卑便卷土重来了。这个汉化最晚、汉化程度最低的民族，不仅完成了北方的统一大业，成为中原的新主人；而且，集十六国时期以来汉化之大成，实行汉化政策最坚决、最彻底，为魏晋南北朝时期各民族的融合做出了伟大的贡献。

英雄年少

前秦苻登太初元年（386年）正月的一天，在拓跋鲜卑聚居的牛川（今内蒙古自治区呼和浩特市西南），天寒地冻，滴水成冰，刺骨的北风呼啸着。天刚蒙蒙亮，草原上就已经人声鼎沸，战马嘶鸣。这一天，是拓跋鲜卑复国的日子，拓跋珪即代王位，举行盛大的祭天仪式。这是拓跋鲜卑史上的一个里程碑。

我们知道，拓跋部原来居住大鲜卑山（今大兴安岭），习惯上被称为"北部鲜卑"，以后逐渐南迁到漠南匈奴故地，并且与滞留下来的匈奴人融合。至拓跋力微担任鲜卑部落联盟酋长时，拓跋部迁到了定襄郡盛乐（今内蒙古自治区和林格尔县西北）一带游牧，并开始与曹魏通使互市。

魏末晋初，力微派其子沙漠汗到洛阳为质，沙漠汗在洛阳前后逗留了七八年。魏明帝太和元年（227年），沙漠汗起程返回本部，鲜卑诸部大人奉命到阴馆（今山西省代县西北）迎接。沙漠汗身着华丽的汉人衣冠，举止飘逸。诸部大人不觉一怔，心里非常反感。酒酣之际，空中掠过一只飞鸟。沙漠汗对诸部大人说："你们且看我的！"说着，一弹丸闪电般射向天空，飞鸟应声而落。诸部大人相顾失色，便派人向力微诬告，说沙漠汗从汉人那儿学来异法怪术，这可不是好兆头。力微说："既然如此，你们就除掉他。"诸部大人于是杀害了沙漠汗。

不久，力微病死，拓跋部陷入内乱，其发展处于停滞状态。西晋元康五年（295年），拓跋鲜卑分为三部：力微之子拓跋禄官居东，在上谷之北、濡源以西，与宇文部为邻；沙漠汗长子拓跋猗㐌统领一部，居代郡参合陂之北；猗㐌之弟拓跋猗卢也统领一部，居于盛乐旧城。这期间，正值西晋八王之乱，随即刘渊、石勒掀起反晋斗争。西晋朝廷多次请猗㐌、猗卢兄弟出兵援助。公元305年，猗㐌被西晋朝廷封为大单于。

猗㐌、禄官死后，猗卢重新把三部统一起来，接连出兵援晋，公元310年被晋怀帝封为代公，并占领了并州北部陉岭（今山西省代县西10千米）以北的楼烦、马邑、阴馆、繁峙、崞五县。过了四年后，猗卢晋封为代王。这就是代国的由来。

代国建立，经历了几度兴衰。后赵建武四年（338年），拓跋什翼犍在繁峙之北即代王位，称建国元年，拓跋鲜卑终于结束了混乱局面，走上继续发展的道路。什翼犍十岁时曾作为质子被留在石赵，在石赵都城邺（今河北省临漳县西南）居住了九年，深受汉地文化的影响。即王位后，他设立百官，分掌众务，以汉族人士燕凤担任右长史、许谦担任郎中令。燕凤是代郡人，博综经史，甚有名气。什翼犍派人礼聘燕凤，燕凤不来，什翼犍便派大军包围代城，对城里人说："只要送燕凤出来，保你们平安无事！"代城人只得把燕凤送出来。

这时的代国，仍然处在氏族部落阶段，社会的基本单位仍然是氏族部落。降附代国的人，也被按照氏族部落的方式组织起来，"总谓之乌丸，各以多少称酋庶长，分为南北部，复置二部大人以统摄之"。代国出现了最初的法律："当死者听其家献金马以赎，犯大逆者亲族男女无少长皆斩，男女不以礼交皆死，民相杀者听与死家马牛四十九头及送葬器物以平之。无系讯连逮之坐。盗官物，一备五；私则备十。法令明白，百姓晏然。"这个法律还很简陋，保留着许多氏族社会传统习俗的色彩。

什翼犍在位时，北有高车（敕勒）、柔然，西有河套地区的匈奴铁弗部，还有族属不明的没歌部。草原上各氏部落相互攻击掠夺是经常发生的。什翼犍挥师远征高车，俘获了高车万余人，马牛羊一百多万头。接着，又讨伐没歌部，掠马牛羊数百万头。什翼犍嫁女给铁弗部酋长刘卫辰，而刘卫辰却称臣于前秦。什翼犍便出兵进攻刘卫辰，大破铁弗部，俘获其部落十分之六七的人口、马牛羊数十万头。刘卫辰无奈，率领残部投奔了苻坚。

当时，前秦东灭前燕，西灭仇池、前凉，正是日益强盛的时候。刘卫辰的求援，给苻坚灭代找到一个堂皇的借口。于是，前秦建元十二年（376年），苻坚派遣三十万大军，由刘卫辰作向导，分几路大举进攻拓跋部。拓跋部不敌，什翼犍率部逃往阴山北面，又遇到高车的四面围攻，只得再退回漠南。返回漠南不久，拓跋部便向前秦投降了。前秦内迁拓跋部，使之散居于边塞云中、定襄、雁门、五原四郡，设置尉、监等官加以统领，让他们"治业营生"，拓跋部大概有人从此开始务农了。前秦又以刘卫辰及独孤部刘库仁分别占据拓跋鲜卑的故地，刘卫辰所部居西，刘库仁所部居东。

拓跋部投降后，关于什翼犍的下落，有几种不同的说法。《魏书·序纪》只说"什翼犍在漠南崩"，至于是怎么死的，没有明说。同书《昭成子孙·寔君传》说：寔君是什翼犍的庶长子，率领他的部下杀死诸位皇子，"昭成（什翼犍）亦暴崩"，意思是什翼犍也被寔君杀害。后来前秦军把寔君执送长安，车裂处死。《晋书·苻坚载记》则记载：退还阴山后，什翼犍被他的儿子翼圭捆绑起来献给秦军，向秦军请降。然后，秦军带什翼犍父子回到长安，苻坚觉得什翼犍不开化，不懂仁义，就把他送去太学学习；而以翼圭执父不孝，将他流放到蜀地。《宋书》《南齐书》也都说什翼犍被送到长安。在这几种记载中，《魏书》的记载是一个类型，其他的是另一个类型，前者有曲笔讳饰之嫌，而后者又未免有传闻不实之疑，孰是孰非，至今未有定论。

拓跋鲜卑的一代雄主拓跋珪就出生在这样一个国破家亡的艰难时刻。

拓跋珪是什翼犍的嫡孙。前秦灭代时，他还是一个不谙世事的六岁孩童。部落分散后，原南部大人长孙嵩带领残部依附于刘库仁。拓跋珪兄弟本来跟着母亲贺兰氏躲在贺兰部，这时也随着投奔刘库仁。刘库仁原是匈奴人，因为与拓跋部世代联姻，归附了拓跋部落联盟，为别部大人。贺兰氏母子来后，很得他的照顾。拓跋珪的少年时代就是在独孤部度过的，他白天手执长鞭，驯马放牧；夜晚听母亲讲述拓跋祖先的创业史，经常听得热血沸腾。他虽寄人篱下，却意识到自己肩负着复国雪耻的重任。

建元十九年（383年），前秦在淝水之战中大败，原来在前秦统治下的各胡部贵族，相继摆脱前秦控制，北方出现了新的分裂局面。为恢复燕国，慕容部的慕容垂率先起兵，进攻邺城、蓟城。刘库仁自以为接受前秦的封爵，便派兵支援前秦蓟城守将。本为刘库仁部下的慕容文乃攻杀刘库仁，作为投奔慕容垂的资本。刘库仁死后，其弟刘眷代领部落，不久，刘库仁之子刘显杀害刘眷自立。刘显又要杀拓跋珪。幸亏拓跋珪母子事先得到密报，逃到贺兰部避难。然而，舅舅贺染干竟也容不下拓跋珪，带领部众围逼，贺兰氏挺身而出，怒斥贺染干说："你们今天准备把我怎么样？难道还要杀我的儿子吗！"贺染干自觉有愧，这才下令解围而去。

一次又一次的灾难，并没有使拓跋珪消沉沮丧，反而锻炼了他的意志，增长了他的才干。这时，长孙嵩和原中部大人庾和辰等率部众来归，部众们见到不足十五岁的小主人英姿勃勃、坚毅果敢，不禁悲喜交加，感慨万端。在他们的鼓励下，舅父贺讷也支持拓跋珪重建部落联盟。拓跋珪意识到复国雪耻的机会终于来了，于是在诸部的拥戴下，宣布恢复代国，即代王位，建元登国，仍以长孙嵩为南部大人，以叔孙普洛为北部大人，各统其众。任命汉人张衮为左长史，许谦为右司马，王建、和跋、叔孙建、庾岳为外朝大人，奚牧为治民长，长孙道生、贺毗侍从左右。四月，拓跋珪改称魏王。当然，这时北魏的官制，基本上仍是氏族部落制度。

入主中原

北魏初建，毕竟还只是一个弱小的部落联盟而已，虽然拓跋珪打算"息众课农"，发展生产，逐步壮大自己的实力，但是，部落联盟内部还不稳定，建国不久便发生护佛侯部酋长侯辰、乙弗部酋长代题叛走事件。部下纷纷请求把他们追回来，拓跋珪制止说："侯辰等部世代归顺，有了小过，应该宽容他们。当今乃草创时期，人心不固，眼光短浅的人出现动摇，是不可避免的，不值得去追他们。"对北魏来说，更危险的是周围的刘显、刘卫辰两部，他们虎视眈眈，时刻威胁着魏国的生存。

最初是来自刘显的挑衅。就在登国元年（386年），他派兵支持拓跋窟咄与拓跋珪争夺王位。窟咄是什翼犍的少子，也就是拓跋珪的叔父，被前秦迁徙到长安，后随西燕将慕容永东进。慕容永抵达闻喜（今山西省闻喜县），听说慕容垂已经称帝，便进据长子（今山西省长子县），也即西燕帝位，任命窟咄为新兴（治今山西省忻州市）太守。刘显派其弟亢泥去迎接窟咄，又派兵随同窟咄进犯北魏。大兵压境，北魏诸部骚动，人心不定。近臣于桓等勾结其他部落的人，图谋作乱，以应窟咄。典领禁兵的莫题也有二心，联络七姓和窟咄通好。拓跋珪预先得到密告，他果断地处死于桓等主谋者五人，余皆不问；对莫题等人则暂且隐忍不发。为了避开窟咄兵锋，拓跋珪越过阴山，迁回到贺兰部，同时派使者安同向后燕慕容垂求援。

慕容垂本不满慕容永擅自称帝，当即派慕容麟率领步骑兵六千人前往救援。慕容麟还在进军途中，窟咄已逼近拓跋珪。贺兰部贺染干继续与拓跋珪为敌，率领部众从北面发起进攻。南北夹击之下，北魏诸部惶恐不安，北部大人叔孙普洛又带领一部分乌丸人出逃刘卫辰部。在这千钧一发之际，安同赶回来报告援军的消息，人们才松下了一口气。拓跋珪抓住战机，从弩山回师牛川，出兵至高柳（今山西省阳高县）与慕容麟会合。两军合击窟咄。窟咄大败,逃奔刘卫辰后,被刘卫辰杀死。

消灭窟咄以后,拓跋珪接受长史张衮的建议,开始瞄准刘显。这时刘显由善无(今山西省左云县西北)迁徙到马邑(今山西省朔州市),内部兄弟相争,人心离散。拓跋珪再次与慕容垂联手,进军马邑,又追击到弥泽(今朔州市南),刘显狼狈地逃往西燕。

对窟咄和刘显作战的胜利,使北魏部落联盟获得巩固和扩大,实力大为增强。接着,拓跋珪连连四出讨伐。登国三年(388年),拓跋珪北征库莫奚,虏获其四部及杂畜十余万;西征解如部,又虏获许多人口及杂畜十数万。次年,拓跋珪袭击高车诸部落,又讨伐叱突邻部,都大获全胜。登国五年(390年),拓跋珪西征至鹿浑海,大破高车袁纥部,虏获人口、马牛羊二十余万;又讨伐贺兰、纥突邻、纥奚、叱奴诸部落,纥奚、纥突邻等部落大人举部降附。王权在战争中迅速成长,拓跋珪的个人权威越来越高。

与刘卫辰决战的时机终于到来了。刘卫辰被苻坚委以西部之任,封西单于,督摄河西各少数民族,连柔然等游牧部落都来归附,势力甚盛。其后,后秦姚苌、西燕慕容永又纷纷拉拢他,授予大将军、大单于、河西王之类的头衔。刘卫辰自己也飘飘然起来了。

登国五年(390年),刘卫辰派八九万大军进攻贺兰部,贺讷向拓跋珪求救。拓跋珪引兵救援,刘卫辰大军被迫退走。翌年,拓跋珪首先征伐柔然,柔然举部逃遁,拓跋珪追出了六百里。诸将认为已追赶不上,不如退兵。拓跋珪问道:"如果杀掉备用的马匹,够三天吃的吗?"诸将回答说:"够了。"拓跋珪于是命令杀马充军粮,继续追赶。至大漠西南床山下,果然赶上柔然诸部,俘虏大半,取得重大胜利。不久,刘卫辰派其子直力鞮率领大军进犯北魏,八九万大军包围了拓跋珪的五六千人。拓跋珪毫不畏惧,沉着迎战,表现出高超的指挥能力。他把车辆结成方阵,边战边进,在铁岐山(今内蒙古自治区固阳县西北)的南麓大败敌军,虏获牛羊二十余万,直力鞮单骑逃走。拓跋珪乘胜追击,从五原金津(今内蒙古自治区包头市西南黄河边）南渡，突然出现在刘卫辰部的领地，直捣其领地中心悦跋城（又名代来城，今内蒙古自治区伊金霍洛旗西北）。刘卫辰逃跑时为部下所杀，名马三十余万匹、牛羊四百余万头都成为北魏的战利品。

当大漠南北局势安定以后，拓跋珪再无后顾之忧，便以此为依托，准备向南扩张了。

后燕原是北魏的盟友，现在则成为北魏向南扩张的障碍了。说起来，拓跋珪和慕容垂还有亲戚关系，因他的祖母是慕容部人，他应该是慕容垂的外甥。这也应是促成双方结盟的因素之一。不过，结盟的真正基础还是双方具有共同的利益。后燕自公元385年定都中山，势力逐渐发展，版图日益扩大，经济、军事实力也远非地处僻远的北魏所能望其项背，故慕容垂只是把北魏看作自己的附庸。然而，拓跋珪却不是等闲之辈，他不甘心充当附庸，坚持独立的地位。在双方联兵击败窟咄后，慕容垂给拓跋珪送去西单于的印绶，封他为上谷王，拓跋珪拒而不受。而且，拓跋珪还让使者刺探后燕的虚实。拓跋仪出使归来，就向拓跋珪汇报说："燕主衰老，太子不明，范阳王自负有才，将来不能奉事少主。待燕主殁后，内难必然发作，那时便可以动手了，现在暂且等一等。"当时，后燕已经有人觉察到北魏的威胁，慕容麟就曾经忧心忡忡地向慕容垂指出，拓跋珪很有野心，不可小觑，应当另立新主，以便于控制，但慕容垂不以为然。

燕魏之间微妙的动态平衡是很容易被打破的。北魏登国六年（391年）发生的"止元觚而求名马"事件，标志着燕魏关系的正式破裂。燕主慕容垂扣押了拓跋珪的弟弟秦王拓跋觚，要求北魏贡献名马作为交换。燕军扣押人质，索求名马不过是一个借口，实质是慕容垂对北魏势力的发展已经隐隐不安。然而，这一要求被拓跋珪断然拒绝了。拓跋珪并非一时冲动，他一直密切注视着后燕的动向。尽管燕魏之间力量悬殊，但他也看到了后燕内部矛盾重重，政治黑暗，统治者十分腐败。所以他宁愿冒着与后燕决裂的风险，而不愿向对方屈膝称臣。一场生死搏斗已是不可避免的了。

这一天终于到来了。登国十年（395年）五月，慕容垂命太子慕容宝、赵王慕容麟等率领八万之众为前锋，范阳王慕容德、陈留王慕容绍各领1.8万人为后继直扑漠南。当时后燕刚刚消灭西燕，正不可一世。消息传来，拓跋珪将部落人口和牲畜转移到黄河以南，以避敌兵锋。等到后燕的大军长驱直入，哪儿找得到拓跋部落的影子！后燕军从六月转悠到十一月，人马疲惫，斗志全消，而天气渐渐冷了，御寒衣服和粮食都供应不上，慕容宝不得不下令撤军。但是进军容易撤兵难。几个月内，拓跋珪按兵不动，养精蓄锐，等的就是这一天。他频繁调动军队，一方面遏制慕容宝军的归路，一方面部署进攻的兵力，又散布慕容垂身亡的消息扰乱后燕军心。这时，后秦派来的援军也赶到前线，数路大军形成了一个大口袋。

慕容宝渡过黄河时，天气虽然很冷，但黄河还没有结冰。渡河后慕容宝令烧船夜遁，估计北魏军可能将会为渡河所困，便放松了警惕，在参合陂（今内蒙古自治区凉城县西北30里石匣子沟）安营扎寨。谁知世事难料，忽然刮起大风，黄河一夜冰封。拓跋珪不费吹灰之力渡过黄河，留下辎重，选两万精兵驱马急追后燕军。第二天早晨，太阳升起，金色的阳光照射在后燕军的宿营地上。由于连日劳累，后燕士兵尚未睡醒。这时，北魏军突然出现在山头上。拓跋珪一声令下，大军如惊涛骇浪涌进后燕军营，只听见喊杀声、惊叫声、刀剑撞击声响成一片。后燕士兵见大势已去，争相逃命，成千上万人或赴水而死，或相践踏而亡，而束手就擒的有四五万人之多，侥幸逃出去的不过数千人而已，慕容宝等人也只是单骑逃逸。战后，拓跋珪因惧怕俘虏反抗，竟残忍地下令将他们全部杀掉。次年四月，当慕容垂为复仇而进军路过参合陂时，见到旧战场上积骸如山，遂为亡灵举行祭奠仪式，军士们无不失声痛哭，哭声震撼山谷。慕容垂悔恨交加，当场口吐鲜血，自此染上沉疴，不久病亡。

慕容垂一死，后燕犹如将倾之大厦，摇摇欲坠，危在旦夕了。慕容宝的文韬武略，远逊于乃父，不是拓跋珪的对手。北魏入主中原，已是水到渠成了。

登国十年（396年）七月，拓跋珪改元皇始，随即集结四十万人马，挺进中原，发动了对后燕的全面进攻。拓跋珪亲率北魏主力南下攻占晋阳（今山西省太原市），同时派大将封真从东道袭取蓟城（今北京市）。此后拓跋珪东向出井陉口，后燕郡守或迎降或逃窜，北魏军如入无人之境，不久后燕在河北只剩下中山、邺城和信都三个重镇。都城中山城池坚固，存粮较多，守军武器精良。围城强攻的战争是艰苦的，双方长期处于胶着状态。拓跋珪对诸将说："中山城最坚固，慕容宝必定不肯出战，急攻则损伤士兵，久围则给养困难，不如先攻取邺城、信都，然后再攻中山。"于是，拓跋珪移兵进攻信都。占领信都以后，北魏内部有人返回漠南作乱，拓跋珪准备北还，请求与后燕讲和。慕容宝不许，在滹沱河北岸大败北魏军。拓跋珪重整军队后，与后燕对峙，慕容宝慑于北魏军的气势，引军退回中山，拓跋珪再次包围中山。围城旷日持久，北魏军中疫病流行，死亡不少，部将们都打起了退堂鼓。拓跋珪听说士卒只剩下十之四五，对诸将说："这是天命，无可奈何！四海之人，都可以作为臣民，只在于我如何统治，何必担心没有百姓。"后来，由于后燕皇室不和，北魏终于攻下了中山。随之，邺城也落入北魏之手。

远见卓识

在登国时期（386～395年）的十年间，北魏由一个塞外部落联盟发展为奄有关东广阔土地的大国，拓跋珪由一个部落联盟的酋长演变为专制国家的皇帝。这种历史的飞跃，反映了我国北方游牧民族从原始社会向阶级社会进化的特点。

拓跋鲜卑在进入中原之前，如同匈奴民族一样长期在蒙古高原上游牧。蒙古高原地势高峻，气候严寒，戈壁千里，雨量稀少，只在河流、湖泊的附近有水草肥美的草原。这里养育了一个又一个、一代又一代马背上的民族。他们勤劳勇敢，性格豪爽，在创造了自己多彩多姿的生活的同时，也创造了光辉灿烂的草原文化。

然而，不必讳言，游牧民族的文化发展受到生产水平的限制，也受到游牧生产特点的限制。牧业生产经常遭到风雪严寒的损害，有时甚至是毁灭性的打击；畜牧产品不易贮存，财富积累困难；游徙的生活对文化的传承不利，文化的积累也很困难。因此，我国北方游牧民族的社会发展阶段远远落后于中原的农耕民族。拓跋鲜卑在进入中原以前正是这样，只是一个部落联盟。

皇始元年（396年）是拓跋鲜卑历史上具有重大的意义的一年。拓跋珪在占领并州全境后，仿效汉人政权的官制，"初建台省，置百官，封拜公侯、将军、刺史、太守，尚书郎以下悉用文人"，他还"留心慰纳，诸士大夫诣军门者，无少长，皆引入赐见，存问周悉，人得自尽，苟有微能，咸蒙叙用"。拓跋珪诚然是一位有远见卓识的政治家，他仿效汉制建立台省，大胆任用汉族士人，推行汉化政策，代表了鲜卑族发展的历史方向，符合广大鲜卑族人民的长远利益，虽然其意义一时还不被鲜卑族人民所认识、所理解。大约与此同时，北魏"离散诸部，分土定居，不听迁徙，其君长大人皆同编户"。这是对原来的氏族部落制的巨大冲击，血缘关系自此逐渐让位于地缘关系了。

天兴元年（398年），拓跋珪又采取了几个重要步骤。他迁徙山东六州吏民及慕容部、高丽等少数民族36万人、各种工匠十万余人到代北，分给这些"新民"耕牛，实行计口授田。如果说北魏建立伊始实行的"息众课农"还未能真正付诸实施，那么八年后拓跋珪令东平王拓跋仪在河北五原到椇阳塞一带的屯田，则开始收到实质性的成果，当年"分农稼，大得人心"。而实行计口授田，则是大规模地推广农业生产方式。接着，正式定国号为"魏",宣称"天下分裂,诸华乏主。民俗虽殊,抚之在德"。然后,北魏迁都平城,修筑宫室,建立宗庙社稷;以吏部尚书崔玄伯主持官制、爵品、礼乐、法律的制定。之后,拓跋珪在天文殿举行隆重的登基仪式,三公进呈皇帝玉玺、绶带,百官参拜,高呼万岁。这时,拓跋部落联盟真正转化为国家了。

当年刘邦始称帝之时,叔孙通为其制定朝仪。刘邦在长乐宫大会诸侯、百官,第一次按照朝仪行事,凡是不符合朝仪者都被负责监察的御史当场赶出去。刘邦自此才体验到做皇帝的威严和尊贵,因而改变了一贯讨厌儒者的态度。叔孙通因此得以官拜太常,获赐金五百斤。现在,从部落联盟的酋长变为专制国家皇帝的拓跋珪,其体会大概比刘邦还要强烈吧。

然而,当鲜卑氏族贵族由部落酋长也一变为皇帝的臣民时,他们所掌控的氏族组织也不复存在了,因此自觉利益大受限制和损害。他们认为这是拓跋珪采用汉人政权的台省官制和重用汉人士族的结果,所以,不满于拓跋珪改用汉制的他们,开始大肆攻击他重用的汉人士族。

这时民族隔阂甚深,民族矛盾仍很严重。即使是大力推行汉化的拓跋珪,对汉族士人也是疑忌多于信任。攻打中山时,军队缺粮,拓跋珪问群臣有什么解决办法?御史中丞崔逞回答说:"桑葚可以补充军粮。《诗经》上说猫头鹰吃桑葚改变了它原来难听的叫声。"拓跋珪恼怒地认为这是崔逞轻蔑鲜卑人,讽刺自己。因桑葚确能充饥,便隐忍不发作,同意以桑葚当租。崔逞又说:"要让军人及时去摘取,过时就掉光了。"拓跋珪忍无可忍斥道:"军人忙于杀敌,难道能放下兵甲进林子里去收桑葚?你这是什么意思!"后来,拓跋珪终于借故杀了他。

拓跋珪既要实行汉制,就必须要任用懂礼法有文化的汉族士人,却又常常用怀疑的眼光看汉族士人。当鲜卑族反对重用汉族士人时,他也不能不顾忌这些仍然拥有强悍部落兵的贵族,不能不考虑到他们与其原来的氏族部落还保持着千丝万缕的联系,不能不对他们做些让步。这就是北魏初期汉化进两步退一步的原因。

据说拓跋珪在进入中原后服用寒食散，以求延年益寿。这种风靡于魏晋之际士族中的"毒品"，以钟乳、朱砂等药炼制，服后要吃冷食，故称为寒食散。服食寒食散，始于曹魏的何晏。何晏耽好声色，服药之后，心情开朗，体力强健，于是此举在京城的权贵中流行起来，十分时髦，甚至成为一种身份的标志。寒食散作为药物偶尔服用或许可以治病，但那些将其作为延年美容的灵丹妙药经常服食者，却遗患无穷。寒食散服后因毒性发作，常令服食者燥热难当，要用冷水浇身降温，甚至隆冬时节还有睡在石头上的，服食者往往非死即残。拓跋珪服寒食散后，毒性频频发作，或者几天吃不下饭，或者整夜不能入睡，变得性情乖戾，疑神疑鬼，喜怒无常，觉得朝臣都不可相信，有时上朝时，他想起某人从前的过失，就将他杀掉；看见某人脸色有变化、呼吸不顺畅、走路不规范、言辞不对头，都认为是怀恨在心、变化在外，便亲自击杀，然后陈尸天安殿前，搞得朝野人人自危，朝政荒乱。

在北魏政治不景气的时候，39岁的拓跋珪遇弑身亡，把北魏大业交给他的后继者。《魏书·太祖纪》篇末史臣语曰："太祖显晦安危之中，屈伸潜跃之际，驱率遗黎，奋其灵武，克剪方难，遂启中原，朝拱入神，显登皇极。虽冠履不暇，栖遑外土，而制作经谋，咸存长世。"这段赞语不免多有溢美，但作为一个在中国历史上占有重要地位的北魏政权的缔造者，拓跋珪称得上是一位杰出的人物。

赫赫武功

如果将道武帝拓跋珪比作高明的乐队指挥，他所开创的文治武功便仿佛是一首雄浑激昂的交响乐。但是很可惜，这支乐曲刚刚开了个头，刚刚奏出一串灿烂的音符，便随着乐队指挥的英年早逝戛然而止。庆幸的是，拓跋珪后继有人，一个新的指挥接过了他的指挥棒。于是，音乐在短暂的沉默之后，进入了更为高亢激劲的主题部分。

这个后继者就是拓跋珪的孙子、太武帝拓跋焘。他一生最重要的功绩就是继祖父拓跋珪由塞外入主中原的军事行动后，实现了北方的统一，以赫赫武功告慰祖父的在天之灵。

拓跋焘是拓跋珪的孙子、明元帝拓跋嗣的长子。父亲明元帝在年轻时，也颇受磨难。原来，拓跋珪定下一条规矩：哪一个儿子被册封为太子，他的母亲就要被赐死，以防止出现母后专权、外戚干政的局面。拓跋嗣将立为太子时，母亲刘贵人被无情地赐死了。他是一个孝子，每想到母亲的死便悲恸欲绝。拓跋珪晚年乖戾嗜杀，他听说太子哀伤不止，大为恼火，下令传见太子。拓跋嗣闻讯后，情知不妙，便在宫人的帮助下，暂时出逃以避开父亲的责难。谁知，他离开不久，宫中便发生了流血的惨剧。道武帝另有一子清河王拓跋绍，幼年放荡无行，不听教诲，拓跋珪非常恼怒，迁怒于其母贺夫人，下令将贺夫人置于别宫，准备第二天杀死。贺夫人连夜托人带信给拓跋绍，拓跋绍本来就对其父心怀恨意，遂铤而走险，潜入宫中，杀死道武帝。

第二天，宫门迟迟不开，直到午后，百官公卿才听见有诏于西宫端门召见。百官公卿惶惶然赶到端门前，良久，端门开了一道缝，拓跋绍探出头来，说："我有父，也有兄，请问公卿你们跟谁走？"百官公卿抬头一看，愕然失色，张口结舌，才知道宫中已换了主人。在朝野上下人情不一之时，拓跋嗣及时赶回了京城，得到了宫廷内外的拥护，一举诛灭了谋逆的清河王及随从数十人，夺回了帝位。拓跋嗣即位后，安定人心，平反冤狱，扭转了因拓跋珪晚年暴虐滥杀造成的社稷危殆的局面。

拓跋嗣17岁即帝位，在位15年，他继承其父的事业，北伐南征，伐柔然，攻北燕，破大夏，夺刘宋滑台、虎牢、洛阳等地。他还义无反顾地沿着父辈开创的汉化道路走下去。他说："非夫耕妇织，内外相成，何以家给人足？"这与汉族君主劝课农桑诏书有什么不同？他曾经安置北方被征服部落的人民在大宁川（今河北省宣化区境内），从事农耕，赐予农具，授予土田。他还极为重视招纳汉族士人参政，分遣使者到各州郡去寻求贤能可用之士。

可惜的是，拓跋嗣也服用寒食散，也不幸中毒，身体越来越差，30岁上便不堪万机之劳。他问自己的汉族老师崔浩怎么办？崔浩建议他早立东宫，设置储贰，使其入总万机，出统戎政，监国抚军，以防出现拓跋珪晚年的惨剧。他又询问鲜卑贵族长孙嵩，长孙嵩表示赞同。于是他下诏让长子拓跋焘临朝监国。

拓跋焘12岁监国，16岁即位。在这四年中，明元帝配备了六个贤明大臣辅佐他，拓跋焘聪明果决，深得明元帝喜爱。明元帝对自己的身后事完全放了心，以至大臣问他政事时，他常常回答："这些事我不清楚，你们去问国主吧！"

泰常八年（423年），明元帝拓跋嗣病死，拓跋焘正式即皇帝位。他就是北魏历史上的太武帝。太武帝刚刚即位，便面临一次严峻的考验。

北方柔然在道武帝时遭受沉重的打击，一度沉寂下去，但随着时间的流逝，他们又开始活跃起来，不断骚扰北魏北部边境。明元帝病死的消息传出后，柔然可汗大檀立即组织骑兵，在次年秋发动攻击，寇掠云中，杀害吏民，一举攻陷北魏旧都盛乐。盛乐、平城之间相隔仅百许里，盛乐失陷，平城朝野一片纷乱，百官惶惶不安，这时拓跋焘亲自披挂上阵，急行三日三夜，与大檀遭遇。柔然骑兵将太武帝重重围住，但见他神色平静、镇定自若，北魏士兵们也临阵不慌，君臣协力，奋勇厮杀，终于击退了大檀军。

从道武帝拓跋珪晚年到明元帝拓跋嗣时，由于受客观条件的限制，一直对柔然的进攻采取消极防御战略。太武帝决定改变这种被动挨打的局面。从始光元年到太平真君十年（424～449年）的26年中，太武帝先后八次率领大军,深入绝漠千里,讨伐柔然。大漠风沙里,燕山冷月下,留下了这位鲜卑君主的矫健身姿。大敌当前,他总是一马当先,与士卒共同浴血奋战,取得了对柔然的决定性胜利。太武帝分军进讨东西五千里、南北三千里,虏获畜产数百万,归降者三十余万。这个胜利的意义是巨大的。太武帝以后再发动一系列军事活动时,可以集中精力,不再有后顾之忧,避免出现其父明元帝那种功亏一篑的遗憾。当年,明元帝在泰常七年(422年)十月乘南方刘裕新死,大举伐宋,取得了辉煌的战果,最终却因后方柔然的进攻而被迫撤军,殊为可惜。太武帝接受了教训,未雨绸缪,将柔然问题的解决视作其宏图伟业的重要一步。更庆幸的是,他的身边还有一个支持他的贤臣崔浩。神麚二年(429年),当太武帝决意北伐时,群臣上下,宫廷内外,无不纷纷反对,恰逢南方刘宋政权又下书挑衅。在这个关键时刻,崔浩挺身而出,坚决支持太武帝的决策。有人非难崔浩,说南方有强寇,而舍之北伐,如果柔然远遁,南寇又乘虚而至,将如何对付?崔浩逐条加以驳斥。事实证明,太武帝和崔浩坚持的先伐柔然的策略是正确的。

统一北方

解决了北方柔然的骚扰后,太武帝拓跋焘的目光转向大夏。

高高的统万城(今内蒙古自治区乌审旗南白城子)素有固若金汤之称。北魏永兴五年(413年),大夏主赫连勃勃任命叱干阿利为将作大匠,征集胡汉十万人民在此修筑都城。叱干阿利令以蒸土筑城,并立下苛刻的规矩:用锥刺城土,若刺进一寸,就杀掉筑城的人,将他活活地砌进城墙里。统万城坚可磨石,泛着冷酷的光芒,不知有多少人葬身于这冰冷的城墙之内。叱干阿利还是一名能工巧匠,所铸兵器精锐异常。部下工匠献上铸好的兵器时，必有死者：以箭射铠甲，不入杀制造弓矢的匠人，射入则杀制造铠甲的匠人。他锻造了一柄百炼钢刀，柄上铸有龙雀图案的大环，名"大夏龙雀"。刀背上刻有铭文："古之利器，吴楚湛卢。大夏龙雀，名冠神都。可以怀远，可以柔逋。如风靡草，威服九区。"在统万宫殿前，还有他铸造的大鼓、飞廉、翁仲、铜驼、龙兽等大量铜器，它们都用黄金为饰，金光熠熠，辉煌灿烂。

大夏国主赫连勃勃就是当年引苻坚军灭代的刘卫辰的第三子，而刘卫辰最终又死于道武帝拓跋珪之手，因此，两国之间早已结下不共戴天之仇。在游牧民族那里，报仇雪耻几乎是每一个民族成员神圣的义务与责任。这些年来，两国之间的敌意又日益加深。北魏天赐四年（407年）六月，赫连勃勃称帝后，仰仗有一支精锐的骑兵，遂四出劫掠，给周边各国造成了极大损害。拓跋焘知道，赫连勃勃内外均不得人心，他曾背叛后秦，被姚兴父子骂为"无信之徒"，而西秦王乞伏炽磐则多次向自己提供灭夏方略。恰逢这时，赫连勃勃病死，诸子为争夺继承权展开内战，这正是"取乱侮亡"的好机会。

始光三年（426年），太武帝第一次出兵西伐大夏。他用兵极为谨慎，乘黄河冰冻之机，遣大将奚斤等率五万余众，袭取蒲坂，进据长安；自己亲率精骑两万，渡河袭统万城，掠得牛羊数十万头。不过，这只是一次"军事演习"。第二年，夏主赫连昌派兵两万至长安与奚斤相持，太武帝于是调集十万大军，乘势袭击统万城。太武帝这次出兵，显示出他杰出的军事战略眼光。大军渡过黄河后，他断然决定舍弃辎重，以三万精骑为先锋，倍道兼程。大臣们觉得不可思议，纷纷劝告道："统万城池坚固，不是十天时间就能攻拔的，倘若轻军前往，进不可攻，退无凭借，不如带上步兵及攻城器具，一时俱往。"太武帝却有独到见解，他认为："用兵之术，攻城乃最下策，是不得已而用之。倘若步骑一时俱往，对方必定恐惧而坚守。攻城不下则粮尽兵疲，实非上策。但倘我以轻骑前往，对方则必定轻敌。这时以弱兵诱敌，就能有所擒获。我们的兵士离家千里，后有黄河阻隔，这正是置之死地而后生的情况，宜攻却不宜守。"事情的发展果如太武帝所料，夏主赫连昌轻敌出战，仓皇败逃，魏军攻占了统万城。

攻克大夏，是太武帝取得的第一个辉煌胜利。

延和元年（432年）至太延二年（436年），太武帝又掉转兵锋，开始了东伐北燕的战争。

北燕乃后燕余绪之一。后燕遭道武帝拓跋珪打击后，内部分裂。至皇始三年（398年），一分为二：在南者，先以滑台、后以广固为都城，占据青州，史称南燕；在北者，后来发展为北燕，以和龙（今辽宁省朝阳市）为都，占据了幽燕之地。北燕国主冯跋是汉人，原为后燕中卫将军，后来凭借手中的军权登上了北燕皇帝的宝座。他即位后，政治比较清明，轻徭薄赋，劝课农桑，深得国人拥护。但北燕局促于东北一隅，势单力薄，雄心勃勃的北魏太武帝是绝不会轻易放过它的。北魏明元帝在神瑞元年（414年）时，曾派使者于什门出使北燕。当时于什门以上国使者自居，要求燕主亲自出门迎接，见燕主后又拒绝跪拜，态度十分倨傲。冯跋盛怒之下，扣留了于什门。于是北魏这次出兵伐燕就以此作为口实。当然，或许于什门出使就是北魏设下的一个圈套，当时北燕大臣中有如此看法者也不乏其人。北燕太史令张穆因此力劝冯跋释放魏使，奉修职贡，但冯跋没有听从。当然，即使没有这个口实，北魏也还会找到另外的借口的。

太武帝继承了其父用兵北燕的方针，由于受北方柔然和大夏的牵制，一直未能全力以赴。当这两个问题解决后，北燕的亡国之日也就不远了。这时，冯跋已死，其弟冯弘即位。冯弘深知单凭一己之力迎战北魏，无异于以卵击石。于是，他向南方刘宋遣使通好，希望在关键时刻获得对方援助。冯弘的外交不过是一种病急乱投医的举措，宋燕南北暌隔，刘宋不必要、也不可能泛海远渡，派大军支援一个势力孤弱的小国。北燕的败亡只是时间问题了。

延和元年（432年），太武帝亲率大军东征，对北燕志在必得。魏军连连告捷，获得北燕营丘、辽东、成周、乐浪等六郡几万人口，冯弘子冯朗、冯崇、冯邈等先后降魏。此后，魏军不断以大军压境，冯弘无奈，只得遣使上表称藩，而太武帝则提出以太子为质的严苛条件，终被冯弘拒绝。太延元年（435年）太武帝再次派大将娥清、古弼伐燕。冯弘火烧和龙城后，逃到高丽。北燕灭亡。

太武帝拓跋焘是一位目光远大的军事家，他考虑事情能通观全局。北方统一战争的整个进程仿佛一盘缜密的棋局，每个棋子都落到了适当的位置。环环相扣，步步呼应。伐燕的同时，他又开始思考对北方最后一个割据政权——北凉的对策。

北魏进攻时北凉的情况，前面我们已经讲过，这里讲讲北魏一方。

太武帝出兵前，征询大臣崔浩的意见。这时崔浩担任侍中、特进、抚军大将军、右光禄大夫诸职，深得太武帝信任。太武帝曾经指着崔浩对众人说："你们别看他清癯瘦弱，手不能弯弓持矛，可是他胸中谋略，过于甲兵。"又对尚书们说："凡军国大计，卿诸人不能决断的，都要先问问崔浩，然后再施行。"崔浩建议太武帝出兵进攻北凉，他说："牧犍逆心昭著，不可不诛。我军即使不能一举攻克，损失也不会太大。国家所用战马三十万匹，途中死伤估计不满八千，而平常每年减耗也不少于万匹。况且远方传言我军虚耗，便有轻敌之意，我出其不意，乘其不备，一定可以获胜。"太武帝又召集群臣商议，不料，反对的意见竟是前所未有的激烈。以弘农王奚斤为首的三十余人异口同声地说："牧犍是西方小国，自他即位以来，虽对我不是心悦诚服，但也职贡不乏。朝廷既待之以藩臣，妻之以公主，那么在他的罪恶没有完全暴露时，就应该宽容。我军新征柔然，士兵疲弊，不可再次举兵。而且听说河西土地贫瘠，没有水草，大军一到，对方若关城固守，我们就要陷入危险了。"奚斤等人虽然振振有词，但不难看出众将领畏难厌战的心理，太武帝不禁感到失望。更令他吃惊的是，多次出使北凉的尚书李顺竟以不容置疑的口吻说凉州城百里内赤地无草，太武帝犹豫了。就在这时，只见崔浩站出来。他情绪激动，引经据典，侃侃而谈："《汉书·地理志》上讲凉州之畜为天下饶，倘若没有水草，又如何能畜牧？汉人又怎会在没有水草的地方修筑城郭，设立郡县？"他毫不留情地指出李顺肯定是接受了北凉贿赂因此欺君罔上。太武帝听完这些话，心中主意已定。群臣退出后，振威将军伊馛留下来，悄悄对他说："凉州若无水草，怎能建立国家？众人的话皆不可信。还是应该听从崔浩之言。"

崔浩与伊馛的话坚定了太武帝伐凉的决心。太延五年（439年）七月，西征大军冒着酷暑由平城出发了，将姑臧城团团围住。在这里，太武帝亲眼看到城外泉水汩汩而流，四野绿草如茵。他感慨地对崔浩说："你讲过的话，得到验证了。"他对李顺的欺诳行为更加痛恨，后来下诏赐死李顺。

太武帝消灭了北凉，最终完成了统一黄河流域的大业，结束了北方自十六国以来一百三十余年的分裂割据局面。这是北魏历史发展上的一个里程碑，在整个中华民族发展史上也有着重要意义。在此之前，前秦苻坚虽然也统一了整个黄河流域，但由于统一时间短暂，未能引导北方各族人民走上民族融合的道路。太武帝统一北方后，这一伟大使命历史性地落在了北魏皇朝的身上。

国史冤狱

太武帝拓跋焘统一北方后，与南方刘宋政权形成了两分天下的格局。宋文帝刘义隆是南朝一个值得称道的皇帝，他在位前期，国内出现了"元嘉之治"的盛世景象。但他颇有些好大喜功，不自量力。其父刘裕死时，北魏趁机攻占了黄河以南的洛阳、虎牢、滑台三镇及青、兖、豫一些郡县。他对此一直耿耿于怀，不顾国力民情，于元嘉七年（430年）、元嘉二十七年（450年），两次发动了北伐战争。

北魏神䴥三年（430年）春，刘义隆命大将到彦之带兵五万北伐，南北之间开战，双方往往根据自身的优势特长选择战机。如南方多在春夏，江河涨满，利于运输，届时驱兵而上；北方则多选择秋冬之季，水涸冰封，一马平川，任凭铁骑驰骋。这次宋军来攻，魏军先后放弃了河南据点。但这只是暂时退却。到十一月，魏军便开始反攻，结果到彦之大败而归。这次北伐，刘宋损失惨重，财物"委弃荡尽，库藏、武库为之空虚"，而北魏则借此巩固了对"河南地"的占有权。

二十年后，宋文帝又于春天发动二十万大军，兵分三路，进行了第三次北伐。与前次出军一样，宋军起初取得了一些小胜利，包围了河南诸要塞。而太武帝则出于"马今未肥，天时尚热，速出必无功"的考虑，没有立即派援军。进入九月后，天气开始转凉。太武帝亲率大军，从平城出发，组织救援。魏军旌旗蔽日，号称百万，鼙鼓之声，震天动地。奔涌的黄河之水仿佛也噤若寒蝉。宋军三路之间本来缺少有机配合，东路军王玄漠闻敌丧胆，遂引发了宋军全线崩溃。魏军长驱南下，渡过淮水，抵达瓜步，"伐苇为筏，声言欲渡长江"。不过，太武帝并未能渡过长江，自此以后，南北之间形成了近百年势均力敌的相持局面。

"元嘉草草，封狼居胥，赢得仓皇北顾。"宋朝辛弃疾的一曲《永遇乐·京口北固亭怀古》讽刺了宋文帝的好大喜功，仓促出军，终致狼狈溃退。两次战争都由刘宋首先挑起，战争中遭殃的终究是无辜的老百姓。而太武帝两次大胜，志得意满，可这样的战争也暴露了他血腥嗜杀的一面。史家们无限感伤地记载道：当魏军攻下南兖、徐、豫、青、冀六州后，杀伤不可胜计，丁壮立即被斩截，婴儿们被士兵刺于枪尖，盘舞以为戏。魏军马蹄所过，赤地无余。春天来了，那筑巢堂上的燕子都无处可归，只得盘旋投宿于野外的林梢。鸟犹如此，人更何堪？

太平真君十一年（450年）是多事之秋。正当河南战事吃紧之时，北魏国内又发生了震骇视听的"国史案"，这个事件在历史上引起的震撼也许并不亚于其时正进行的魏宋战争。

"国史案"的主人公就是出身魏晋世家、高居冢宰之位、一直以来深受太武帝信任的北魏司徒崔浩。崔浩父亲白马公崔玄伯原仕南燕。南燕亡，玄伯逃亡，拓跋珪派出骑兵追回。崔玄伯父子二人曾同仕于魏廷，竭尽才智，谨慎小心，甚受魏主重视。尤其是崔浩，历仕三朝，在太武帝之世，参与内外大事，伐柔然，讨大夏，攻北燕，灭北凉，无不是其出谋定策，实为太武帝须臾不可暂缺的左右手。但是，一夜之间，崔浩便由天子的座上宾变成了阶下囚，被打入大牢，蓬头垢面，受尽凌辱。六月骄阳似火，当载着白发苍苍的崔浩的囚车驶至都城南面的刑场时，顿时一片人声嘈杂。几十名卫士，轮流对着囚车撒尿，尿水顺着老人麻木的面庞纵横流淌。人生真是如此变幻莫测，这难道就是人们所讲的"伴君如伴虎"吗？但是，事情似乎又不仅仅如此，为什么那些普通的拓跋族士兵竟也对这个汉族老人怀有如此刻骨铭心的仇恨？而惨剧还不止于崔浩一身，与崔浩同时处死的，还有其全家和同宗的亲属。范阳卢氏、太原郭氏、河东柳氏这些与清河崔氏有姻亲关系的赵魏旧族也受到株连，死者两千余人。这场史无前例的大惨案的发生，实质上牵涉到北魏建国以来一个长期存在却又隐而未发的问题——民族问题。

"国史案"的经过其实很简单：崔浩出身汉魏世家，博通经史，因此，太武帝任命他负责北魏国史的修撰工作。在国史修撰中，他主张秉笔直书。全书修成后，勒石为碑，置于通衢大道，供行人观览。国史暴露了拓跋氏祖先的一些不可外扬的家丑，人们街谈巷议，闹得沸沸扬扬。这下子触怒了鲜卑贵族，太武帝闻报大发雷霆，便兴起了这场大狱。

关于崔浩"直书"的确切内容，史书没有记载，可能是指北魏先祖的一些不符合汉族伦理道德的婚媾行为①。如魏昭成帝什翼犍长子拓跋寔早死，留下了一个遗腹子，即后来的道武帝拓跋珪。道武帝母贺兰氏后来又被什翼犍纳为妻，生子秦王觚。这种纳子妇为妻的行为在当时匈奴、鲜卑等少数民族中其实很正常，所谓"父死，妻其后母；兄弟死，皆取其妻妻之"。游牧民族由于生产水平较低，战争频繁，人口资源较为缺乏，为保证人口增殖，便出现了子娶后母、弟娶嫂等婚俗。但是，随着汉化的加深，拓跋氏在逐渐接受了汉族的封建伦理观念后，便开始以之为羞耻，讳莫如深了。崔浩不为尊者讳，将这些陈芝麻烂谷子都暴露出来，怎不令北魏君臣气恼万分？

如果说，崔浩主持修撰的国史"尽述国事，备而不典"，从而得罪了鲜卑贵族的话，那么，这只是不同民族之间文化伦理的差异，似乎不应兴如此大狱。更深层次的原因，其实还是国家政治权力的争夺。其实，修国史者人数众多，并不止崔浩一人，如高允在"国史案"中的责任就不亚于崔浩，而且他的门第较崔浩为低，在太武帝面前也不如崔浩受宠，最终他却安然无恙，个中蹊跷颇多。崔浩"国史"一案，不光崔氏惨遭灭族之祸，还牵连了许多北方大族，他们都是汉族士族中的一流高门，看来太武帝似乎存心要给他们一个下马威。由于太武帝对"国史案"必欲穷讼的严厉令人费解，人们往往又猜测是否有修国史外的其他原因。有人认为此事起因于崔浩为人刚愎自用，多次在人事任用上与太子拓跋晃产生冲突，再加上宗教信仰的不同，双方之间已到了水火不相容的地步，因此引发了这一惨案。但"国史案"毕竟是由太武帝直接处理而非由太子拓跋晃，故这种宿怨恐怕也不是主要原因。又有人说，崔浩被诛是由于他平时言行不检点，多次散布轻视鲜卑人的言论，终使太武帝忍无可忍。种种解释，也许都有可取之处，但若固择其一种，恐怕就未免于简单化之嫌。

---

① 参见周一良：《魏晋南北朝史札记》"崔浩国史之狱"条，中华书局1985年版。

"国史案"的实质，还应是民族差异产生的矛盾在政治领域激化的表现。崔浩曾明确地向太武帝提出"整齐人伦，分明姓族"的建议，希望恢复魏晋以来门阀士族统治的传统。"整齐人伦"即辨别人的流品，调整人的关系。调整的标准是门第，其目的是要太武帝承认魏晋旧族的地位。聪明一世的崔浩不明白，时移事易，今日的北魏绝非昔日之曹魏，这个国家的主人是鲜卑贵族。而他要他们"整齐人伦，分明姓族"，无异于要把汉族凌驾于鲜卑贵族之上，这简直是太岁头上动土，赤裸裸的挑战！鲜卑贵族可以从统治利益出发施舍给汉族士族门阀一杯羹，而崔浩们竟认为这是自己理所当然享有的，甚至进而要求与鲜卑贵族讨论羹的多少，这岂是太武所能容忍的。所以，"国史"冤狱的出现也就不足为奇了。

　　"国史案"是两族上层统治者之间的冲突，而在民间，民族隔阂也同样普遍存在。十六国以来，汉族士人在拓跋族政权中占有一定地位，有些还备受宠幸，如崔浩父子。但是，民族差别不是一朝一夕便能清除的，它像一股潜流，不动声色地寻找着突破口，一旦爆发，所有的宁静都将被打破。对拓跋族的统治者来说，他们将如何处理这样的大喷发，是堵塞抑或疏导？这将是一个极其严峻的问题。

太后临朝

　　"国史案"的发生，仿佛一个不和谐的颤音，出现在太武帝拓跋焘南征北战、一统中原的皇皇乐章中。这个音符虽音量不大，但它的背后却隐藏着无比丰富的信息，也许将直接影响事情的进程。这时，一个年轻人从容地走上了北魏政治大舞台，他继承先辈们挥起的指挥棒，以独到的见解与出众的才能，把乐曲导入高潮部分。至此，不和谐的颤音消除了，整个乐曲的风格似乎也为之一变，显示出一种恢宏与包容一切的气象。正如道武帝拓跋珪与太武帝拓跋焘的谥号都冠以"武"字，这个后来谥号为"孝文"的皇帝也一样名副其实，他所指挥的华彩乐章显示的正是北魏"文治"业绩。

孝文帝拓跋宏，是北魏第六代君主。他是历史上最负盛名的少数民族皇帝之一。皇兴元年（467年）八月戊申，拓跋宏出生于平城紫宫。他的生母是南郡王李惠长女，出身名门，举止贤淑。但是，拓跋宏幼时却并未得到多少母爱，母亲的印象在他的记忆里是模糊的。原来，皇兴三年（469年）七月时，不满两周岁的拓跋宏被册为皇太子后，其母就按北魏旧制被赐死了。童年失母对他的影响很大，深宫寂寞，缺少母爱，使他的性格显得很内向，他把大量的时间都用于阅读经书典籍。同时，他对于抚养自己长大的祖母产生了深深的依恋——尽管祖母对他十分严厉，甚至到了苛刻的地步。这两件事，对他的一生都产生了巨大的影响。

平城宫里的拓跋宏是一个不幸的小皇子，除了幼年丧母外，父亲献文帝拓跋弘和祖母冯太后，这两个与他最亲密的人之间的权力争斗，也给他的童年生活罩上了一层阴影。献文帝拓跋弘，皇兴元年（467年）即位，四年后即退位，时年仅18岁，恐怕是历史上最年轻的太上皇了。献文帝英年退位，并非他才能不济，而是由于母亲冯太后的威逼。

冯太后是汉族人，原籍长乐信都（今河北省衡水市冀州区）。她出生在帝王之家，祖父冯跋是北燕国君，父亲冯朗投降北魏，先后任秦、雍二州刺史，后因故被杀。冯太后被籍入宫中，由其姑母、太武帝的冯昭仪抚养。冯太后聪明过人，颇有心计，因而很快便在宫中崭露头角。文成帝拓跋濬即位后，她被立为贵人，后来又被册封为皇后，即后世所称的文明文成皇后。献文帝拓跋弘继位，又尊称她为皇太后。

冯太后是个很有政治才能的人。献文帝即位，也完全是靠了她的果敢与魄力。文成帝拓跋濬死时，献文帝年仅12岁，他上台不久，便面临一场严重的政治危机。当时，录尚书事、太原王乙浑把持了朝廷大权，隔绝内外。他见献文帝与冯太后孤儿寡母，便心生异端，积极布置，密谋篡夺皇位。在这关键时刻，冯太后没有惊慌失措，她暗中联系老臣拓跋丕、拓跋贺等人，调动禁军，先发制人，诛灭了乙浑，挽救了危局。为稳定政权，她亲自临朝称制，一年后方将政权交给献文帝。

冯太后权欲颇盛，她虽交出政权，退居深宫，但内心并不情愿。另外，由于她生活放荡，不加检点，引起了献文帝的不满。宫闱事秘，难以尽知，不过从文献记载中依然可以找到一点蛛丝马迹。当时，凡是冯太后宠幸任用的人，献文帝多冷落排斥；而冯太后厌恶贬斥的人，献文帝反而提拔重用。枋头镇将薛虎子先遭冯太后贬斥，后被献文帝起用。皇兴四年（470年）发生的李奕事件，是双方矛盾的总爆发。李奕貌美多才，是冯太后最宠爱的面首，献文帝则对他极其憎恨。不久，皇帝就找到了一个报复他的机会。有人检举揭发李敷、李奕兄弟，罗列二十多条罪状，献文帝下令诛杀李氏兄弟及亲戚数人。冯太后对此自然耿耿于怀，虽已退居深宫，但多年以来一直不甘寂寞，多方掣肘献文帝。不多久，献文帝就感到左支右绌，不堪其苦。他当初也曾以励精图治自律，但事事不能自主，便只好听之任之了，于是转而成为虔诚的佛教徒，常常去同和尚们探讨佛学经义，"雅薄时务，常有遗世之心"。也许，他真的疲惫了，企图在佛教虚无中寻求超脱。他似乎做过一次无奈的挣扎，企图禅位给叔父京兆王拓跋子推，因群臣固谏乃止。皇兴五年（471年），他终于无法忍受下去了，把帝位传给刚满四岁的太子拓跋宏，自己十八岁就做了太上皇。不过，他在退位以后，"国之大事咸以闻"，仍常常率军南征北战，并非无所事事。延兴六年（476年），献文帝突然死亡，传说是被冯太后害死的。

这场宫廷内争发生时，孝文帝虽还年幼，但以他的聪颖和早熟是不可能浑然不觉的。当献文帝退位时，孝文帝竟然痛哭流涕，众人都诧异不止，不解其因，他回答说："代亲之感，内切于心。"这就是说，四岁幼童的他似乎过早地承受着内外沉重的压力。

然而，孝文帝对祖母冯太后并不怨恨，这几乎成为一个难解的谜团了。其实，个中原因也不难解释。一方面，由于他还年幼，不可能完全了解这场内争的真相。另一方面，他自幼由冯太后抚养。幼童的心理也许早将她看作母亲的化身。北魏前期许多皇帝，都对自己的乳母有着深厚的感情，即位后往往大加褒奖册封。孝文帝对冯太后的依恋也许就是这种"恋母情结"在起作用。更何况，她毕竟还是自己的祖母。冯太后对孝文帝不仅有养育之恩，而且还给了他完整系统的教育，这当然包括儒家所强调的伦理纲常。长大后的孝文帝，又与祖母成为事业上的知己。那种复杂的情感体验也有可能超越了从前简单的爱恨情仇。所以，看似谜团的背后以人之常情揣度之并非难以解释。

改革伟业

延兴六年（476年）献文帝死后，孝文帝年幼，冯太后再度临朝称制，自此一直到太和十四年（490年）病死，十五年间，内外万机，事无巨细，均禀太后裁决。冯太后非常注重对孝文帝的教育，曾亲自作《劝诫歌》三百余首，以教育孝文帝。孝文帝性格内向，耽学好思，进步也很快。史书记载他"五经之义，览之便讲，学不师受，探其精奥，史传百家，无不该涉"。孝文帝对经史典籍显然浸润甚深。冯太后是个汉人，她为政的特点便不可避免地具有汉族君主的思维方式与手段，而孝文帝也因其所学对祖母推行的一系列新政由理解到参与了。祖孙俩合作，拉开了北魏大改革的帷幕，其中主要包括这样一些内容：班禄制、均田制、三长制、租调制。

"班禄制"，顾名思义，就是由国家给各级官吏颁发俸禄，作为其任职的报酬。在汉族皇朝里，这实是早已有之的常例。但在鲜卑贵族建立的早期国家中，却完全不是这样。鲜卑拓跋族本是游牧民族，一般而言，游牧经济生产力水平低且不稳定，因此，往往需要通过战争来劫掠财富作为补充资源的手段。当他们建立国家之始，王公贵族的财产是通过分配战利品获得的。嗣后，当他们逐渐定居下来，尤其是太武帝拓跋焘统一北方后，战争次数大为减少，鲜卑贵族们难以通过战争获得战利品作为补偿了。但早期的鲜卑国家官吏是没有俸禄的，为保证生活来源，大小官吏便不约而同地采取了贪污掠夺的手段。此风愈演愈烈，造成了极其恶劣的影响：一方面，租调被截留贪污，国家税收减少，全国财政处于失控状态，严重影响了国家机器的正常运行；另一方面，各级官吏为满足贪欲，中饱私囊，对百姓极尽搜刮之能事，大大激化了社会矛盾。太武帝时有个叫公孙轨的官吏，赴任时，单马执鞭，身无长物；离任时，从车百辆，满载而归。显然，公孙轨百辆车满载的财物，都是搜刮民脂民膏所得。一个丁零酋长登上山梁，对公孙轨大声叱骂。公孙轨不仅不知羞愧，反而派人抓来这个酋长的母亲，以矛刺其阴部将她杀害，又砍掉她的四肢，悬挂树上示众。上党地区因而一度民不聊生，盗贼横行，由此可见问题的严重。

  当时的北魏皇帝已对此有所警觉。文成帝拓跋濬屡下禁令，后来又规定贪赃绢十匹以上的就处死刑。献文帝拓跋弘时规定了更为严厉的"羊酒之罚"：凡受羊一头、酒一斛的，就予以处死。但是无论刑罚多么严酷，却总是屡禁不止，反而有愈演愈烈之势。总之，吏治问题已经严重危害国家安定，到了非解决不可的时候了。于是，冯太后祖孙俩果断采取措施，从治本入手实施班禄制。

  太和八年（484年），北魏正式下达诏令，实行"班禄"。具体办法是：每户增收调绢3匹，谷2斛9斗，增收的绢谷专用于发放俸禄。此后，若再有贪污者，即使贪污一匹布，也要处以死刑。

  "班禄制"规定的处罚虽然严厉，但国家既然发放俸禄，那么，官吏就不得谋求"足以代耕"的俸禄外之财物。法令严厉，至少可以起一定的威慑作用，尽管仍然有些官吏不惜以身试法，但"班禄制"的推行确实对北魏吏治的改善起了一定作用。

"班禄制"的顺利施行，揭开了北魏改革的序幕。紧接着，以均田制、租调制、三长制为内容的一套经济改革措施，紧锣密鼓地出场。它们先后出台，却互相配合，环环紧扣，从土地制度、国家税收和户籍整顿等方面对北魏的政治和社会做了一次新的规范与整合。这是一场大手术，不仅对当时，而且对以后的历史都产生了深远的影响。

土地和劳动力的问题由来已久。上古时"田里不鬻"，故《诗经》曰："溥天之下，莫非王土；率土之滨，莫非王臣。"自战国以降，土地私有化因土地买卖和国家赐爵而发生和发展。西汉中叶已经有人惊呼：富者田连阡陌，贫者无立锥之地。

土地问题引发了劳动者生存危机的问题。失去土地的贫困农民为维持生计，或租佃豪强地主的土地，缴纳五成以上的收获作为田租；或成为豪强地主的佣工，收入微薄，度日艰难。更有窘迫者或被迫为奴婢，或四处流浪。于是，西汉武帝时，董仲舒奏请"限民名田"，抑制豪强地主大肆兼并土地。西汉末年，丞相孔光、大司空何武、左将军师丹等又提出"限田限权"的方略。王莽上台推行政制，也把解决土地和奴隶问题作为政制最主要的内容。东汉初年，汉光武帝又尝试进行"度田"。然而，他们都无力回天。

西晋废屯田时，屯田制也因客观形势变化而遭破坏，最终废除。稍后，西晋实行占田制，规定男子一人占田70亩、女子30亩，而各级官吏依官品高低占田，多者50顷，少者10顷。占田数是国家预计占有土地的限额，而能否达到这个限额，国家是不管的。这里，受到限制的只能是小农，官吏、豪强大族即使超额占田，国家实际上管不了。占田令颁行后，有人提出应当限制王公以下占有奴婢的数量，禁止百姓买卖田宅。尚书郎李重说："人之田宅既无定限，则奴婢不宜编制其数。"可见土地兼并已呈现出不可遏制之势。

八王之乱后，北方动乱不已，十六国递嬗如走马灯。滞留在桑梓故土的豪强大族筑起坞壁，聚族而居，少者数百户，多者四五千家。大族豪强既是宗族的宗主，又是大地主；而投靠他们的宗亲乡党，则是依附农民。十六国统治者一般都采取与豪强大族合作的政策，承认他们对土地和依附民的占有。这种状况一直延续到北魏冯太后临朝称制的时候。

虽然人们说武则天是中国历史上唯一的女皇帝，其实，远在武则天之前两个世纪的冯太后，就其实际地位和权力而言，已是一位不折不扣的女皇帝；而她敢于着手解决困扰统治阶级长达六个世纪、积重难返的土地问题，其胆识与魄力又绝不在武则天之下。

太和九年（485年）十一月，给事中李安世首创均田之议。他上疏说："愚臣见州郡百姓，或因荒年流亡，弃卖田宅，漂居异乡。事过数世，子孙长成才返回故居，而房塌井湮，桑榆改植。事已历远，易生假冒。强宗豪族，大肆侵凌。愚臣以为，原有产业难以确认，应当重新丈量，平均分配，使土地和劳力相称，小民获得维持生计之利，豪右无抛荒土地之病。"这个建议不但切中时弊，而且切实可行，冯太后深为赞赏，于是毅然发布均田诏令。诏令说："如今富强者兼并山泽，贫弱者无栖身之地，因此土地不能充分利用，百姓没有丝毫积蓄。有的人为争地而身死，有的人因饥馑而流亡，这样下去，怎么能致天下太平，百姓丰足呢？"

均田令规定：授予15岁以上的男子露田40亩，妇人20亩；男子另授给桑田20亩或麻田10亩。受田者身死或年过60岁，露田和麻田要归还国家，桑田可以传给子孙。许多贫困农民获得了土地，被迫背井离乡的人们也回到了自己的家园，大片荒芜的土地得到了开垦，残破不堪的农村渐渐有了生机。

在实行均田制的过程中，荫附户的问题非常突出。北魏"民多隐冒，五十、三十家方为一户"，甚至"百室合户，千丁共籍"。北魏曾经迁就大族豪强，实行宗主督护制，承认大族豪强占有依附民的特权。但大批农民继续控制在大族豪强的手里时，均田制就会进行不下去，国家企图通过均田增加财政收入的目的也会落空。太和十年（486年），内秘书令李冲上疏，提议建立三长制和实行新租调制。他说，应该效法古制，五家设一邻长，五邻设一里长，五里设一党长，选取乡里能干谨慎的人担任，三年没有过失的就升迁一级。一夫一妇交纳租调绢一匹、粟二石，15岁以上尚未婚娶的男女四人缴纳一夫一妇的租调。从事耕织生产的奴婢，八口相当于未婚娶者四人，耕牛二十头相当于奴婢八口。生产麻布的地区，以布代帛。冯太后一面读奏疏，一面点头赞许。

冯太后随即召开御前会议讨论，在倾听和比较两种完全对立的意见以后，她果断地说："建立三长，课调有固定的数量，赋税也有固定的限额，荫附的户口能够分离出来，投机取巧的人受到限制。既然如此，为什么不可以实行呢？"

这年二月，冯太后下令革除旧制，实行新法。设置邻、里、党，并派出官吏到各地核实户口，建立新的户籍。大族豪强心怀不满，抵制和反对三长制，但慑于北魏强大的中央集权，不敢轻举妄动。多数农民拥护新制度，因为新制度使他们得以摆脱大族豪强的控制，多少减轻了负担。三长制的优越性很快显示出来了。

冯太后在位期间，还主持制定了一些汉化政策。她重视儒学教育，在北魏历史上，她最早在地方上设立乡学。她尊崇孔子，下诏祭祀孔庙，封孔子的二十八世孙孔乘为崇圣大夫。她废止鲜卑族的原始巫术，严禁鲜卑人同姓通婚的落后习俗。这些，都可以说是后来孝文帝推行汉化政策的先声。

在历代统治者中间，冯太后是比较朴素的一位。她自奉甚俭，不喜金银饰物，衣服被褥只是一些素色的缯帛而已。她吃饭的小案，才一尺见方，饭菜数量比过去的皇帝少了十分之八。她生前对自己的丧事做了一切从俭的安排，只用普通棺椁，不用任何随葬品，并写进遗嘱。

后代的一些卫道士们对冯太后以女主临朝，不免说三道四，比如说她"猜忍""威福兼作"、杀人"枉滥"等，实在不足为奇。为了巩固自身的统治地位，冯太后不能不对那些可能动摇其地位的人实行严厉的制裁，乃至杀戮。从这一点来说，她是严苛的，但平心而论，她杀的人屈指可数，"枉滥"者极少，与其他时代的一些"明君圣主"相比，反而表现得更有节制。因此，说她杀人"枉滥"确实责之过严了。还有，冯氏曾经宠幸过王濬、李奕、李冲等人，女主而有几个男宠，赏以官爵财宝，毋庸过分渲染。冯太后并不允许他们搅乱朝纲、鱼肉百姓，况且他们大多很有些政治才能，如李冲在北魏史上就算得上是一个出色的人才。

迁都洛阳

太和十四年（490年），年方49岁的冯太后一病不起。从此，孝文帝拓跋宏独掌朝纲，开始他辉煌的政治生涯。这时的拓跋宏是一个23岁的青年皇帝，英姿勃勃，意气风发。他的血管里澎湃着鲜卑可汗的血液，但思想气质上却充沛着儒家精神。当他还是一个鲜卑族少年的时候，他也曾擅长骑射，精练武艺，坚硬的羊髀骨在手指间轻易化为粉末。如今，他白天周旋于公卿士大夫之间，夜晚则畅游于无边无际的书海之中。他谈吐文雅，有一股不怒自威的气势。

太和十五年（491年），孝文帝独立执政后所要做的第一件大事是：迁都洛阳。

"悲平城，驱马入云中，阴山常晦雪，荒松无罢风。"北魏尚书令王肃的这首《悲平城诗》，绘声绘色地反映了平城周围恶劣的自然环境。古老而简陋的平城宫，自道武帝天兴元年称帝定都于此，已经历了悠悠岁月，无尽风雨的销蚀，显得苍凉和暮气重重。平城地处塞外，气候严寒干燥，

"六月雨雪，风沙常起"，对于农作物的生长极为不利。明元帝拓跋嗣神瑞二年（415年），北方发生了罕见的大饥荒，平城粮价腾贵，饿殍塞满街衢。当时的太史令王亮、苏坦上书，提出了迁都邺城的建议。只是后来明元帝接受了博士崔浩的建议，一方面开仓济贫，一方面疏散部分人口到山东三州度荒，方才勉强解决问题。这样，平城的都城地位才算保住了。

然而，长期以来，粮食问题一直困扰着平城宫中的最高统治者。尽管朝廷在平城周围劝课农桑，安置新民从事农业生产，实行计口授田，但要供给众多的王公贵族挥霍，要喂饱中央大小官吏，要提供庞大的京师禁卫军的军粮，要养活工匠商贩，绝非平城本地所能承受，而从外地调拨，又苦于关山阻隔，运输不便。粮食供应不上，经济发展、城市运转就大受限制，这与国都的地位很不相称。

平城地处边裔，直接暴露在北方柔然等民族的面前。敌骑出动，京师震撼。太武帝曾经两次重创柔然，使之"怖威北窜，不敢复南"，但柔然小的骚扰、掠抢却从没有间歇。孝文帝继位以来，柔然似有复兴趋势，太和三年（479年），十万余骑直达塞上，威胁平城。这种形势也不能不使孝文帝焦虑不安，产生迁都之思。

不过，粮食供应和柔然扰边还只是次要的原因，更主要的是洛阳所具有的魅力。洛阳，所谓天下之中，帝王之都，汉魏西晋旧京，五百年人文阜盛。虽然洛阳自汉末以来，屡遭兵燹，几被战火，宫室官署夷为平地，里闾坊间鞠为茂草，但它在老百姓心目中仍然是天命所予的天下"正朔"之象征，对统治者自有一股不可抗拒的吸引力。当年，王弥攻占洛阳时，曾向刘曜建议说："洛阳天下之中，山河四险之固，城池宫室，都是现成的，不必大兴土木，可以把国都从平城迁到这儿。"刘曜不从，纵兵放火而去。王弥气得大骂道："这个屠各小子，哪里有当帝王的志气！"可见在一般人的心目中，敢于建都洛阳才称得上有帝王的志气，不敢建都洛阳只是流寇而已。其实，刘曜倒是很有自知之明的，因为洛阳虽好，但周边尚未征服，此地不仅非"四险之固"，反而是四战之地的一座孤城，这个帝王是当不成的！

但当孝文帝准备迁都洛阳的时候，他对南北对峙的大局和淮汉一带的形势已经进行了通盘的考虑。自其父献文帝乘刘宋之乱占领青徐四州及淮西七郡，北魏在淮北的统治逐渐稳固；而沔北虽然仍在南齐手中，但对洛阳的压力已大为减轻。当此之时，迁都"正朔"所在的洛阳，不仅必要，而且可能了。只有迁都洛阳，北魏才能取得正统地位，也才能大展宏图。

太和十七年（493年）六月，孝文帝以南征为名，行迁都之计。他十分了解臣下尤其是鲜卑贵族的心理，知道如果直截了当地提出迁都，肯定会遭到公开反对——因为他们留恋着原来的生活方式，不愿改变旧俗。于是，他在明堂召见群臣，提出南征之议，以卜筮的方式做决定。太常卿王谌奉命卜筮，占到革卦。革卦，本指朝代更替。孝文帝不等别人开口，抢先引用《彖辞》解释道："汤武革命，应乎天而顺乎人，这是最吉利的卦了！"众人一听，都不敢说话。这时，尚书、任城王拓跋澄说："如今征伐不宾，却得汤、武革命的卦象，不能算是大吉！"孝文帝斥责说："爻辞说'大人虎变'，你为何说不吉！"拓跋澄说："陛下登位已久，怎么会'大人虎变'？"孝文帝疾言厉色说："社稷是我的社稷，你任城王想搅乱人心吗？"拓跋澄仍然不甘示弱，说，"社稷虽然是陛下的，但臣是社稷之臣，岂能明知危险而不说话。"孝文帝过了一会儿才平静下来，无奈地说："各言其志，也没什么关系吧！"君臣不欢而散。

孝文帝回到宫中，又单独召见拓跋澄，这才对他交底说："我国家自塞上兴起，迁徙平城，而平城是用武之地，不是文治之所。如今将要移风易俗，道路艰难，所以朕才要迁都中原，卿以为如何？"拓跋澄说："陛下迁都中原，以经略天下，这正是周、汉兴隆之道。"君臣越谈越融洽。在拓跋澄等鲜卑贵族的支持下，打着南征的旗号，孝文帝亲自率领三十万大军长驱南下。

队伍到达洛阳，大雨不止，士卒疲惫不堪，大臣更是叫苦不迭。为达到迁都于此的目的，孝文帝故意下令继续前进。这时，群臣也顾不上地下泥泞，在马前跪倒一片，不断磕头。孝文帝佯装不解地问："南征大计，是朝廷的既定方针，现大军即将出发，诸公还有什么可说？"说罢又要执鞭前行。大臣们仍不起来，事先与孝文帝商量好的李冲出面劝谏。孝文帝佯装大怒，斥道："朕方经略天下，以求实现一统。卿等儒生，屡阻大计，军法无情，不必多说！"鲜卑贵族也纷纷出来劝谏，有的边说边哭。孝文帝这才缓和口气，说道："这次出兵，兴师动众，如果劳而无功，何以垂示后人？朕世居北方，有意迁居中原，如果不再南征，就该迁都在此，诸公以为如何？赞成迁都者站在左边，不赞成者站在右边。"南安王拓跋桢唯恐节外生枝，赶紧提议说："古人说，成大功者不谋于众。陛下如果停止南征，迁都洛阳，正是臣等心愿，苍生之幸。"于是，群臣高呼万岁。有些鲜卑贵族虽然心里不乐意，但又害怕继续南征，也就不敢多言。嗣后，孝文帝作了一系列部署，派司空穆亮、尚书李冲、将作大匠董爵负责营建洛阳宫殿；派任城王拓跋澄回平城传达迁都命令，并任命贵族于烈担任旧都留守重任，以备不虞。他自己则又在中原各郡作了巡视。

当时，洛阳破败不堪，修复工程极为艰巨，对孝文帝来说，这是意料中的事。南征大军初至洛阳时，他曾冒雨察看了宫殿旧址，感慨万端，不由自主地吟诵起《诗经·黍离》中的诗句："知我者，谓我心忧，不知我者，谓我何求。"苍天有知，亦当备感欣慰。当年洛阳一直是汉族儒家文化中心，在洛阳鸿都门故太学有大儒蔡邕亲自书写的《石经》碑，成为天下士子学习儒家经典的标准读本。孝文帝作为一个异族的君主，观洛桥，幸太学，观《石经》。他所要恢复的事业中当然也包括文化事业。文化上的汇同已超越了血缘的界限，中华传统文化的大纛下会聚了越来越多的中华民族的子孙。

太和十八年（494年）十月，洛阳宫营建将要完成之际，孝文帝正式下令迁都。于是，平城吏民们扶老携幼，浩浩荡荡，奔向洛阳。

定都洛阳后，社会秩序基本上是稳定的，但也有一股潜流在悄悄形成。太和二十年（496年）八月，孝文帝到嵩山巡视，行至中途，忽然收到一个紧急报告，留守洛阳的太子拓跋恂与他的亲信密谋逃回平城，并杀死了试图阻止他的中庶子高道悦。接到报告后，孝文帝立即返回洛阳，将拓跋恂痛打一顿，并拘禁起来。拓跋恂年仅十余岁，虽然不排除他人的唆使，但不管如何，从此事可见一种文化的改造多么艰难。太子叛逃事件使孝文帝进一步意识到鲜卑贵族中守旧势力的强大。为防止意外，他决定废掉太子，不久又将太子赐死。尽管孝文帝采取了种种防患于未然的措施，代都旧京还是发生了鲜卑贵族的叛乱。罪魁祸首是元老穆泰、陆叡等，他们联系镇北将军乐陵王拓跋思誉、代郡太守拓跋珍、阳平侯贺头等，准备策划推拥朔州刺史、阳平王拓跋颐为帝。留在代郡的鲜卑贵族，大部分都卷入其中。在这关键时刻，孝文帝获悉了政变阴谋，派出他所信任的任城王拓跋澄赴平城平叛。接着，自己又亲自出马，捕杀了很多人，终于将这次叛乱镇压下去，进一步排除了汉化道路上的绊脚石。

功垂青史

迁都洛阳后，孝文帝制定了一系列汉化措施。汉化就是以先进的汉族文化改造落后的鲜卑文化。孝文帝通过国家政权的力量，促进民族融合，消弭民族界限，在一定程度上解决了各种民族矛盾。在这个过程中，汉族士大夫起了极为重要的作用。

孝文帝十分器重汉族士大夫王肃。王肃出身琅琊王氏，父兄因罪被南齐武帝萧赜所杀。王肃逃至邺城，与在这里巡行的孝文帝相遇，孝文帝立即接见了他。两人畅谈治国之道、社会兴衰及礼乐制度，越说越兴奋，酣畅淋漓，相见恨晚，孝文帝连连赞叹不已。当日光斜照入屋内，他们才发现整整一天已经过去。自此以后，孝文帝常深夜召见王肃，与他密室长谈，王肃也尽忠竭诚，言无不尽，自谓君臣相知犹如刘玄德与诸葛孔明。鲜卑贵族一再进谗言也不能动摇孝文帝对王肃的信任。他回洛阳后，召王肃说："不见君子，中心如醉，一日三岁，我劳如何。饰馆华林，拂席相待。"求贤若渴之情充溢于字里行间。同样，他对刘昶、王清石、蒋少游等其他南方降人也宠幸有加，礼遇很高。孝文帝的开明及信任使这些来自南方的寄寓之士深为感激。他们也不遗余力，出谋划策，参与汉化改革。南北文化的交流与融合，有力地促进了汉化改革。

早在南下前的太和十七年（493年）六月，孝文帝就颁布《职员令》21卷，实行官制改革，基本上以汉魏官制取代胡汉杂糅的北魏前期官制。这是孝文帝颁布的第一道汉化改革的诏令。此后，几乎每年都有一项改革措施：太和十八年（494年）年底，禁鲜卑服；太和十九年（495年），禁鲜卑语；太和二十年（496年），改鲜卑姓。皇族拓跋氏改元氏，与皇帝关联的九姓也改为汉姓，如拔拔氏改为长孙氏，达奚氏改为奚氏，乙旃氏改叔孙氏，丘穆陵氏改穆氏，步六孤氏改陆氏，独孤氏改刘氏，勿忸于氏改于氏，等等。同时，礼乐职官律令也进行了彻底改革。

今天看来，孝文帝的某些改革措施也许有些矫枉过正，但其历史进步性却是毋庸置疑的。譬如"禁鲜卑语"一条。和汉语相比，鲜卑语以多音节为主，词义也较少，使用起来极不方便，对汉、鲜卑两族的交流产生了障碍。随着汉族地主不断进入北魏官僚机构，语言的隔阂更大了，不得不设"译令史"的官职。所以孝文帝下令禁断鲜卑语，改学汉语。但他同时又采取某种变通，因为语言学习不是一朝一夕的事情。对于年龄在三十岁以下者，规定必须使用汉语，因为他们年轻，接受能力强。而对于三十岁以上的人，则放宽期限。

禁鲜卑服的诏令颁布四年后，有一次孝文帝出巡归来，发现洛阳城中还有妇女身着夹领小袖的鲜卑服装，立刻召集群臣，责问留守的任城王拓跋澄说："管理国家，应以礼教为根本，我离京以来，礼教有何进步？"拓跋澄回答有进步。他又问："我昨日进城，看到仍有妇女身着旧装，尚书为何未发现？"任城王辩解说，这只是个别现象。孝文帝听了非常生气，他说："你的话太奇怪了，难道要让一城人都恢复旧装吗？古人说，一言可以丧邦，你说的不就是这种可以丧邦的话吗？"他转头令史官将此事记录下来以示惩戒。

这场广泛而持久的汉化改革，其效果又如何呢？只要看看原来粗鄙少文的鲜卑贵族们文化水平的提高就可以知道了。"问松林，松林经几冬？山川何如昔，风云与古同。"这样一首风格刚健遒劲，文采词义俱为可观的佳作就是孝文帝的弟弟彭城王元勰十余步内吟诵出来的。鲜卑贵族中不乏能诗善赋者，每逢节日宴会，孝文帝和诸臣常吟唱酬答，作文抒志，其乐融融。而所谓上有所好，下必甚焉，上层贵族的提倡又必定在下层中掀起一阵学习汉文化的热潮。北魏末年，拓跋族还出了一位声韵学专家陆法言，所著的《切韵》一书，对音韵学有着十分精深的研究。

孝文帝汉化改革的最大举措莫过于重建门阀制度。崔浩因主张"整齐人伦，分明姓族"而遭杀头之祸，而几十年后，历史仿佛走了一个圈，孝文帝竟仿照汉人的门阀制度在鲜卑人中制定姓族。太和十九年诏令：除帝室元氏和皇室同族长孙氏、叔孙氏、奚氏等外，鲜卑以穆、陆、楼、于、贺、刘、嵇、尉八姓为首；汉族姓氏，山东以清河崔氏、范阳卢氏、荥阳郑氏、太原王氏、赵郡李氏为首，关中和河东以韦、裴、柳、薛、杨、杜等为郡姓，上述姓氏均为最高级士族。孝文帝以行政命令建立了门阀制度，又通过联姻的方式加强了与汉族地主的联系。他自己纳清河崔氏、范阳卢氏、太原王氏、荥阳郑氏及李冲之女为后宫，又为诸弟聘娶世家大族之女为妃，在鲜卑贵族和中原汉族之间缔结政治婚姻，织成了一张新门阀士族的婚姻网络。从此，北魏皇朝成了鲜卑、汉两族地主联合统治的代表。

结 卷

六镇烽火

北魏孝文帝改革虽声震遐迩，而太和年间的繁荣景象却犹如昙花一现。自孝文帝去世仅仅过了二十多年，六镇烽火飙起，全国一片混乱，北魏的统治开始陷入危机了。于是，有人不免对孝文帝改革产生怀疑。这场改革究竟是耶，非耶？功也，过也？历史将如何评说？

六镇起义

水草丰茂的蒙古草原多少年来一直是游牧民族的摇篮，匈奴人从这里西去和南迁，鲜卑人也从这里入主中原。接着，敕勒人又在这敕勒川、阴山下唱起动人的"天似穹庐，笼盖四野。天苍苍，野茫茫，风吹草低见牛羊"的牧歌。稍后，又有一个新的民族——柔然族出现在浩瀚的草原上。

北魏正光四年（523年）年初，草原上冰天雪地，柔然发生饥荒。柔然可汗阿那瓌以请求北魏朝廷赈济为名，挟持朝廷派来抚慰的行台尚书元孚，带领号称三十万的部众浩浩荡荡南下，一路大肆掠抢直抵平城。朝廷抚慰无效，只得派尚书令李崇等领十万骑兵出击柔然，追击阿那瓌三千余里，不及而归。李崇回归路过怀荒镇（今河北省张北县北）的时候，他的部属魏兰根长史说："往年朝廷在缘边设立军镇，那时这里地广人稀，派来戍边的不是国家的宗亲心腹，就是中原的大族子弟，受到朝廷的重用。然而，后来他们却被上司称作'府户'，形同役徒，他们的宦途、婚姻也都被排斥在清流之外；而本来与他们同一家族或资历相同的人，现在都致身荣显，各居要职。他们对比之下，自然愤愤不平。解决这种不合理的状况，就必须改镇为州，设立郡县。凡是府户，都恢复其民户的身份。他们的入仕铨选，按照旧有的规定执行，文职武职兼用。如果这一办法得以实行，国家就可以无北顾之忧了。"李崇也觉得军镇的隐患不小，便采纳魏兰根的建议上书朝廷，希望朝廷能够妥善地加以解决。

原来，北魏前期为了防御柔然南下，先后在北方边境上自东而西设置了怀荒镇、柔玄镇（今内蒙古自治区兴和县西北）、抚冥镇（今内蒙古自治区东南）、武川镇（今内蒙古自治区武川县西南）、怀朔镇（今内蒙古自治区固阳县西南）、沃野镇（今内蒙古自治区五原县东北）等军镇，这就是所谓六镇。它们像一个个关隘，各自扼守一方；连起来又像一道屏障，共同拱卫平城。北魏起先对六镇的防务非常重视，任命大将领兵出镇，皇帝也时常前往边境巡视。但自从迁都洛阳之后，六镇失去拱卫京师的地位，派往六镇的镇将不是无能的庸才，就是犯罪被贬谪的官吏。这些镇将只知搜刮钱财，中饱私囊，欺压镇民，甚至把肥沃土地都据为己有，根本不管镇民的生计。所以，六镇将领与朝廷之间、镇将与镇民之间的矛盾已经到了一触即发的地步。

当北魏的有识之士觉察到边境的危机时，朝廷却不以为然，即使朝廷采纳李崇的建议，也已经为时太晚了！当时，怀荒镇刚刚遭到柔然的洗劫，穷困的镇民家中无隔夜粮，畜栏无马牛羊。他们都涌到镇府前请愿，求镇将于景开仓发给一点救命粮。但于景毫无怜悯之心，借口没有朝廷诏命，拒不给粮。镇民越聚越多，群情激愤，冲进镇府，一刀把于景杀了。不久，六镇最西面的沃野镇发生了更大规模的暴动。镇民破六韩拔陵扯旗造反，处死镇将，改元真王元年，表示与北魏不共戴天的决心，而"诸镇华夷之民，往往响应"。据说，破六韩拔陵是南匈奴单于的后裔，其实这并不重要，重要的是起义一开始就是各族人民的共同行动。北魏末年一场轰轰烈烈的各族人民大起义就这样揭开了帷幕。

怀荒镇起义像一股燎原的烈火，很快延及六镇、河北和关陇。次年四月，高平镇（今宁夏回族自治区固原市）发生了以敕勒酋长胡琛为首领的起义。破六韩拔陵则已攻下怀朔、武川二镇，并在五原和白道（今内蒙古自治区呼和浩特市北）连败北魏的讨伐军。六月，秦州城民莫折大提起义，自称秦王，派部下攻克高平镇。莫折大提病死后，其子莫折念生自称天子。八月，秀容（今山西省忻州市西北）乞伏莫于起义，攻杀郡守。十月，朔方胡人曹阿各拔起义，围攻统万城（今内蒙古自治区乌审旗白城子），东夏州全境皆起兵响应。十二月，汾州也发生胡人起义。北魏统治者因连战败北，便认敌为友，请柔然阿那瓌出兵，帮助镇压起义。阿那瓌这时称敕连头兵豆伐可汗，在孝昌元年（525年）春率领十万部众，进攻武川，西向沃野，打败破六韩拔陵。接着，北魏广阳王元渊又加以夹击，破六韩拔陵兵败后不知下落，余众二十多万被迫投降。这二十多万人被北魏迁往冀、定、瀛三州。

当时，河北连年遭受水旱灾害的灾区，许多人无衣无食，出外逃荒去了，而北魏朝廷把六镇二十多万人赶到灾区"就食"，与灾民争食，所以不管是本地灾民还是六镇难民，生活都异常艰难。至八月间，上谷（今河北省怀来县东南）便爆发了以柔玄镇民杜洛周为首的起义。四个月后，定州左人城（今河北省唐县西）又爆发了以怀朔镇兵鲜于修礼为首的起义，起义军很快达到十余万人。孝昌二年（526年）八月，曾任怀朔镇将的葛荣杀杜洛周夺取了起义军的领导权，接连击破北魏章武王元融和广阳王元渊所率领的军队，势如破竹，锐不可当。于是，葛荣自称天子，建国号齐。这支义军后发展迅猛，攻占冀、定、沧、瀛、殷五州，有众数十万人，号称百万。武泰元年（528年），葛荣准备进攻洛阳，前锋已过汲郡（今河南省卫辉市）。九月，执掌北魏大权的尔朱荣亲自在滏口（今河北省邯郸市西鼓山）堵截起义军，葛荣大意轻敌，在战场上被俘。

六镇起义失败了，但河北起义实际上是六镇起义的继续；河北起义虽然也失败了，但它影响着整个北魏后期的历史。

帝后争权

关于北魏历史由盛而衰的变化,《魏书》的作者魏收写道:

> 太祖(拓跋珪)抚运乘时,奄有王业。世祖(拓跋焘)以武功一海内,高祖(孝文帝)以文德革天下。世宗(宣武帝)之后,政道颇亏。及明皇幼冲,女主南面。始则于忠专恣,继以元叉权重。握赏罚之柄,擅生杀之威,荣粹在亲疏,贵贱由离合,附会者结之以子女,进趋者要之以金帛。且佞谀用事,功勤不赏,居官肆其聚敛,乘势极其凌暴。于是四海嚣然,已有群飞之渐矣。逮于灵后反政,宣淫于朝。……私利毕举,公道尽亡,遐迩怨愤,天下鼎沸。倾覆之徵,于此至矣。

魏收的概括基本上是符合实际的。由于宣武帝"政道颇亏",北魏发生由盛而衰的转折,宣武之后则迅速下滑,不过短短的十多年,已经走到崩溃的边缘。

北魏末年,在全国各地一浪高过一浪的起义声浪中,统治集团内部的斗争日趋白热化。武泰元年(528年)二月,皇太后胡氏竟然残忍地毒死自己的亲生子、孝明帝元诩。原来,元诩七岁即位时,胡太后便临朝听政。她不仅效仿孝文帝时的冯太后,而且有过之而无不及,出令曰诏,自称为朕,让群臣称她陛下,俨然是一个女皇帝了。胡氏聪敏多才,她亲自批阅章奏,处理大政,还主持过秀才、孝廉的考试。在男权社会里,女人专政是男人们所不能容忍的。神龟三年(520年),专总禁兵的领军将军元叉与卫将军、宦官刘腾合谋发动了一次宫廷政变,把胡氏软禁在嘉福殿,又以清河王元怿私通太后的罪名杀掉元怿。元怿是一个颇有才干的辅政大臣，因其经常裁抑元叉、刘腾等人的违法乱纪行为，故"朝野闻元怿死，莫不丧气，胡夷为之髡面者数百人"。元叉与刘腾擅政，北魏政治跌进了谷底。刘腾死于怀荒镇暴动初起时，他生前"剥削六镇，交通互市。岁入利息以巨万计"。元叉"嗜酒好色，贪吝宝贿，与夺任情，纪纲坏乱。父京兆王继尤贪纵，与其妻子各受贿遗，请嘱有司，莫敢违者。乃至郡县小吏亦不得公选，牧、守、令、长率皆贪污之人。由是百姓困穷，人人思乱"。

元叉起初天天上显阳殿监视孝明帝，对胡氏防范很严，几年后慢慢松懈了。胡氏仍然是皇太后，孝明帝和臣下有时也能入嘉福殿见她。正光六年（525年）二月的一天，胡氏悲悲切切地对孝明帝和群臣说："既然隔绝我们母子，我还留在这儿干什么？我要出家，到嵩山闲居寺修道。"说着，就要让人给她剃发。孝明帝率群臣跪伏在地，苦苦哀求她打消这个念头，胡氏态度却更加坚决。当晚，孝明帝也不敢离开，就留宿在嘉福殿。第二天，孝明帝哭哭啼啼地向元叉说，如果不允许太后往来显阳殿，她就要出家。元叉也不怀疑，同意胡氏可以自由出入。胡氏被解禁后，立刻采取行动，在丞相、高阳王元雍的支持下，对元叉先解除领军之职，接着罢免侍中之职，随即赐死于家。

这时的北魏政局已经是糜烂不可收拾了。胡氏重新上台后既无力回天，又汲汲于与孝明帝争权，她把自己被囚禁迁怒于孝明帝。孝明帝长大了不愿意继续当傀儡，使胡氏越来越不满意。当时孝明帝还没有生子，孝昌四年（528年）一月。贵嫔潘氏生了一个女孩，胡氏诈称是个男孩，于是宣布大赦天下，改元武泰。这是胡太后准备废孝明帝的信号。以后凡是孝明帝信任的，胡氏就将他们调离或杀掉，孝明帝敢怒而不敢言，母子之间的矛盾逐渐升级。当孝明帝深感自己的地位受到威胁时，在无力指挥京城宿卫军的情况下，他企图借助地方的兵力来胁迫太后，于是便密诏大都督尔朱荣带兵进京。尔朱荣的大军到达上党（今山西省长治市北），胡氏得知消息。她不能坐以待毙，也顾不上母子之情了，派幸臣郑俨、徐纥毒杀了孝明帝。

历史真是无独有偶，东汉末年何进召董卓进京，三个半世纪之后又出现北魏孝明帝元诩召尔朱荣入洛，二人同样落得个身与名俱灭的下场！不过，胡太后的命运也并不比儿子好。她匆匆立女童为帝，不日又下诏宣称潘氏所生实是女孩，故另立临洮王元宝晖的世子元钊为帝。如此反复无常，使虎视眈眈的尔朱荣有了长驱入洛的借口。

昙花一现

尔朱荣，字天宝，世代为北秀容（今山西省朔州市西北）尔朱川的契胡族的部落酋长。契胡族族属不明，大概与匈奴关系密切。据说尔朱荣的高祖尔朱羽健当年率领契胡武士1700人，随从北魏的道武帝攻打晋阳、中山。当道武帝实行"离散部落，分土定居"的时候，有些少数民族部落因为朝廷捍边而得以保持自己的部落组织，尔朱氏就是一例，"以居秀容川，诏割方三百里封之，长为世业"，并世袭领民酋长。这个部落后来发展到八千余户，能当兵打仗的有一万人。他们的畜牧业非常发达，"牛羊驼马，色别为群，弥漫川谷，不可胜数"，因经常以马匹、粮食资军，而受到朝廷的奖掖。六镇暴动发生时，当地乞伏莫于等人也起兵攻要秀容郡，尔朱荣带领部众前往镇压。尔朱荣是个唯恐天下不乱之徒，见四方兵起，他顿时活跃起来，变卖牲畜财产，招纳劲勇，结交豪杰，准备大干一番了。

尔朱荣挥师向洛，兵抵河内（今河南省武陟县西南），派人秘密把长乐王元子攸等人接去，然后奉元子攸渡过黄河，立为新皇帝，即孝庄帝，自命为侍中、都督中外诸军事、大将军、尚书令、领军将军、领左右、太原王。洛阳城内听说新皇帝就要到了，当即大开城门。胡氏见大势已去，便落发出家，但仍然与幼帝一起被尔朱荣的骑兵押送到河阴（今河南省洛阳市东北）。胡氏喋喋不休地对尔朱荣解释着什么，尔朱荣不屑一听，拂衣而起，下令把她们沉入滚滚的黄河中。尔朱荣又集合百官迎接新皇帝，以祭天为名，引兵至行宫西北，突然纵使骑兵把自丞相元雍以下官吏两千多人全部杀死。这一事变历史上称为"河阴之变"。尔朱荣令人把孝庄帝元子攸带到河桥的帐下，已替他拟好禅让诏书，准备代魏称帝。

然而，尔朱荣部下对代魏意见纷纭。帐下都督高欢极力撺掇尔朱荣不可丧失良机，大多数将领也都随声附和。另一帐下都督贺拔岳则持反对态度，说："将军首举义兵，志在为朝廷诛除奸逆，今日大功未就，而急于禅代，恐怕是祸不是福。"尔朱荣犹豫不决，乃自铸金像，以卜吉凶，连着铸了四次都没有铸成。又请教善于卜筮的功曹刘灵助，刘灵助说天时、人事都不是时候。尔朱荣神思恍惚，夜不能寐，实在很不甘心，但只得作罢。至四更天，他让人迎孝庄帝回营。由于在洛阳杀戮太多，尔朱荣的部下不敢进入城内，尔朱荣也狐疑不定。几天后，他才奉孝庄帝进城。为稳定社会秩序，安抚洛阳吏民，尔朱荣请追尊河阴死者：王赠三司，三品赠令、仆，五品赠刺史，七品以下及百姓赠郡守、镇将不等。又派使者在城里慰劳，城内人心才渐渐安定下来。朝廷也恢复正常的朝会，新任命的朝廷命官抖擞精神，脸上绽露出笑容。但是，朝堂依旧，人事已非。掌握朝政大权的尔朱荣心里有太多的遗憾，对孝庄帝亦甚为猜疑；孝庄帝表面上诚惶诚恐，实际上也在等待机会。

不久，在洛阳缺乏安全感的尔朱荣决定返回晋阳（今山西省太原市）。临行前，他把原任并州刺史的亲信元天穆安插在中央，担任侍中、录尚书事、京畿大都督兼领军将军，朝廷重要岗位也都安排了自己的心腹。

尔朱荣虽然在滏口消灭了葛荣，但邢杲领导的青州起义和万俟丑奴领导的关陇起义又如火如荼起来，声势颇大。而梁朝萧衍乘中原社会动荡之机，派元颢北上争夺皇位，企图利用元颢来控制北方。

元颢原是北魏西道行台，尔朱荣入洛后投降梁朝，被萧衍封为魏王。永安二年（529年）四月，萧衍派大将陈庆之与元颢北上。陈庆之攻克睢阳（今河南省商丘市南），元颢就在当地称帝。接着，陈庆之占领梁国（治睢阳）全郡，引兵西攻荥阳。这时，刚刚在济南镇压了邢杲的元天穆等回师救援，又被陈庆之打败。陈庆之继而进击虎牢，虎牢守将尔朱世隆弃城逃跑。孝庄帝见陈庆之、元颢已近在咫尺，而洛阳空虚，竟单骑逃往河内。于是，元颢顺利占领洛阳，并夺取黄河以南的大部分州郡。洛阳陷落后，尔朱荣率领大军南下，在黄河北岸与元颢对峙。六月的黄河，水势汹涌，尔朱荣一时找不到船只，无计可施。有人打退堂鼓，主张暂且北还，更图后举。黄门郎杨侃以为大军一撤，顿失人心，建议多缚木筏，沿岸数百里同时抢渡，使敌军防不胜防，只要把军队送过河去，便大功告成。这时有人献上几条小船，愿意充当向导。于是，尔朱荣依计而行，令都督尔朱兆等将领夜渡黄河。当时，元颢有脱离梁朝控制之心，与陈庆之相互猜忌。尔朱兆等登岸奋击，大破拒战的元颢之子元冠受，元颢只带着数百骑南逃。陈庆之带领步骑兵数千人向东撤退，被尔朱荣一路追杀，死伤殆尽。

不久，关中万俟丑奴的起义又被尔朱荣所灭。万俟丑奴原是胡琛的部下，曾在安定（今甘肃省泾川县北）打败由北魏行台萧宝夤率领的十二万大军。胡琛、莫折念生死后，他成为关陇起义军的领袖。永安元年（528年），万俟丑奴自称天子，建元神虎。次年他进入关中，围攻岐州（今陕西省凤翔区南），尔朱荣派尔朱天光为雍州刺史，率领贺拔岳、侯莫陈悦等前往镇压。天光兵力寡少，派贺拔岳率领千骑为先驱，在渭水南与万俟丑奴部将尉迟菩萨遭遇。贺拔岳设伏兵破尉迟菩萨，俘获骑兵三千、步兵一万多人。万俟丑奴放弃岐州之围，西撤安定。尔朱天光行军至泾渭之间，佯言"天气太热，不宜进军，待秋凉再议进止"。万俟丑奴信以为真，遂分散部众在细川屯垦，结果被魏军所乘，全军覆没。

虽然各地的起义被一一镇压了，孝庄帝又住进了洛阳宫，但是，统治阶级内部的危机日甚一日，北魏政权不过苟延残喘而已。尔朱荣因功晋天柱大将军，更加飞扬跋扈。他身居晋阳，而遥制朝政，军国大政都由他说了算；女儿为皇后，亲戚布列朝廷，时刻监视着皇帝和群臣的动静。孝庄帝外逼于尔朱荣，内逼于尔朱皇后，忍无可忍了，在亲信城阳王元徽等人的怂恿下，生出杀尔朱荣之心。这时，尔朱皇后即将分娩，尔朱荣入朝探望。孝庄帝乘尔朱荣不提防，没有费什么周折就把他和元天穆杀了。

尔朱荣因缘际会，由秀容川契胡部落酋长一跃而为政治舞台上呼风唤雨的人物。他擅行废立以窃国，屠戮群臣以立威，镇压起义以树名，骤而得志，骄横不可一世。他视皇帝为掌上玩偶，视百官若家中奴仆，但又心存疑虑，不敢久居洛阳。他上不能辑睦朝廷，下不能协调内部。所以，当他如昙花一现以后，尔朱氏集团的覆灭也不远了。

尔朱荣被杀后，驻守并州的尔朱兆与从洛阳逃出的尔朱世隆共同扶立太原太守、长广王元晔即帝位，是为前废帝。他们一度攻陷洛阳，尔朱兆俘孝庄帝而去。留守洛阳的尔朱世隆后来则以元晔乃帝室疏宗又无声望，又改立元恭为帝，是为节闵帝。尔朱世隆自任尚书令，每天在家处理政务，指挥台省。他不懂治国方略，贪赃枉法，滥行爵赏，政治极端黑暗。而尔朱天光专制关右，尔朱兆奄有并、汾，尔朱仲远擅命徐、兖，实际上各自割据一方，"四方之人皆恶尔朱氏"。因此，尔朱氏集团虽然控制着中央和大部分地区，但由于互相猜忌，力量分散。于是，北魏末年政治舞台上又出现了新一轮的争夺，主角是尔朱氏集团的高欢。

高欢崛起

在尔朱荣招纳劲勇的时候，有人向他推荐了高欢。高欢当时蓬头垢面，神色憔悴，和一般流民无异，尔朱荣甚为失望。有一天，他跟尔朱荣到马厩，马厩里有一匹不驯的烈马，尔朱荣叫他试一试。他不知使用什么手法一下子就把那马驯服了，那马不踢不咬，温顺得很。他从马上下来，说："驾驭恶人也应当和驾驭这种烈马一样。"马背上民族最敬重驯马能手，尔朱荣立刻对高欢另眼相看。在尔朱荣的手下，高欢累迁第三镇任首长，封伯爵。有一次，尔朱荣问左右说："有一天要是没有我，谁可以统率这支军队？"众人都说尔朱兆，尔朱荣摇了摇头说："他也就是能统领三千名以内的骑兵罢了，能代替我的唯有贺六浑！"据《北齐书·神武纪》记载，高欢，字贺六浑，渤海蓚县人，祖父因罪被迁徙到怀朔镇。实际上，贺六浑是高欢的鲜卑名，怀朔镇的高氏已经鲜卑化了。六镇起义时，高欢起初参加杜洛周的起义，以后投奔葛荣，后又背叛葛荣跟从尔朱荣。尔朱荣死时，高欢任晋州（治今山西省临汾市东北）刺史，独当一面。

葛荣起义失败后，余众二十余万流入并、肆二州，不得温饱，又受尽尔朱氏的欺凌，前后举行了26次反抗斗争，被杀害了半数，但斗争仍在继续。建明元年（530年）十二月的一天，在酒宴上，尔朱兆问高欢怎么办？高欢说："六镇余众杀不尽，最好由大王派心腹去统领他们。再有人犯罪，就处罚他们的头头，这样处罚的人少。"尔朱兆说："这办法行！不过谁去呢？"这时，在座的贺拔允说："高晋州最合适。"高欢暴跳起来，举拳重重往贺拔允脸上一击。贺拔允没有丝毫防备，被打得满脸是血，牙也折了一颗。高欢还恨恨地说："天柱在的时候，我等奴才辈都像鹰犬一样听从指挥，今日天下事由大王安排，你竟敢僭越妄言，罪该万死！"尔朱兆摇摇晃晃地站起身来，拦住了高欢，说："阿鞠泥（贺拔允的字）说得是，就派你去统领他们了。"高欢极力压抑着心头的兴奋，估计尔朱兆可能是喝醉了，唯恐他酒醒后反悔，便立刻出门宣布："我已受命统领桓、燕、云三州的六镇兵民，传令他们在汾东集中，接受号令！"从此，这支十余万人的大军，成为高欢创立东魏、北齐的基本力量。

不久，高欢以并、肆缺粮，请求率六镇兵民赴山东度荒。兵出滏口，他得到冀州大族高乾、封隆之、李元忠的拥护，很快占领信都（今河北省冀州区)。高乾在滏口与高欢密谈时说:"尔朱氏倒行逆施,天怨人怒,凡是有良知的人,说起来无不愤慨!明公威德有口皆碑,天下人倾心已久,如果能够兴起义兵,则尔朱氏之徒岂是对手!鄗州虽小,户口不下十万,所缴纳的赋税,足够军资之用,但愿明公加以考虑。"这时,高欢诈称尔朱兆将要把六镇人配给契胡为部曲,又伪造并州府征兵一万的符命。这一天,高欢亲自到郊外去为兵士送行,只见原野上一派生离死别的景象,男女老幼抱头痛哭。高欢对大家说:"我和你们亲如一家,也没有料到上头会这样征兵。今天只要西去,就只死路一条;延误军期,要处死;配给国人(指契胡人),也是死,有什么办法呢?"众人异口同声地说:"那就反了吧!"高欢说:"造反要快,必须推一个人当头头,谁来当呢?"众人当然都推举他。他见时机已经成熟了,便说:"同为乡里,难于统领。大家不都知道葛荣吗?他虽有百万之众,可是没有法度,终于败灭。今日如果推我当头,我的办法则和他不一样。一是大家不能欺负汉人;二是凡违犯军令,要受惩罚,生死我说了算。不然会成为葛荣第二,被天下人笑话。"众人破涕为笑,纷纷磕头说:"是死是生,唯命是听!"于是,高欢杀牛宰羊,大飨将士,积极准备起兵。此时,高欢因尔朱氏还很强大,一时不敢公开与尔朱氏决裂。当李元忠首先向朔州尔朱羽生发起进攻时,高欢命令高乾佯援羽生伺机图之。高乾轻骑入见羽生,趁他不备,将他杀了。高乾献上尔朱羽生的首级,高欢这才下定决心,拍着胸脯说:"今日这个反造定了!"

普泰元年(531年)十月,为了与尔朱氏控制的朝廷抗衡,高欢另立渤海太守元朗为帝,即后废帝,改元中兴,而自命为侍中、丞相、都督中外诸军事、大将军、录尚书事、大行台。这时,尔朱仲远、尔朱度律与骠骑大将军斛斯椿、车骑大将军贺拔胜等率领大军直扑信都而来,屯军阳平(今山东省莘县)。尔朱兆则出井陉,号称领众十万,屯军于广阿(今河北省隆尧县东),形势对尔朱氏十分有利。高欢利用尔朱氏之间的矛盾,实施反间计，传播"世隆兄弟要谋杀尔朱兆""尔朱兆与高欢同谋要杀尔朱仲远"等流言。尔朱氏兄弟都心怀鬼胎，相互猜疑，徘徊不进。斛斯椿、贺拔胜从中斡旋，却被尔朱兆扣留，尔朱仲远、度律慌忙引兵南遁。高欢趁势进兵广阿，大破尔朱兆，俘获甲兵五千余人。次年一月，高欢攻下邺城。大敌当前，尔朱氏稍释前嫌，重新集结大军，准备与高欢决战，尔朱天光也率兵从长安来赴，二十万军队夹洹水布阵。三月，两军会于韩陵山（今河南省安阳市东北）。高欢战马不满两千，步兵不满三万，但将士斗志高昂，以死相搏，终于反败为胜，大破尔朱氏的大军。韩陵山战役后，局面大变。贺拔胜已在战场上倒戈，斛斯椿回洛阳后也反戈一击，杀了尔朱世隆及其同党，擒尔朱天光送与高欢。尔朱仲远在徐、兖已经无法立足，仓皇南逃梁朝。尔朱兆退回晋阳后，高欢不给他喘息的机会，七月间调动十多万大军进攻晋阳，迫使尔朱兆逃往北秀容的老家。永熙二年（533年）一月，穷途末路的尔朱兆在荒山上自缢而亡。至此，尔朱氏势力完全退出了历史舞台。

北魏分裂

高欢以胜利者的姿态进军洛阳，第一件大事就是废旧帝、立新帝，以便把政权掌握在自己的手中。因元朗（后废帝）是仓促之际所立，族属疏远，缺乏号召力；而元恭（节闵帝）则是尔朱氏拥立，也不能继续当皇帝了；高欢便另立孝文帝之孙、广平王元怀之子元脩为帝（孝武帝），自己担任大丞相。在夺取晋阳之后，他就在晋阳建大丞相府第，效法尔朱荣遥控洛阳朝政。

高欢之所以把大丞相府设在晋阳，既与晋阳地形四塞、形势险要有关，但更重要的是他从一开始就对孝武帝元脩不信任，故采取以外制内的策略。果然，君相之间的矛盾不久之后就暴露出来了。

孝武帝上台时有一个小插曲。当时魏室诸王都藏匿起来，元脩躲在一个农舍里。元脩的亲信王思政奉命去找他，元脩见同来的有大臣斛斯椿，吓得脸都绿了。王思政说明大臣们请他出来登基，他战战兢兢地问："你是不是把我出卖了？"王思政说："没有。"他又问："你能保证我没事吗？"王思政说："形势瞬息万变，谁也不能保证。"斛斯椿回去报告高欢，高欢派四百名骑兵把他迎到营帐里。高欢向他表达了自己的诚意，行拜见大礼，元脩赶忙回拜。第二天清晨，斛斯椿奉劝进表，元脩拿过来一看，原先的恐惧心理一扫而光，得意之情溢于言表，说："那我就不得不称朕了。"当即下令为后废帝作逊位诏策。按照当时的惯例，元脩应当一再表示谦让，虽然这种程序烦琐且虚伪，但元脩如此迫不及待地表现，也大出人们的意料。

高欢如当年尔朱荣一样，把废立作为将来篡权的一个步骤，对孝武帝并不尊重。而孝武帝登上帝位，自以为这仍然是元家天下。他不甘寂寞，与侍中斛斯椿、安东将军王思政等密谋清除高欢的势力，把政权抓在自己的手里。他们置阁内都督部曲，增加值日的武官，又与拥有重兵的关中大行台贺拔岳秘密勾结，任命贺拔胜为都督三荆等七州诸军事，企图倚靠贺拔氏兄弟对抗高欢。双方的冲突逐渐公开化，高乾首当其冲，成了替罪羊。

侍中、司空高乾自滏口追随高欢，高欢既认他为同宗，又重其勋劳，安排他在朝廷监视孝武帝。高乾遭父丧，上表自求解职服丧。这是汉代以来形成的习俗，臣子匿丧不报，是要受到清议或遭到弹劾的，但皇帝可以以国事需要挽留臣子继续任职。高乾上表后，不料孝武帝立刻下达解除他侍中职务的诏命，只保留司空的虚衔。离开内侍的职位，就是失去实权，高乾闷闷不乐。有一天，孝武帝在华林园赐宴，宴后留下高乾。孝武帝一副推心置腹的样子，说："朕与司空虽则君臣，义同兄弟。朕想和卿私下结盟，以增进情谊，卿意下如何？"高乾没有思想准备，不知孝武帝的真实目的，含混地说："臣既以身许国，岂敢有二心。"事后，高乾也不以为意，未向高欢通报。后来，高乾见孝武帝元脩屡有异动，便写信报告高欢，高欢召他到晋阳面谈。高乾劝高欢称帝，高欢忙举衣袖掩住他的口，说："不要乱说。现在我让你仍当侍中，门下省的事都托付给你了。"但是，高欢几次奏请，竟然全被孝武帝驳回。

永熙三年（534年）二月，高乾意识到一场动乱将不可避免，他请求高欢允许他出镇徐州以避祸。可是，当他即将启程之时，孝武帝故意发诏给高欢说："高乾与朕私有盟约，如今却反复无常。"高欢对高乾临阵脱逃本已不满，得知他与孝武帝私订盟约，更加厌恶其为人，便把高乾前后写来的密件封送给孝武帝，从而把高乾送上绝路。孝武帝面责高乾，当即赐死，并密诏徐州方面杀高乾之弟高昂等人。高昂等闻讯后逃往晋阳。高欢见到高昂时，抱着他痛哭说："司空冤枉啊！"高乾之死，或许就是高欢设下的一个圈套，至少使高欢找到了一个兴兵的借口。

这时，孝武帝把希望寄托在贺拔岳身上，与关中的联络日益频繁。八月，孝武帝任命贺拔岳为都督雍、秦等二十州诸军事、雍州刺史。但是，在高欢的离间下，次年二月，同驻关中的侯莫陈悦诱杀了贺拔岳。贺拔岳死后，其部将、夏州刺史宇文泰被诸将推为首领，代领部众。四月，宇文泰率军西上，大败侯莫陈悦于上邽，侯莫陈悦兵败后自杀，宇文泰平定关中后，被孝武帝授予侍中、骠骑大将军、关西大都督等职。五月，孝武帝以伐梁为名，下诏戒严，征发河南诸州兵。而高欢知道元脩此举乃项庄舞剑，意在沛公，也以伐荆、雍及江左为名，发兵二十多万南下。高欢大军渡过黄河，直逼洛阳，孝武帝元脩只好西奔长安，寄于宇文泰之篱下了。

十月，高欢在洛阳拥立十一岁的孝文帝重孙、元怿孙元善见为帝，随即迁都邺城。

这年十二月，宇文泰毒死不愿当傀儡的孝武帝元脩，拥立孝文帝孙、南阳王元愉子元宝炬为帝。

至此，拓跋氏建立的北魏分裂为高欢和宇文泰所分别控制的东魏、西魏。

后 记

在中国北方少数民族中，凡能够统一或基本上统一本民族的首领，其称号有称单于者，如匈奴；有称可汗者，如鲜卑、柔然、突厥等等。《汉书·匈奴传》曰："单于者，广大之貌也，言其象天单于然也。"《魏书·蠕蠕传》曰："可汗，犹魏言皇帝也。"旧史以为可汗之号始于蠕蠕（柔然之异译），1980年，内蒙考古工作者在大兴安岭北段鄂伦春旗境内发现嘎仙洞即拓跋鲜卑先世所居的"石室"，石壁上铭刻有北魏太武帝拓跋焘太平真君年间的祭文，证明拓跋鲜卑早已使用"可寒"（可汗异译）、"可贺敦"的称号。《旧唐书·突厥传上》曰："可汗者，犹古之单于，妻号可贺敦，犹古之阏氏也。"可见，单于与可汗的含义相同。因此，本书把内迁的北方少数民族泛称为可汗的子孙。这就是本书书名的由来。

魏晋南北朝是北方少数民族内迁与各族大融合的时期。少数民族的内迁是秦汉以来历史发展的必然趋势，因而所谓"五胡乱华"是具有历史必然性的。长期的国家分裂与社会动乱，造成的破坏是不言而喻的，但也造就了各族的大融合。后者更为重要，影响更加深远。北方少数民族的内迁是民族融合的开端，经过长时期的杂居或混居，包括汉族在内的各族在政治、经济、文化、语言、习俗上，在生产方式和生活方式诸方面都相互渗透和相互影响，民族隔阂逐渐消失，民族藩篱逐渐拆除，直至完全融为一体。

其实，民族融合不仅发生于中原，也同时发生于南方和北方漠南地区。漠南地区的民族融合有时会出现一个新的民族名称，这是因为融合的双方或数方人口数量相当、文化差别不大的缘故。而中原地区各族融合后仍称汉族，这是因为汉族人口数量多，文化也远高于其他各少数民族；而人口少的民族融合于人口多的民族、文化低的民族融合于文化高的民族，是民族融合的通则。当然，在中原地区的民族融合中，严格地说，汉族也已经不是原来意义上的汉族了，它在各方面都受到各少数民族的充实和改造。

魏晋南北朝的民族融合，虽然也有统治者运用国家立法推广汉族的传统文化，强制更改姓氏、改变语言和服装等，如前秦苻坚和北魏孝文帝的汉化改革，但这不是统治民族对被统治民族的强制，而是统治民族自身的改革。所以，作者不同意把魏晋南北朝时期的民族融合说成强制实行的民族"同化"。在民族融合中，某些少数民族的英雄人物建立了不可磨灭的功勋，如北魏孝文帝，他已经不只是其本民族的杰出代表，也是整个中华民族的杰出代表。虽然有人对孝文帝改革提出质疑，甚至认为孝文帝改革使拓跋鲜卑丧失了生机，导致了北魏衰落。但是，这种看法理所当然地受到学术界的批评，因为它在微观上不符合历史事实，在宏观上忽视了中华民族的历史道路。当然，在少数民族政权里，也不乏暴君奸臣，这与汉族政权的暴君奸臣没有什么两样。

民族融合是一个渐进的过程。在这个过程中，有时可能出现曲折，甚至倒退，北朝后期的所谓"鲜卑化"即是一例。由于北魏六镇地处边陲，居民以鲜卑族居多，而孝文帝颁行的汉化政策时间也还不长，所以不仅少数民族的汉化程度较低，一些汉族和匈奴、敕勒等少数民族人民反而渐染鲜卑习俗。北魏分裂为东、西魏以后，执掌政权的原六镇鲜卑或鲜卑化汉人曾经把鲜卑旧俗带进中原，使民族融合出现了倒退。但是，民族融合毕竟是不可抗拒的时代潮流，故"鲜卑化"很快就湮没在汉化的大潮中了。

以上是作者对民族史问题的一些基本见解，本书撰写时力图通过具体的历史事实加以表现，如有不妥，敬请不吝指教。

本书是我和我的研究生陈群合作的成果，她撰写了部分章节的初稿，经我修改而成，如有错误，应当由我负责。

以上是本书初版的《后记》，这次再版作了必要的修订，但基本观点未变。

陈琳国
2013 年 5 月